JN017403

公認心理師・臨床心理士大学院対策

鉄則10 & キーワード120

河合塾KALS 監修　宮川 純 著

講 談 社

はじめに

本書は，**心理学の「専門書」ではありません。**

本書は，**心理学の「参考書」です。**

専門書と参考書では，何が違うのか？　と思う方が多いでしょう。その違いを説明したいと思います。

心理学の「専門書」には，心理学の専門知識が詰まっています。過去の研究者達が明らかにしてきた知見や，近年の研究者達が明らかにしてきた新たな理論など，さまざまな専門知識が集約されています。

心理学の専門家を目指す人は，最終的にこの「専門書」を自分で読み進め，自らの専門性を追求すべきでしょう。

しかし，

どのように心理学の勉強を進めればよいのか。

多くの専門知識の中で，優先すべき知識はどれなのか。

試験で論述する際に，何を注意したらよいのか。

これらのことは「専門書」には載っていません。そしてこの事実が，心理系大学院を受験する者にとって，大きな壁となるのです。

そこで本書のような「参考書」の出番です。

本書では以下の３点を特に重視しています。

①こうやって心理学を勉強しよう！

序章として心理学を学ぶうえでの**10の鉄則**を用意しました。心理学を学ぶうえで気をつけたいこと，ノートの作り方，勉強を持続させるための方法など，この部分で「どう学べばよいのか」がわかります。

②まず，この専門用語を理解しておきたい！

非常に多い心理学の専門知識の中から，大学院入試における出題頻度が高く，さらに初学者が絶対におさえておきたい**超重要語**を河合塾KALSのデータベースから**120語厳選**しました。またその120語から，知識のネットワークを拡大していけるよう，120語に関連した用語も積極的に盛り込みました。これで「何から学べばよいのか」わかります。

③この専門用語では，こういう点に注意したい！

多くの受験生が起こしやすい理解の誤りや，試験で論述する際の注意点を，できるだけ用語解説に盛り込みました。また各用語に**4択問題**を設置し，まちがいやすい部分・かんちがいしやすい部分を，問題形式で確かめられるようにしました。さらに，各用語に**論述解答例**をつけることで，論述の練習もできるようになっています。これで「試験で何に気をつけるべきなのか」がわかります。

本書の存在は，専門書を否定するものではありません。むしろ，本書によって専門書がより活用されることを望んでいます。本書を参考にしながら，専門書をより効果的に，より深く理解することができれば，目指す心理系大学院の合格を，必ずや勝ち取ることができるでしょう。

国家資格「公認心理師」の登場により，心理専門職に注目が集まっています。その流れを受けて，これまで「公認心理師・臨床心理士大学院対策シリーズ」として「心理学編」「心理英語編」「心理統計編」「院試実戦編」「研究計画書編」と5冊刊行させて頂きましたが，この度，改訂版としてリニューアルさせて頂けることになりました。今回の目玉は，公認心理師の登場によって注目されるようになったキーワードを20個追加した点です。また従来のキーワード100についても，細かい修正や現代に合わせて全面的に修正しています。

公認心理師の登場によって，心理系大学院入試の志願者は増加しています。今後，より厳しくなることが予想される心理系大学院入試の合格に向けて，本書を含む「公認心理師・臨床心理士大学院対策シリーズ」が皆様のお役に立てることを，心より願っております。

2023年11月

河合塾KALS　宮川　純

公認心理師・臨床心理士大学院対策
鉄則10＆キーワード120
心理学編　第2版

目次

本文イラスト：MINOMURA

巻頭特集

公認心理師・臨床心理士になるために

公認心理師	心理職として日本初の国家資格。 2015年9月に公認心理師法が国会で成立，2017年9月に公認心理師法が施行され，各大学で公認心理師カリキュラムが2018年4月よりスタートした。2018年9月には初の国家試験が行われ，公認心理師が誕生した。
臨床心理士	公益財団法人 日本臨床心理士資格認定協会による民間資格。 昭和63年(1988年)より認可が始まり，2023年5月現在，臨床心理士の有資格者は40000人以上。臨床心理学の専門的な業務を行う高度専門職業人として，広く認知されている。

公認心理師と臨床心理士，目指すのは…？

次ページの表１は，公認心理師と臨床心理士の違いを整理したものです。この表からわかるように，公認心理師と臨床心理士の業務内容はほぼ類似しています。また，公認心理師は「業務独占資格」ではなく「名称独占資格」です。そのため，臨床心理士が公認心理師の登場によって，業務を独占されることはありません。つまり当面の間は，臨床心理士と公認心理師は共存していくものと思われます。

公認心理師は国家資格とはいえ「これから」の資格であり，資格評価や活躍の範囲など，未だ先行きは不透明です。そのため公認心理師を目指す人も，公認心理師だけでなく臨床心理士とのダブルライセンスを狙うことが基本となります。ダブルライセンスを狙う場合は，臨床心理士指定大学院でありつつ，さらに公認心理師カリキュラムに対応した大学院を受験校として選択すべきです。

表1 公認心理師と臨床心理士

名称	公認心理師	臨床心理士
業務内容	**業務内容は，ほぼ同じ**（4は除く） （注）公認心理師は「業務独占資格」ではなく「名称独占資格」なので，臨床心理士が公認心理師によってその業務を独占されることはない。	
	1. 心理に関する支援を要する者の心理状態を観察し，その結果を分析すること。	1. 臨床心理査定…心理検査や観察・面接を通してクライエントの特徴や問題点を明らかにし，援助の方法を検討すること。
	2. 心理に関する支援を要する者に対し，その心理に関する相談に応じ，助言，指導その他の援助を行うこと。	2. 臨床心理面接…クライエントの特徴や問題に応じて，さまざまな臨床心理学的技法を用いて心の支援をすること。
	3. 心理に関する支援を要する者の関係者に対し，その相談に応じ，助言，指導その他の援助を行うこと。	3. 臨床心理的地域援助…他の専門家や機関と連携したり，地域の健全な発展のために心理的情報を提供したり提言すること。
	4. 心の健康に関する知識の普及を図るための教育及び情報の提供を行うこと。	4. 調査・研究活動…心理的支援の技術的な手法や知識を確実にするための調査・研究を行うこと。
資格認定	国家資格	民間資格
医師との関係	場合により医師の「指示」(※)	医師とは「連携」や「協力」
更新制度	更新制度なし	5年更新
主な資格所得条件	公認心理師カリキュラムに基づく，学部の卒業と大学院の修了（例外あり） （学部が心理卒である必要あり）	臨床心理士指定大学院の修了 （学部は心理卒である必要なし）

※公認心理師法では，医学的治療を受けているようなクライエントに主治医がいるときは，その医師からの「指示」を受けることとなっています（第42条第2項）。なお，臨床心理士も公認心理師も，医師のみならず福祉や教育現場など「連携」「協力」のもと業務遂行することには変わりありません。

公認心理師になるためには？

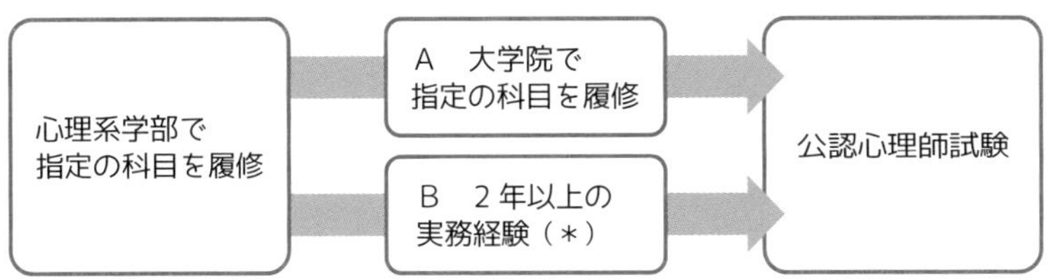

（＊）文部科学省・厚生労働省が審査・認定するプログラムに基づく，心理に関する支援の業務のこと。

心理系学部で指定の科目を履修した後，大学院に進学するルートは通称Ａルート，実務経験を積むルートは通称Ｂルートとよばれます。しかし実務経験を積むためのプログラムを実施している施設はごくわずかであるため，多くの方はＡルートになります。つまり，公認心理師になるためには心理系学部で公認心理師カリキュラムとして定められた科目を履修し，その後，公認心理師カリキュラム対応の大学院に進学する必要があります。

臨床心理士になるためには？

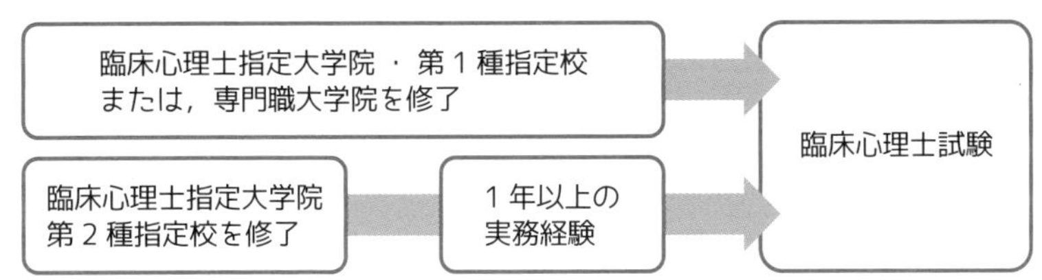

臨床心理士は，出身学部や指定の科目の単位を問いません。第２種指定校の場合のみ，受験資格を得るために修了後に１年の実務経験が必要です。受験する大学院が第１種指定校であるか第２種指定校であるかは必ず事前に確認しておきましょう。

現時点では，公認心理師・臨床心理士いずれを目指すにせよ，心理系大学院への進学が必要と考えた方がよいです。

心理系大学院受験スケジュール①

心理系学部に在籍する学部生の場合

就職活動を目指す就職組と比較しながら，学部生の大学院入試のスケジュールを確認してみましょう。

就職組は「就職・採用活動日程に関する関係省庁連絡会議」という政府の指針により，３年次の３月から一斉に企業へのエントリーが開始されるという特徴があり，ここで一気に就職活動が本格化します。一方，進学組にはそのような「合図」がないため，何となく漫然と勉強を続けている…という状態になりがちです。多くの大学院で５月のゴールデンウィーク明けぐらいから大学院の入試説明会が開始されるので，説明会への参加を「合図」にできるように，事前に志望校の候補を絞りこんでおけるとよいでしょう。

また，進学組にとって最も苦しい期間は就職組の内々定が出始める6月からです。友人たちが進路を決め始めるなかで，まだ志望校も確定していない，出願もしていない，合格できるかわからない…という気持ちから，焦って就職活動に鞍替えしたり，勉強に集中できなくなってしまったりしやすい時期です。この時期をどのように乗り切るか，という点も自身の受験計画の中に組み入れておきたいところです。

進学組

3年次							4年次											
9月	10月	11月	12月	1月	2月	3月	4月	5月	6月	7月	8月	9月	10月	11月	12月	1月	2月	3月
受験勉強 志望校の選定 研究計画書の作成								大学院説明会 研究室訪問			出願 筆記試験・面接 （秋入試）					出願 筆記試験・面接 （春入試）		

就職組

3年次							4年次											
9月	10月	11月	12月	1月	2月	3月	4月	5月	6月	7月	8月	9月	10月	11月	12月	1月	2月	3月
インターンシップ 自己分析 仕事研究						企業説明会 エントリーシート の作成・提出			筆記試験・面接 内々定				内定式					

心理系大学院受験スケジュール②

心理系学部ではない学部生や，社会人の場合

心理系学部ではない学部生や社会人の多くが悩みとして挙げるのが「公認心理師資格の取得を目指すか否か」です。

国家資格である公認心理師資格の取得を目指すためには，心理学部で必要な科目を取得する必要があります。この場合，パターンAのように大学入試からやり直すことが最も確実です。現実的な選択肢として挙がることが多いのは，パターンBのように編入試験から入る方法です。この方法については，大学ごとに「２年次編入から」「３年次編入から」「編入生は受け入れていない」など対応が異なるため，まずは大学に確認しましょう。なお，いくつかの通信制の大学でも対応していますので，それらも検討材料に含めるとよいでしょう。

パターンCとして臨床心理士資格のみの取得を目指す場合は，短期間で資格の取得が可能です。しかし，後から公認心理師資格を取得するためには，学部だけでなく改めて大学院も進学しなければならないことが，厚生労働省より明示されています。そのため，パターンCで進む際は，大学院説明会で大学教員と相談したり（臨床心理士のみの取得を目指す院生がいるかも確認しておくとよい），河合塾KALSのガイダンスや相談会に参加したりなどして，本当に臨床心理士資格のみでも大丈夫か，慎重に検討する必要があります。

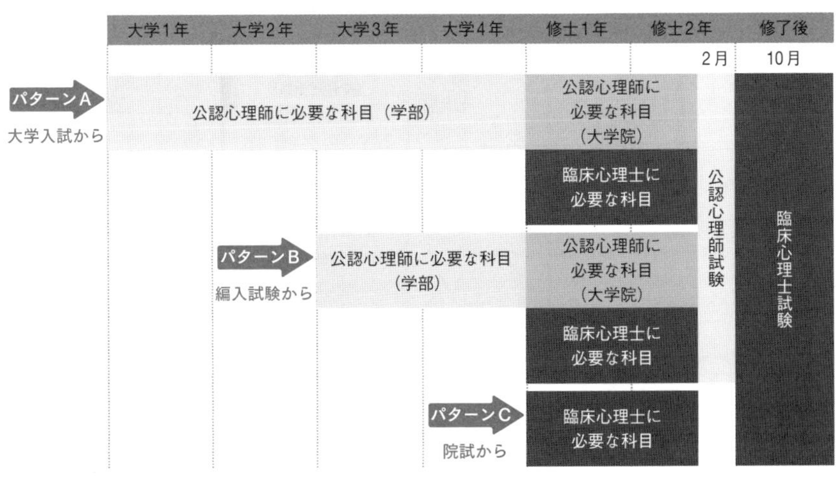

心理系大学院合格のために

公認心理師・臨床心理士 大学院受験対策シリーズ 有効活用法

心理系大学院の多くは，専門科目・外国語（英語）・面接（研究計画書）の３科目で試験が行われます。各科目について『公認心理師・臨床心理士　大学院受験対策シリーズ』をうまく活用し，合格を手に入れましょう。

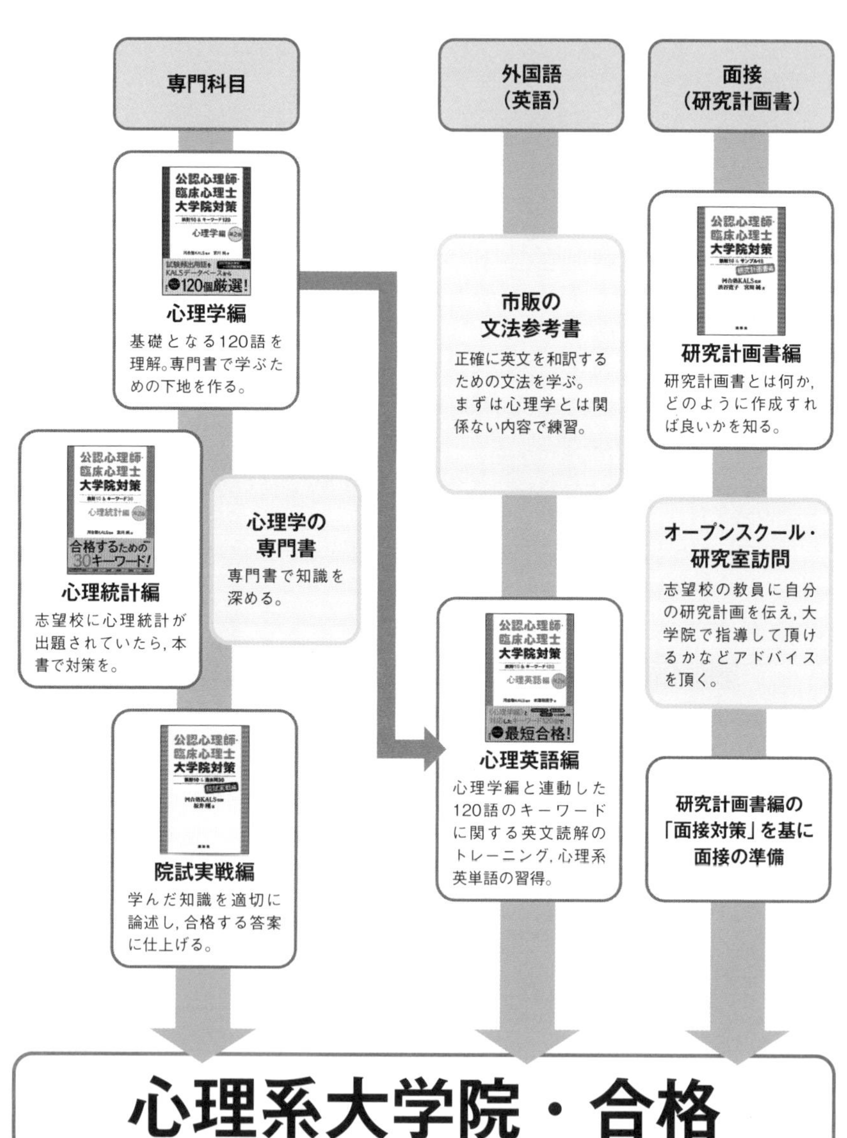

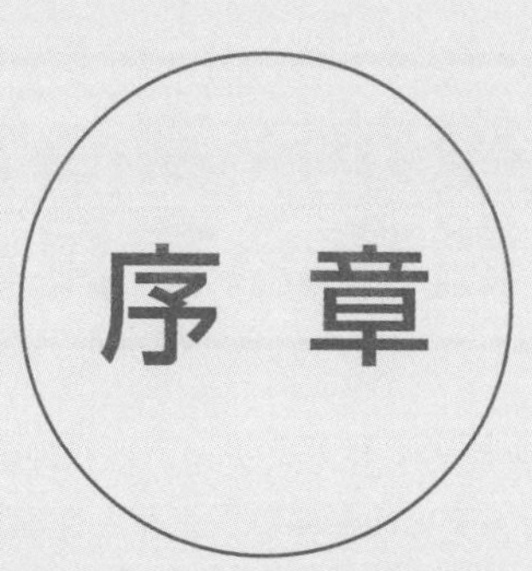

合格のための学習法・鉄則10

同じ時間勉強していても「良い勉強」ができているか「悪い勉強」しかできていないかで，成果は大きく異なる。過去の河合塾KALSの心理系大学院を志してきた受講生たちの勉強方法から，どんな勉強が「良い勉強」か明らかになってきた。そこでこの序章では，心理系大学院入試の勉強法について，以下の10個の鉄則を紹介したい。1つでも多く取り入れ，みなさんの学習のクオリティを上げよう。

心理系大学院入試　合格への10の鉄則

鉄則①	志望校が決まったら過去問を必ず見る
鉄則②	興味があることだけ学んでも受からない
鉄則③	本は，最低3冊広げる
鉄則④	書かなければ，合格への勉強ではない
鉄則⑤	理解できない言葉を，書き写さない
鉄則⑥	用語論述は，まず定義
鉄則⑦	1用語1ページ箇条書きノートを作る
鉄則⑧	あいまいさに惑わされない
鉄則⑨	友人を大切にする
鉄則⑩	心理学を，楽しもう

鉄則① 志望校が決まったら過去問を必ず見る

過去問を試験直前までまったく見ない人がいる。理由を聞くと「入試直前の実戦演習で使いたいため」と答える人が多い。だが，大学院入試の過去問は，中学・高校・大学入試と違って，解答例がないことがほとんどだ。入試直前の実戦練習に使っても「正解かどうか」を判断できず，かえって不安を募らせるに過ぎない。

他に多い理由が「早めに過去問を手に入れても，どうせ解けないから」である。ただし，この理由で過去問を見ないのは非常に損をしている。後に詳しく紹介するが「解ける解けない」の問題ではないのだ。それ以上の価値が，過去問のチェックにはある。

過去問は，**志望校の候補が決定したら即，目を通しておこう**。可能であれば**5年分**は手に入れて目を通しておきたい。そして，遅くとも**試験3ヶ月前**には手に入れておきたい。

「そんなに早くに過去問を手に入れても，ほとんど解けないのでは？」という質問に対しては，まったくその通り。手に入れた時点では，解ける問題はかなり少ないだろう。だが，それで問題ない。**「解ける問題がまだ少ない」という事実を知る**ことに価値がある。そして**「この問題が解けるようになるまで，勉強をしなければならない」というゴール設定**ができる。自分とゴールとの距離を知っているからこそ，真剣に勉強に打ち込める。目指すべきゴールに向けて必死で進んでいる人と，ゴールが不明確なまま漠然と進んでいる人とでは，歴然とした差が生じる。

さらに，過去問を見ることで，**出題傾向を把握**することができる。正直，心理学を学びたての場合は，過去問を見ても「どの心理学分野からの出題か」把握できないかもしれない。それでも，過去問に眼を通しておくことで，実際に心理学を学ぶ中で「あ！　今学んでいる用語は，確か過去問で出題されていた！」と思うことがあれば，一層学習に身が入るだろう。また，ある程度心理学を学んだ後に改めて過去問を見直せば，知っている用語が増えた喜びを感じられると同時に，出題傾向が少しずつ把握できるようになるに違いない。もちろん，出題傾向が把握できれば，より的確で効率的な学習ができるのはいうまでもない。

くり返しになるが，**過去問をチェックしておくことの意味はかなり大きい**。志望校が決まったら即，過去問を入手して目を通そう。

鉄則② 興味があることだけ学んでも受からない

「大人になると勉強が楽しくなる！」という人がいる。もちろん青年期に失われかけた知的好奇心が，再度回復した可能性も十分に考えられるが，たいていの大人は「興味があることだけ勉強できる」から楽しんでいることが多い。子どもの頃は，学校という集団生活のフィールドで，やりたくないこともやらなければならなかった。楽しい場面もあれば，楽しくない場面もあっただろう。楽しいことだけ取り組めれば，どれだけ幸せなことか。

心理系大学院に合格するための勉強はどうか。**興味があることだけ勉強している人の多くは合格できない。**一番多いのが「臨床心理学以外は勉強したくない」という人である。では，こういう人が臨床心理学はカンペキかというとそうでもない。たとえば，フロイトなどの精神分析について詳しくても，学習理論をベースとした行動療法についてはあまり知らないなど，結局興味に沿って勉強しているために，知識の偏り・アンバランスさが目立つのだ。結果，合格を手にすることができない。

なお，「興味がないことを学んで，何の意味があるのか」という人もいるかもしれないが「興味がないこと＝意味がないこと」ととらえるのがいかに短絡的かは，落ち着いて熟慮すればわかるだろう。みなさんの人生の中に「嫌々やっていたが，後から考えれば役に立っていること」は数え切れないほどあるはずだ。

そこでまず，自身の興味・関心に関係なく，心理学の全体像に目を通そう。後に紹介するが，**本書を含む最低３冊以上の心理学の概論書は，一通り目を通してほしい**。そして，そのための学習期間も含めて，受験の１年前から受験勉強をスタートさせておきたい。

過去問で把握した出題傾向に特化して勉強をはじめるのは，入試３ヶ月前程度からでかまわない。あまり早くに特化して勉強をはじめると，結果として知識の偏りが大きくなる。実はこの知識の偏りは，大学院卒業後の臨床心理士資格試験や，公認心理師国家試験でも大きく響いてくる。これらの試験は，心理学の全範囲から出題されるからだ。生理・神経系や，知覚・認知などは，勉強しにくい分野だからこそ，大学院入試まで時間的な余裕があるうちに勉強しておくとよい。

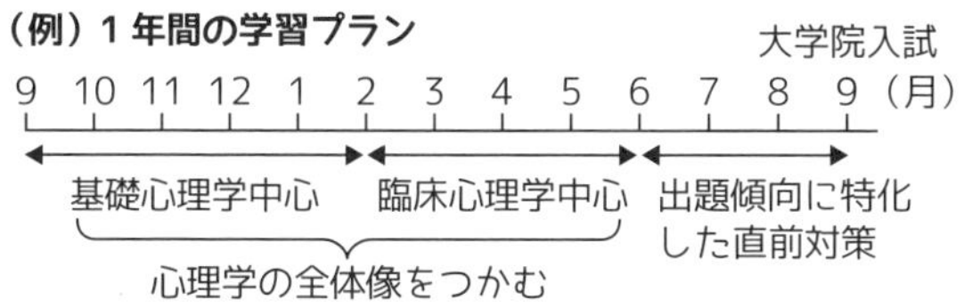

鉄則③ 本は，最低3冊広げる

中学・高校・大学入試でこのような話を聞いたことがないだろうか。「あれこれ本に手を出すと収集がつかなくなるから，1冊の本を徹底的に集中して取り組んだ方がよい」これに関しては，大学院入試では通用しない。

心理学の参考書は，本書も含めて著者が重要と思うことを多く述べ，そうでないと思うことは述べなかったり省略したりするので，1冊の本を頼りに勉強しようとすると，知識や視点に偏りが生じる。そこで，**心理学の勉強をする際には，本書を含めて最低3冊の本を開きながら勉強すること**を薦めたい。

たとえばある特定の用語について，本Aの説明で納得できない部分が本Bの説明で納得できたり，本Bでは簡単にしか触れられていなかった実験の詳細が本Cに書いてあったり，本Cでは文章で説明されていたことが本Aではイラストで説明されていたり……など，本が変われば，同じ用語の説明でも視点が変わる。複数の視点から見ることで，1つの視点では見えなかったものが見えてくるだろう。それは，とても豊かで深い理解につながっていくに違いない。

複数の視点でとらえることで
理解が豊かになる！

また，**すべての本に共通して書かれている事柄は間違いなく重要事項**だ。逆に過去問で出題されていたある用語が，どの本を開いても載っていない！ということがあれば，それは捨て問扱いとなるだろう（ただし志望大学院の教授の専門領域に関係する用語の場合，かなりマニアックな用語が出される場合もある。ここは過去問をチェックして判断したい）。

なお，この3冊の中に心理学辞典は含めない方がよい。心理学辞典は限られたスペースに情報を詰めているため，省略されている事項が多い。また，記載されていることが重要事項であるとは限らない。心理学辞典は3冊に＋αの存在として扱おう。

ちなみに本書を含めた3冊の本の，あと2冊に迷ったら，有斐閣『心理学』と東京大学出版会『心理学』が質・量ともに安定しておりオススメだ。臨床心理学分野については，ミネルヴァ書房『よくわかる臨床心理学』，有斐閣『臨床心理学』をあげたい。

鉄則④ 書かなければ，合格への勉強ではない

鉄則②でも触れたが，楽しむ勉強と合格する勉強は異なる。楽しむだけなら，色々な本を読んで感銘を受け，ニュアンスを理解すればよい。ただし，**合格への勉強は，「読む勉強」だけでは不十分**。理解したことを表現できなければ，試験で得点がもらえない。つまり**「書く勉強」が必須**となる。

「理解できているんです。でも，うまく表現できないんです」という人は，まだ甘い。大学院側が「理解できているが，表現できない人」より「理解できていて，表現できる人」に合格を与えるのは当然だ。よって，心理系大学院入試に向けた勉強は，必然的に「書けること」を目標とした勉強になる。本を読む時も，ただ単に流し読みするのではなく**「自分でも表現できるか」「自分でも説明が書けるか」という視点で読まなければならない。**

実際に用語説明を書こうとしてみると，非常に難しいことに気づくだろう。わかっていたつもりなのに，こんなに書けないものなのか，と。そこに気づくことが，ある意味スタート地点だ。

実際に書いてみることで「理解があいまいだったこと」「理解していたつもりだったこと」が浮き彫りになる。だが，それでいい。その**あいまいな部分，理解していたつもりだった部分について，また本を3冊以上開いて調べ直せばよい**のだ。これで，知識はより深く，充実していく。

書く（アウトプット）練習をすることで，自身の課題が見つかる。見つかった課題について，本を複数開いて読む（インプット）。しばらくして，また書いてみる。うまくいかなかった点について，また本を読む。つまり，**アウトプットによって，効果的なインプットが可能**となる。うまく書けなかった経験があるからこそ「もっと正確に，詳しく知りたい！」という強い動機に基づいて本を開くため，**ただ本を流し読みしているだけの人とは，定着度が比較にならない**。とにかく，大学院入試の勉強では積極的に手を動かすことを心がけよう。

アウトプット
うまく
かけない…。
課題が発見される
だからこそ！
インプット
こういうこと
だったのか！
効果的なインプットができる！

鉄則⑤ 理解できない言葉を，書き写さない

よく心理系大学院入試は「心理学辞典」を丸暗記してしまえば受かるといわれる。これは半分当たっているし，半分間違っている。

なぜ当たっているか。心理学辞典ほどの膨大な知識量を丸暗記できるほどの，類稀なる記憶力・理解能力があれば，きっと心理系大学院入試など苦もなく合格していくだろう。

では，なぜ間違っているか。意味もわからず全部丸暗記するなんて普通の人間には不可能だからだ。仮に一部だけ暗記できていたとしても，結局理解していないので，知識を活用することができない。**丸暗記ほど無駄な勉強はない。**理解できていない内容は，基本的に書けないと思った方がよい。

専門書の常だが，わざわざ難しい表現が使われている場合がある。たとえば「初期学習は学習の可塑性が低い」という表現があったとしよう。ここで，可塑性の読み方も意味もわからずにノートに書き写すのは，まったく意味がない（ちなみに「かそせい」と読む。詳細は「33 臨界期」で）。

参考書に書いてある表現を，何も考えずに丸写しする人にこの傾向がある。勉強しているはずなのに，頭を使っているはずなのに，頭を使っていない矛盾。**参考書などを開いて勉強している時も，意味がわからない言葉は書かない**ようにしよう。あるいは書いたとしても，必ず「？」をつけておくなど，後から調べられるようにしておくこと。**理解できない言葉を書き写して「書けた気になる」ことだけは，絶対に避けたい。**試験本番で痛い目にあうことになる。そもそも，書いた本人がよくわかっていない文章が，他人にわかってもらえるはずがない。理解できない言葉を，どうすれば理解・説明できるかじっくり考えることで，理解が深まる。**自分なりの理解・表現を探してさまざまな本を読んだり考えたりする時間そのものが，深い理解につながるし，記憶としても定着しやすい。**

また，理解しようと学習しているうちに，**さまざまな用語の関連性**に気づいていくだろう。用語間の関連がつかめるようになると，さまざまな「点」が「線」で結びついていき，加速度的に理解が深まっていく。これが，耐え難い快感なのだ。ぜひみなさんも体験してほしい。さらに，用語間の関連性をつかむと論述力が上がる。**ある用語の論述で書く内容に困ったら，関連用語の説明や比較を通じて，話題を広げることが可能となる**からだ。

丸暗記ではなく，理解する勉強を。丸暗記では，「点」が増えていくだけで，いつまでも「線」にはならない。

鉄則⑥ 用語論述は，まず定義

大学院入試で最も出題率が高いのは，心理学の用語について論述させる用語論述だ。また総合的な論述であっても，用語論述の組み合わせで述べられることもあるため，用語論述対策は心理系大学院合格への第１歩となる。

その用語論述で絶対に必要とされるのが**「用語の定義」**だ。たとえば投影法の用語論述で「投影法とは，被検査者の回答の歪みが少ないが，負担が大きい」と特徴だけ述べても，読んだ側は「そもそも投影法って何？」となってしまう。まず「投影法とはどんな検査なのか」という定義を述べないと，どれだけ特徴を述べても話は伝わらない。

定義は主に「○○**とは～である**」という形で表される（例：投影法とは，あいまいな刺激に対する自由な反応を求め，その反応を分析することで性格特徴を把握する検査の総称である）。そこで，まず，心理学初学者の方は**各心理学用語について「○○とは～である」の形で，定義だけ述べる一行論述の練習**からはじめよう。

用語の定義は，書きはじめのリズムを作るという意味でも重要だ。手紙でも文章でも，書き出しが一番書きにくいもの。いったん書きはじめてしまえば，スラスラと先が書けてしまった経験がある人は多いだろう。用語論述も，最初に定義を述べてしまえば，論述内容が明確になるし，論述のリズムを作ることができる。

用語論述の基本的な型としては，定義→特徴・利点・欠点・実験例→（字数があれば）まとめの文章となる。本書の各用語の「論述演習」の解答例もほぼこの形式で作成されている。参考にしてほしい。まず，1行目に相当する定義だけでも，自分の言葉で書ける状態を目指そう。

なお，本書の姉妹書である「心理英語編」は，多数の用語の定義が英文で記載されている。英文でも定義を理解しておけば，英語の読み取りが楽になることはまちがいない。こちらもぜひチェックしておこう。

書く勉強といっても
何から始めたら
いいか…。

まずは定義だけでも
かけるように
してみよう！

定義「○○は～である」
(例)行動主義
　行動主義とは，観察可能な
行動のみを分析対象と考えた
ワトソンによる心理学派である。

鉄則⑦ 1用語1ページ箇条書きノートを作る

鉄則④〜⑥で「書くこと」の重要性を強調してきた。とはいえ，十分な心理学の知識がない状態で，心理学の用語について200字〜500字で述べようとしても，当然うまく述べられないだろう。まずは，しっかりと各心理学用語の知識を整理して，体系化する必要がある。

そこで具体的な学習法としてオススメしたいのが，**心理学1用語・1ページのノート作り**だ。まず，鉄則③に従い，本書を含めて参考書を3冊以上広げよう。そしてすべての本について，狙いとする心理学用語に関する部分を熟読する。

次に，重要と思われる知識をノートに**箇条書き**で書いていく。知識の整理が目的なので，箇条書きでかまわない。また，**研究者名，用語の英語表記がわかればそれも必ず書いておこう**。利点・欠点，関連用語やどんな実験が行われたかなども，どんどん書き込んでおきたい。

また，鉄則⑥にあるように**「用語の定義」**は外せない。複数開いた本の中で，最も自分が納得できる定義を書こう。複数の本の表現を組み合わせてもかまわない。また，鉄則③でもふれたように，**すべての本に共通して書いてある事項**は，必ずおさえたい重要事項。優先してノートに書き込もう。この時，鉄則⑤にあるように，**理解できない言葉を書かない**ことも重要。理解できる表現を探したり，考えたりすることが大切。丸写しに意味はない。

なお，1ページすべて埋まらなくてもかまわない。むしろ，**後から新たな知識を得た時のために，書き加えるスペースがあった方がよい。**

なお，ノートは必ずしも紙のノートである必要はない。1枚が大きめの単語カードを使う者もいるし，近年ではwordやexcelを用いたり，タブレット端末でノート作りを行う者もいる。「紙に書く」作業は意外に時間がかかるし，検索するのも苦労する。「紙のノート」へのこだわりがそこまでない人は，より効率的に学ぶための工夫を考えてみるとよいだろう。

ノートの作成例

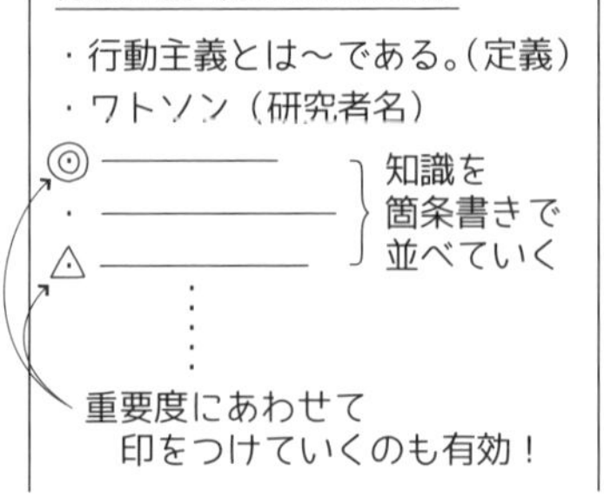

行動主義（behaviorism）

・行動主義とは〜である。（定義）
・ワトソン（研究者名）
◎ ――――――
・ ――――――
△ ――――――
⋮

知識を箇条書きで並べていく

重要度にあわせて印をつけていくのも有効！

鉄則⑧ あいまいさに惑わされない

1つの内容に関して参考書ごとに表記・用語名が異なる場合がある。

たとえば，性格特性5因子モデル，ビッグ・ファイブとよばれる5つの性格特徴について「外向性・協調性・開放性・勤勉性・神経症傾向」と述べてある本があれば「外向性・調和性・経験への開放性・誠実性・神経症的傾向」と述べてある本もある。協調性も調和性も意味は同じ。勤勉性も誠実性も意味は同じ。神経症傾向だろうが，神経症的傾向だろうが，意味は変わらない。

「じゃあ試験で，神経症傾向か神経症的傾向か，どちらで述べればいいんですか？」という質問に対しては，こう答える。「神経症傾向でも，神経症的傾向でも，何を表しているかがきちんと述べられていれば，まったく問題はない」。今回の例でいえば，“的”がついているか否かで採点されるなんてことはない。**きちんと内容が説明されているか否かで採点されている**はずだ（そうあってほしい，という願いも込められているが）。

正直，心理学は学問として成立してから150年も経っていない未成熟で発展途上の学問である。さらに，知見の多くは海外で得られたものなので，日本語への訳し方によって表現の違いがある可能性は十分考えられる。**学ぶ者にとって勉強しにくい「あいまいさ」がある事実は否定しない。**

だが多少表現があいまいで異なっていても，内容・本質は変わらない。**表面的な用語名にこだわるのではなく，中身・内容が理解できていれば大丈夫**だ。あいまいさに惑わされないようにしよう。なお，過去問を見て，たとえば一貫して「投影法」が「投映法」と表記されているなど，問題を作成した教授の「こだわり」がみられる場合は，その表現に合わせて述べたほうが安全。そういった柔軟な姿勢をもてるとさらによい。

参考書A

- 外向性
- 協調性
- 開放性
- 勤勉性
- 神経症傾向

参考書B

- 外向性
- 調和性
- 経験への開放性
- 誠実性
- 神経症的傾向

どっちで覚えればいいの？

大切なのは中身内容。
どちらの表記で覚えるかは
大きな問題になりません。

鉄則⑨ 友人を大切にする

正直，受験勉強は楽しいことばかりではない。鉄則②で触れたように，自分の興味がないことにも取り組まなければならないのが受験勉強だ。鉄則⑦で触れた1用語・1ページノートも，決して楽な作業ではない。気持ちがゆるんでしまったり，場合によっては完全にやめてしまいたくなったりするだろう。

さらに，高校入試や大学入試と決定的に異なる部分として**「世の中の大部分の人は，大学院入試を受けない」という事実**がある。高校入試の時は，ほとんどの中学３年生が受験勉強に取り組む。大学入試は地域や学校による差はあれど，大学院入試と比べれば圧倒的多数の高校３年生が受験勉強に取り組む。自分の周囲の環境が「勉強する環境」に整いやすくなる。だが，大学院入試はそうではない。

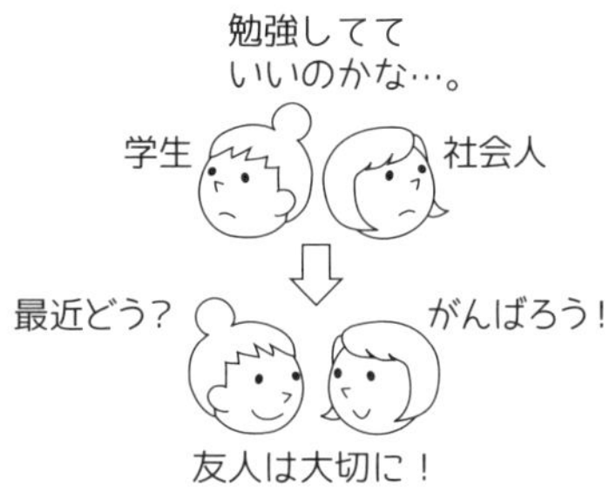

大学４年生の場合は，就職を考えている周囲の学生が次々と企業から内定を受け取り，進路を確定させていくなかで，大学院を目指す自分は，合格を目指して地道に勉強を続けなければならない。おいてけぼりの感覚や，強烈な焦りを味わうことだろう。それでも勉強を続けるための環境を，自分で整えなければならない。社会人の場合は，「勉強する」という環境からさらに遠ざかっているために，自分で勉強するための環境を整えることが，より困難になる。「自分の選択はまちがっていないか？」「本当は就職した方が（今の仕事を続けた方が）よいのではないか？」自問自答が起こるだろう。「失敗してしまったらどうする？」という不安だって，捨てきれるはずがない。

勉強してて
いいのかな…。
学生
社会人
最近どう？
がんばろう！
友人は大切に！

だからこそ，ともに心理系大学院を目指す友人を見つけたら，絶対に大切にしてほしい。**ともに心理系大学院を目指す友人と会話することで，悩みを共有できる。つまずきに共感してもらえる。現状を客観視することができる。**「悩んでいるのは自分だけじゃない」「あの人もがんばっているから，自分もがんばらなきゃ」こう考えられる友人の存在が，どれだけ心強いことか。

近くに心理系大学院入試を志す友人がいない場合は，河合塾 KALS などの大学院受験対策予備校を利用したり，大学院受験に向けた悩みを共有したり，意見交換したりできる環境を作るとよいだろう。

鉄則⑩ 心理学を，楽しもう

受験勉強が楽しいばかりではダメなのは，鉄則②で触れた通りだ。それはまったく間違っていない。そのことを踏まえたうえで，あえてみなさんに伝えたい。**「心理学を，楽しもう」**と。

心理学とは，人間を科学する学問だ。「人間はどんな時に困難を感じ，その困難をどうやって援助していけばいいのか？」という臨床心理学，「人間はどうやって物を見て，感じているのか？」という知覚心理学，「人間はどうやって新たな行動を獲得していくのか？」という学習心理学，「人間は生まれてから死に至るまで，どのように変化していくのか？」という発達心理学，「人間は他者とのかかわりによって，どのような心理的変化が生じるのか？」という社会心理学など…。心理学を学ぶということは，さまざまな視点で「人間とは何か？」を学ぶことである。

心理学を学ぶことで，色々な人間の姿を知ることができる。今まで見たことがない視点で人間を眺めることで，まったく気づかなかった人間の新たな側面を発見できるかもしれない。当たり前と思っていた出来事，許せないと思っていた出来事が，まったく違った視点で理解できるかもしれない。人間に対する多角的・多面的な理解が得られることにより，知っているようで知らなかった人間の姿が，どんどん見えてくる。

だから，断言しよう。**心理学は，おもしろい。**

こんなに身近で，こんなに実生活に活用できて，こんなに視点が多彩な学問は，なかなかない。だからこそ，心理学を，楽しんでほしい。

楽しむための秘訣は，自分の感情をオープンにすること。学んだなかで感じた喜び，感動，驚き，疑問，怒り，後悔，迷い，そういった感情を，できるだけ表現して，ノートやテキストに書き込んでいこう。そういった感情は，みなさんの心理学の勉強に素敵な彩りを加えてくれることだろう。

ここまでさまざまな勉強法と鉄則を伝えてきたが，結局のところ，**勉強を楽しんでいる人が，一番強い。**勉強を楽しめる才能をあらかじめもっている人は問題ないが，多くの人はその才能をもち合わせていない。だから，楽しさがやってくるのを待つのではなく，**自ら楽しさを見つけにいこう。**

勉強をする際に生じた，ほんのちょっとの感動を大切にしていけば，心理学の学習は，間違いなくおもしろくなる。

本書の使い方

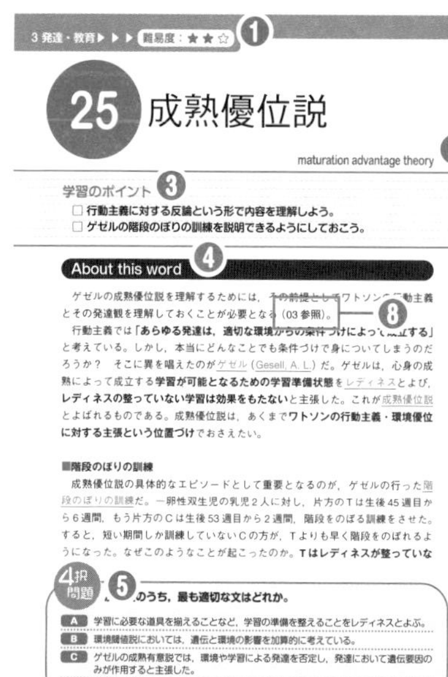
3 発達・教育▶▶▶ 難易度：★★☆ ①

25 成熟優位説

maturation advantage theory ②

学習のポイント ③

- □ 行動主義に対する反論という形で内容を理解しよう。
- □ ゲゼルの階段のぼりの訓練を説明できるようにしておこう。

About this word ④

ゲゼルの成熟優位説を理解するためには，その前提としてワトソンの行動主義とその発達観を理解しておくことが必要となる（03 参照）。⑧

行動主義では**「あらゆる発達は，適切な環境からの条件づけによって成立する」**と考えている。しかし，本当にどんなことでも条件づけで身についてしまうのだろうか？　そこに異を唱えたのがゲゼル（Gesell, A. L.）だ。ゲゼルは，心身の成熟によって成立する**学習が可能となるための学習準備状態**をレディネスとよび，**レディネスの整っていない学習は効果をもたない**と主張した。これが成熟優位説とよばれるものである。成熟優位説は，あくまで**ワトソンの行動主義・環境優位に対する主張という位置づけ**でおさえたい。

■階段のぼりの訓練

成熟優位説の具体的なエピソードとして重要となるのが，ゲゼルの行った階段のぼりの訓練だ。一卵性双生児の乳児２人に対し，片方のＴは生後 45 週目から６週間，もう片方のＣは生後 53 週目から２週間，階段をのぼる訓練をさせた。すると，短い期間しか訓練していないＣの方が，Ｔよりも早く階段をのぼれるようになった。なぜこのようなことが起こったのか。**Ｔはレディネスが整っていない状態で訓練をはじめたため，訓練はほとんど意味をなさないものになってしまったが**（ハイハイができるようになったぐらいの０歳児に階段をのぼらせる，と考えれば，いかに無茶なことをさせているか！），**Ｃはレディネスが整ってから訓練をはじめたため，すぐに階段をのぼれるようになった**，と説明できる。

■環境閾値説

遺伝か環境か，といった話題に関連する他の発達心理学用語で重要なものとして，ジェンセンの環境閾値説があげられる。環境閾値説では，遺伝ですべて決まるわけでも，環境ですべて決まるわけでもなく，遺伝的な素質が環境の影響を受けて発現すると考える。さらに，牛乳をどれだけ飲んでも伸びる身長に限度があるように，環境の影響力が少ない身長のような特性もあれば，適切な環境を整えない限りほぼ身につかない特性も存在する。つまり環境閾値説とは，**環境の影響を受けて遺伝的な素質が発現する，その発現のしやすさが特性ごとに異なる**ことを示した理論である。ぜひ合わせておさえておこう。

4択問題 ⑤ [illegible]のうち，最も適切な文はどれか。

- **A** 学習に必要な道具を揃えることなど，学習の準備を整えることをレディネスとよぶ。
- **B** 環境閾値説においては，遺伝と環境の影響を加算的に考えている。
- **C** ゲゼルの成熟有意説では，環境や学習による発達を否定し，発達において遺伝要因のみが作用すると主張した。
- **D** ゲゼルは，レディネスの成立していない状態での学習は効果がないと主張した。

論述演習 ⑥

成熟優位説について 200 字前後で述べなさい。

成熟優位説とは，レディネスの整わない学習は効果をもたないと主張するゲゼルの説である。レディネスとは，学習が可能となるための学習準備状態のことであり，ゲゼルはこのレディネスが心身の成熟によって成立すると考えた。ワトソンの行動主義においては，あらゆる発達が環境からの学習によって成立すると主張されていたが，ゲゼルは一卵性双生児の階段のぼりの訓練実験を用いて，レディネスの整わない学習が効果をなさないことを実証し，行動主義の発達観に反論した。（218 字）

答え ⑦ [illegible]を「学習準備状態」とだけ機械的に理解してしまうと，Ａのような誤りを犯す可[illegible]があるので注意したい。Ｂについては「加算的」という部分が誤りである。加算的に扱うのは輻輳説（ふくそうせつ）とよばれる説だ。輻輳説では遺伝＋環境＝発達と考えるため，たとえば牛乳を飲めば飲むほど，背が伸び続けることになってしまう（環境の影響を加算し続けられる）。そのため，現在では積極的に支持されていない。Ｃの誤りは重要だ。成熟優位説は学習を否定するものではなく，決して遺伝のみで発達が規定されると述べているわけではない。学習に先立つものとしての成熟とレディネスを強調する主張である。また，成熟優位説をＣのように「有意」と誤記する人もまれにいるため，注意したい。【正解：D】

68　69

❶用語内容の理解しやすさや論述における書きやすさの目安を表します。★☆☆が理解しやすく論述しやすい用語，★★★は理解が難しく論述しにくい用語です。ただし，筆者が提案する主観的な目安なので，あくまで参考程度にとどめてください。

❷用語の英語表記です。専門試験で用語名が英語で表記されることがあります。

❸その用語を学ぶ上でどのような点に気をつけたらよいかを紹介しました。

❹用語の説明です。重要なキーワードはピンク色になっているため，付属の赤シートを活用して，電車の中など隙間時間で理解のチェックに用いるとよいでしょう。

❺４択問題です。取り組む時は，正解を１つ選んで終わりでなく，他の３つが「なぜ正解ではないのか」を自分なりに考えてから解答・解説を読むようにしてください。

❻論述問題の解答例です。用語論述を練習する際の参考にしてください。なお，この論述解答例の１文目が鉄則⑥で触れた，絶対におさえておきたい「用語の定義」です。論述が苦手な人は，まず「○○とは～である」という形で「用語の定義」だけでも書けるように練習してみましょう。

❼４択問題の解答と解説です。「正解の理由」は About this word を見ればわかることが多いので，「正解ではない理由」を中心に解説しています。各用語について About this word とは視点を変えて説明し直していたり，紹介しきれなかった部分を補足したりすることもあります。

❽ About this word の中で，他の 120 語と関連する用語が登場した時には，その用語の番号が記載されています。用語間の関連をつかむことは，理解を深めるだけでなく，論述力を上げることにもつながります（鉄則⑤を参照）。積極的に関連用語の該当ページを確認し，用語間の関連性を理解しましょう。

第1章 原理・研究法

Principle, Researching method

……▶ 傾向と対策

原理に関しては主に01〜05が相当し，心理学史が中心になっている。心理学の専門家を目指すからには，**「心理学とは何か」という問いに答えられなければならない**。そしてその問いに答えるためには，心理学がどのような理念をもち，どのような流れで誕生したのか，その歴史を知る必要がある。心理学史の学習は常に，**「心理学とは何か」という問いに答えられることを目標**として，学習に取り組もう。

残りの06〜10は研究法に相当する。本書における研究法と心理統計の区分は，**心理統計が出題されない大学院でもおさえるべき内容を研究法**とした。時々，心理統計が出題されないからといって研究法全般を学習しない人がいるがそれは大きな誤り。心理統計が出題されなくとも，**大学院で修士論文を書くため**に，そして何よりも**出願書類である研究計画書を書くために，研究に関する知識が必要**だ。

第1章の原理・研究法は，心理学の専門家として最も基本的な下地を形成するものであるから，**院試の出題に関わらず丁寧に学ぶべき内容**といえるだろう。

NO	難易度	用語
01	★★★	精神物理学
02	★★★	要素主義
03	★★☆	行動主義
04	★★☆	ゲシュタルト心理学
05	★★★	精神分析学
06	★☆☆	母集団と標本
07	★★☆	実験群と対照群
08	★★☆	縦断研究と横断研究
09	★★★	信頼性
10	★★★	妥当性

難易度は，用語内容の理解しやすさや論述における書きやすさの目安を表します。

01 精神物理学（心理物理学）

psychophysics

学習のポイント

- □ 何よりも「弁別閾とは何か」を最優先で理解しよう。
- □ 各法則は数式の暗記よりも，意味を理解することを優先すること。

About this word

心理学が誕生する以前に，物理学者フェヒナー（Fechner, G. T.）は自らの学問を精神物理学とよび，**身体と精神の関係性を科学的に解明**しようとした。この精神物理学の存在が心理学の誕生に大きく貢献している。

■ウェーバーの法則

$$\frac{\text{弁別閾}}{\text{基準刺激強度}} = \text{ウェーバー比}$$

$$\frac{1\text{g}}{50\text{g}} = \frac{1}{50}$$

$$\frac{20\text{g}}{1000\text{g}} = \frac{1}{50}$$

ウェーバー比は常に一定

精神物理学の原点は，ドイツの生理学教授ウェーバー（Weber, E. H.）の弁別閾に関する研究とそこから導かれたウェーバーの法則にある。弁別閾とは**2つの刺激を区別できる最小の刺激強度差**のことを指す。たとえば重さを例にあげると，50gと51gなら違いを区別できるが，51g未満になると50gと区別できない場合，弁別閾は1gとなる。ウェーバーは，上に示される**ウェーバー比は常に一定**であると述べた。これがウェーバーの法則である。上のように1000gに対する弁別閾は20gで，1020gならば1000gと区別できると考えられる。

4択問題

次の文のうち，最も適切な文はどれか。

- **A** 100gの刺激に対して102g未満になると100gと区別できなくなる場合，400gの刺激に対する弁別閾は408gである。
- **B** ウェーバーによって提唱された精神物理学は心理学の基礎を築いた。
- **C** フェヒナーの法則は，ウェーバーの法則を基に導き出された。
- **D** 刺激閾とは，刺激の変化が感じられなくなる上限の強さのことである。

■フェヒナーの法則

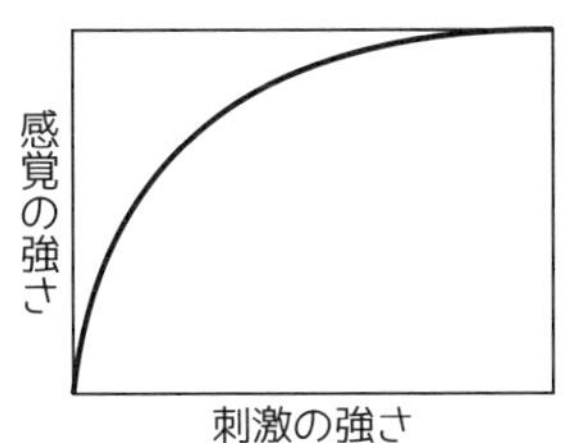

50gの時は1gの差に敏感に反応できるが，1000gの時は20gの差がないと区別できない。つまり，**弱い刺激に対しては敏感に区別できるが，刺激が強くなると大きな違いでなければ区別できない**，と言い換えられる。軽いうちは少しの重さの違いに敏感に反応できても，重くなると鈍感になり，違いがわかりにくくなるようだ。フェヒナーはこのことに注目し，**心理的に感じる感覚の強さが，刺激の強さの対数関係になる**というフェヒナーの法則を見出した（右図）。弱い刺激に対しては敏感に反応するためグラフは上がりやすく，刺激が強くなると鈍感になるため，グラフが上がりにくくなっている。

■スティーブンスの法則

だが，すべての刺激が「弱い刺激に敏感，強い刺激に鈍感」ではない。たとえば痛みがわずかなうちは，痛みをほとんど感じないが，ある一定の強さを超えると急激に痛みが増してくる（頭痛や歯痛などは，とくにそうだろう）。このように「弱い刺激に鈍感，強い刺激に敏感」という存在も考えられる。そこでスティーブンス（Stevens, S. S.）は，**刺激内容ごとに感覚と刺激の関係が変化する**ことを数式的にまとめ，スティーブンスの法則を発表した。また，スティーブンスはマグニチュード推定法を用いた点でも重要である。マグニチュード推定法とは，**基準刺激の強さを「10」とした時に，与えられた刺激が半分の強さなら「5」と，2倍の強さなら「20」と答える方法**である。これにより，痛みなど測定困難な感覚が測定可能となった。目に見えない存在を数値化して，客観的に測定・分析可能とする，という現在の心理測定の基礎を築いた方法としての歴史的な意義は大きい。

精神物理学について200字前後で述べなさい。

精神物理学とは，フェヒナーによって創始された精神と身体の関係性を数式的に明らかにしようとした学問のことである。主に弁別閾に関する研究が中心であった。スティーブンスの開発したマグニチュード推定法など，感覚の強さなどを数値化して測定する方法や，測定結果を科学的に分析して法則を証明する方法は，心という目に見えない存在をデータ化して科学的に分析する現代心理学の基礎を築いたものであり，精神物理学が果たした貢献は大きい。(206字)

答え

フェヒナーの法則は，ウェーバーの法則を数学的に変換したものである。Aは弁別閾が408gではなく8g。Bは，ウェーバーではなくフェヒナー。時間的順序はウェーバーが先だが混同しないようにしたい。Dは刺激頂という。刺激閾とは刺激が存在することを感じられる下限の強さを指し，強さが刺激閾を下回ると刺激を感じることができなくなる。【正解：C】

02 要素主義

elementalism

学習のポイント

- □ ヴントの要素主義が心理学のすべての基本となる。必ずおさえよう。
- □ 要素主義を知るだけでは不十分。「心理学とは何か」を知るところまで。

About this word

心理学の誕生は1879年といわれており，この年は，精神物理学（詳細01）の影響を受けたヴント（Wundt, W.）が**ドイツのライプチヒ大学に世界初の心理学実験室を創設した**年である。そして，ヴントが目指した心理学は，要素主義とよばれている。

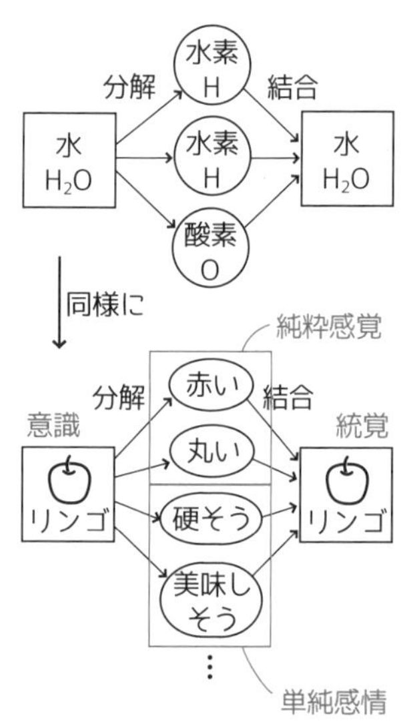

■内観法と客観性

ヴントは，データを収集する方法として内観法を提唱した。内観法とは，**統制された環境下で自らの意識内容を観察し，報告する方法**を指す。たとえば被験者がリンゴを見せられ，報告を求められた場合，ただリンゴが見えると報告するのではなく，赤い，丸い，美味しそう，硬そうといった**要素を分析的に知覚し，報告する**。こ

4択問題 **次の文のうち，最も不適切な文はどれか。**

- **A** ヴントの内観法を用いた心理療法は，内観療法とよばれている。
- **B** ヴントは晩年，『民族心理学』という著書を残した。
- **C** 内観法には熟練を必要とするため，ヴントの心理学は「熟練者のみを対象とした心理学にすぎない」という批判がある。
- **D** ヴントの心理学は多くの賛同と批判を生んだが，それが現代心理学を発展させる土壌となった。

のようにヴントは，意識内容は純粋感覚（赤い，丸い）と単純感情（美味しそう，硬そう）に分解可能で，そしてそれらが結合した統覚として，1つの対象（リンゴ）が知覚できると考えた。ヴントの心理学が要素主義とよばれるのもこの考え方に由来する。水 H_2O が水素Hと酸素Oに分解可能で，水素と酸素を結合することで水となる，といった原子・分子の科学的な理論を意識にも求めたと考えるとわかりやすい。

また，ヴントはこの**内観法によって，心理学が哲学から独立できると考えた。**哲学は自身の観察・経験に基づく主観的な理論だが，内観法を用いれば**第三者からの報告を収集することが可能**となり，それは**客観的なデータと成りうる**と考えたのである。

■要素主義の批判と功績

現在においては，内観法の客観性は疑わしい。第三者からの報告の虚偽・誇張を確かめる術はなく，真実である証拠はないからだ。事実，**ヴント以降の心理学は，皮肉にもヴントの批判によって発展していく**（ヴントの心理学は弟子のティチナー（Titchener, E. B.）によって受け継がれ，構成主義とよばれたが，大きなムーブメントにはならなかった）。だが，ヴントが心理学という名の実験室を創設し，そこで第三者からのデータ収集という客観性を重視する試みを行ったことは，心理学のアイデンティティを形成したことにつながり，功績は大きいといえよう。

「心理学とは何か」という問いに答えるのであれば，以下のようになる。心理学とは，主観的な経験に基づいた哲学的な思想で人間の心を語るのではなく，**客観的なデータを収集し，それを明確な根拠として人間の心に関する理論を科学的に構築していく学問**のことである。

要素主義について200字前後で述べなさい。

要素主義とは，意識を分析対象としたヴントの心理学のことである。ヴントによれば，意識は純粋感覚と単純感情に分解可能で，それらの結合の法則を明らかにすることで，意識内容を説明できると考えた。そのために，内観法を用いて第三者の意識内容の報告を集め，それを客観的データとして分析を行った。要素主義に対する批判はさまざまあるが，客観的データから心や意識を分析するという心理学の基礎を作ったという点で，その貢献は大きい。(204字)

答え　ヴントの内観法と内観療法は，完全に別ととらえた方がよい。よってAは不適切。内観療法は99を参照。BやCは本文中には記載できなかったが，正しい内容だ。特にCは重要。内観法でデータを収集するためには，被験者が意識内容を分析・報告するための方法を習得する必要がある。そのため，言語が未熟な子どもや知的に困難を抱えた対象には適用できない。つまり，内観法で集められたデータは一般性をもたないという批判がなされる。　【正解：A】

03 行動主義

behaviorism

学習のポイント

□ ヴントへの批判と対応させながら理解しよう。
□ ワトソンがなぜ「極端な環境主義」とよばれるか，おさえておこう。

About this word

ヴントは意識を分析対象と考えていた。だが，**意識は外部から観察できず，実体がない**。これら実体のない存在を分析することが，客観的・科学的といえるのだろうか。そのような疑問が生じ始めた中，ワトソン（Watson, J. B.）という人物が，行動主義を提唱する。実体のない意識ではなく，**外部から観察可能**な行動を分析してはじめて，客観性は確保されると考えた。そこでワトソンは内観法を捨て，どのような刺激に対してどのような反応が起こるかを観察し，その法則を発見することで，行動の予測と制御が可能であると主張した。このような**刺激（S）と反応（R）の関係性に注目**したワトソンの行動主義はS-R理論（S-R心理学）ともよばれている。

■条件づけ理論とS-R心理学

ワトソンは，パブロフの行ったレスポンデント条件づけ理論に注目し（11参照），アルバート坊やの実験を行った。生後間もない幼児アルバートに白いネズミを見せたあと，金槌で大きな音を鳴らす。はじめは大きな音に恐怖を示していたアルバートだが，やがて**白いネズミを見る（刺激）だけで恐怖（反応）を示す**ようになっ

4択問題 **次の文のうち，最も不適切な文はどれか。**

A ワトソン以降の行動主義学派を指して，新行動主義とよぶ。

B 同じ刺激に対して恐怖を感じる人もいれば，スリルを楽しむ人もいることは，S-O-R理論で説明できる。

C アルバート坊やの実験は，オペラント条件づけ理論に基づく。

D ワトソンはあらゆる行動が環境からの刺激で形成されると考えた。

た。このことからワトソンは，感情すらも刺激と反応の関係で説明できると考えた。

また，ワトソンは以下のような有名な発言を残している。「**私に10人の子どもを預けてくれたなら，10人とも望み通りの職業に育ててみせよう**」つまり，警察官になるには警察官になるための刺激を与えれば，弁護士になるには弁護士になるための刺激を与えれば良い，ということである。これはあらゆる行動が，刺激と反応の関係で示されるというワトソンの立場を明確にするとともに，**遺伝的な個人差や意識の存在を廃し，すべての行動は条件づけ理論で獲得可能であるという極端な環境主義**にもつながった（後に批判を受けることになる。25参照）。このことから行動主義は「意識なき心理学」とよばれることもある。

■新行動主義の誕生

19世紀がヴントの意識と内観の時代とするならば，20世紀は行動主義の時代といっても過言ではない。それぐらい，行動主義は内観法に疑問をもち始めていた心理学者たちに大きなインパクトを与え，一大勢力となった。そして，ワトソンの行動主義はさまざまな修正を受けながら，後の心理学者に受け継がれ，新行動主義とよばれるようになる。代表的な研究者はトールマン（Tolman, E. C.）で，彼の理論は**刺激と反応の関係性は，生活体（O）の状態に左右される**というS-O-R理論に基づいている。新行動主義の他の代表的な研究者に，動因低減説を提唱したハル（Hull, C. L.），オペラント条件づけ（12参照）など徹底したS-R理論を追求したスキナー（Skinner, B. F.）がいる。

行動主義について200字前後で述べなさい。

行動主義とは，観察可能な行動のみを分析対象と考えたワトソンによる心理学派である。ワトソンは刺激と反応の関係を明らかにしようとし，実体がなく測定困難な意識の存在は徹底的に排除した。このことから，行動主義は意識なき心理学とよばれることもある。またワトソンは，環境からの刺激を適切に条件づけることで，あらゆる行動を獲得できるという極端な環境主義の発達観をもっていたことでも知られている。（191字）

答え

アルバート坊やの実験はレスポンデント条件づけに基づく。よってCが不適切。なお，白いネズミ→条件刺激，大きな音→無条件刺激，恐怖反応→無条件反応から条件反応へ，という対応になる（詳細11）。また，Bの文章と関連づけて，S-Rならば刺激（S）に対して皆同じ反応（R）だが，S-O-Rならば，生活体（O）の個人差（個人の性格，期待，おかれている環境など）によって反応（R）が変化する可能性を示せることをおさえておこう。【正解：C】

ゲシュタルト心理学

Gestalt psychology

学習のポイント

- □ 何よりもまず，ゲシュタルトという言葉と視点を理解すること。
- □ ゲシュタルトでなければ説明できないことは何か，述べられるように。

About this word

ヴントの要素主義は，意識内容を要素に分解することを目指した。だが，その**要素の単純な結合を意識とよんでよいのだろうか。**たとえば踏切の赤いランプが左右交互に点滅する様子を想像して欲しい。赤い光がまるで，左から右へ，右から左へ運動しているように見えることがあるだろう。この現象は**要素主義では説明できない。**構成する要素は左の光と右の光の２つだが，**左の光だけ単独で見ていても，右の光だけ単独で見ていても，光が運動して見える様子を説明できない**からだ。左の光と右の光が交互に点滅している状態を「全体」としてとらえてはじめて，運動を知覚することができる。

このように，**離れた２点間に刺激を順番に提示することで，先に提示された位置から後に提示された位置に向けて刺激が移動しているように見える**ことは仮現運動（β運動）とよばれている。そして，ドイツの心理学者ウェルトハイマー（Wertheimer, M.）はこの研究を通じて要素主義を批判，**要素に還元できない全体性がもつ情報**をゲシュタルトとよび，そこに注目した。ゲシュタルトは，ハン

4択問題

次の文のうち，最も適切な文はどれか。

A TV画面上では車が静止していても，窓から見える背景が動いていれば，車が動いていると知覚できる現象は，β運動とよばれている。

B 暗所でただひとつだけ見える光点を眺めていると，その光点が揺れているように見える現象は，誘導運動とよばれている。

C 離れた２点間の刺激が順に提示されることで，刺激が移動しているように知覚される現象は，自動運動とよばれている。

D 本来運動していないはずの対象が，まるで運動しているように知覚してしまう現象は，仮現運動とよばれている。

第1章

バーガーで考えるとわかりやすい。パンとビーフとレタスとピクルスとドレッシング…これらをまとめて食べるから，ハンバーガーとしての美味しさがある。1つ1つの具（要素）に分解しては，ハンバーガー（全体）としての美味しさを体感できない。

■群化とゲシュタルト

群化とよばれる現象もゲシュタルトだ。群化とは，右図のように点の集合がAのように**まとまりをもって知覚される現象**で，ゲシュタルトでなければ説明できない。なお，群化がBではなくAのように，**よりシンプルな形で行われる**ことを指してプレグナンツの法則とよぶ。

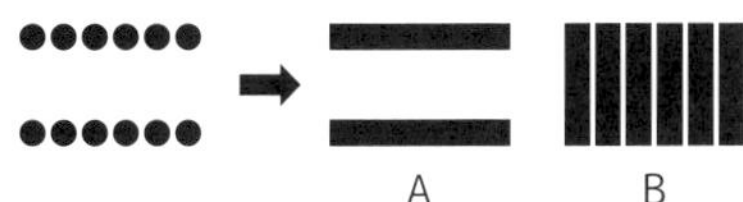

群化・プレグナンツの法則

■ゲシュタルト心理学の発展

全体性に注目した心理学派は，ゲシュタルト心理学とよばれており，他の代表的な研究者にケーラー（Kohler, W.）とレヴィン（Lewin, K.）がいる。ケーラーは，**ゲシュタルトを思考や問題解決に応用**した（詳細15）。レヴィンは，**ゲシュタルトを集団力学に応用し実験社会心理学の基礎を作った**（詳細39）。このように，知覚研究から始まったゲシュタルト心理学だが，さまざまな分野に発展し，その考え方は現代心理学に根づいている。

ゲシュタルト心理学について200字前後で述べなさい。

ゲシュタルト心理学は，ウェルトハイマーによって創始された心理学派である。離散的な刺激の変化がなめらかな連続的運動に知覚されるという，仮現運動の研究が代表的である。この仮現運動は要素の集合という考え方で説明できないため，ウェルトハイマーは要素主義を批判し，全体が要素の総和以上の意味をもつことを強調した。ゲシュタルト心理学は，思考・欲求・社会行動などさまざまな分野にわたり，現代心理学に大きな影響を与えている。（204字）

答え 本文中に細かく触れられなかった仮現運動を補足する問題である。A，B，Cはすべて誤りで，Aは誘導運動，Bは自動運動，Cはβ運動とよばれていることをおさえておこう。また，仮現運動は2種類の使われ方をすることもぜひ本問でおさえておきたい。まず1つめ「広義の仮現運動」はDの文章通りで実はA～Cの内容まですべて含む。誘導運動・自動運動・β運動は，すべて「広義の仮現運動」といえる。2つめは，本文中にあったように，Cのβ運動のみを指す「狭義の仮現運動」だ。参考書・論文を読む時は，仮現運動が広義か狭義のどちらで使われているか注意しよう。なお，院試における論述では基本的に狭義でかまわない。【正解：D】

05 精神分析学

psychoanalysis

学習のポイント

- □ 重要キーワード多数。じっくり用語の意味を理解していこう。
- □ 精神分析の考える問題行動の発生原因は何か，述べられるように。

About this word

精神分析学は**大学院入試における出題頻度が特に高く，毎年のように出題する大学院も少なくない**。精神分析に対する批判こそ数多くあれ，精神分析が臨床心理学を構成する基礎理論の１つであることは疑いようもないうえに，その貢献も大きい。本書でも精神分析学に関係した記述は多い（代表例：27，66〜70，89，90 など）。そこで精神分析学の用語の詳細は各項にまかせ，**本項では，主に精神分析学の概要と心理学史的な位置づけに重点を置く**。適宜関連ページや参考書を参照して頂きながら，まず本項で全体像をつかもう。

■精神分析学の誕生と概要

精神分析学は，精神科医フロイト（Freud, S.）によって創始された。フロイトも行動主義・ゲシュタルト心理学と同様，ヴントの批判を行っている。フロイトは，「思わず言ってしまった」など，人間が意図しない行動を起こすこと（失錯行為）に注目し，**意識できない心の領域**である無意識の存在を重視した。そして，**日常生活の行動の多くが無意識によって決定されている**と述べた。ヴントが意識を分析対象としたことに対し，フロイトは無意識を研究対象として重視すべきと考え

4択問題 次の文のうち，最も適切な文はどれか。

- **A** フロイトは，無意識の存在を重視し，心理学の祖となった。
- **B** 精神分析には，科学的な根拠や再現性に乏しいという批判がある。
- **C** 抑圧とは，無意識で苦痛となる心的外傷体験を，意識に押さえ込む防衛機制の１種である。
- **D** 人間の心に，意識・前意識・無意識の３つの領域があることを，構造論とよぶ。

たのである。

さらにフロイトは，**意識に存在すると苦痛を感じる**心的外傷（トラウマ）を無意識に抑圧することで自我を守ると述べた。心的外傷が抑圧されれば意識は楽になるが，決して心的外傷が消えたわけではなく，無意識に残っている。そのためフロイトは，**無意識に抑圧された心的外傷（特に幼児期のもの）がヒステリーなどの問題行動を引き起こす**と考えた。自由連想法や夢分析などの手法を用いて無意識を探り，**抑圧された心的外傷を意識化する**ことが，精神分析的な治療とされている（詳細 90）。

■フロイト以降の精神分析学

フロイトは他にも，**人間の生命エネルギーを性的なエネルギー**と考えリビドーとよび，それに基づくさまざまな理論を発表している（詳細 27，66）。だが，それに反発した弟子たちの多くはフロイトの元を去った。その中で代表的な人物はユングとアドラーである。ユングは集合的無意識に注目し分析心理学を，アドラーは劣等感と補償に注目し個人心理学を，それぞれ提唱する（詳細 69）。

フロイト以降の精神分析学として代表的なものに，**青年期発達に注目**したエリクソン（詳細 28），抑圧以外のさまざまな防衛機制を提唱したフロイトの娘アンナ・フロイトの自我心理学（詳細 68），**生後すぐの母子関係に注目**したクラインによる対象関係論（詳細 70），自己愛に注目したコフートの自己心理学，社会・文化的要因を重視するサリヴァンやフロムらの新フロイト派などがあげられる。

精神分析学について 200 字前後で述べなさい。

精神分析学とは，人間の行動の多くが意識よりも無意識によって決定されるとして，無意識の重要性を強調したフロイトによる心理学派である。フロイトはヒステリー行動の原因を，無意識下に抑圧された心的外傷体験と考え，自由連想法などによる意識化を行うことで治療を目指した。精神分析は客観性や再現性の問題など，科学としての心理学という観点からは批判が多いが，臨床心理学の基礎理論を作ったという意味での貢献は非常に大きい。（202 字）

答え Aの誤りは初学者に多いので注意したい。フロイトは有名な心理学者ではあるが，心理学の一分野・精神分析の創始者であり，心理学の祖とよばれているのはヴント。Cは無意識と意識が逆。Dは局所論が正しい。局所論・構造論の詳細は 66 を参照。Bの内容は重要で，精神分析は心理学でありながら，客観的なデータの収集や科学性・再現性が乏しいという批判が多い。たとえばCの抑圧にしても，仮説的な概念に過ぎず，実際にその抑圧が起こっているのか確認することは困難である。精神分析が臨床心理学に与えた影響は絶大だが，心理学全体の本流とは若干離れた位置づけにあることはおさえておくべきだろう。【正解：B】

06 母集団と標本

population / sample

学習のポイント

- □ 無作為抽出という用語を必ず説明できるようにしておこう。
- □ 自分の研究テーマならどのような標本抽出を行うか，考えてみよう。

About this word

さまざまな心理学の知見は，どのように生み出されたのだろうか。たとえば，青年期に関する理論１つとっても，全世界の全青年に調査・実験を実施した（！）とは考えにくい。一部の青年たちに実施された調査・実験をもとに，青年全体を推測したと考える方が現実的だろう。**対象集団全体**のことを指して母集団といい，**母集団を推測するために抽出された母集団の一部**を標本（サンプル）という。そして，**標本を用いて母集団を推測する手法**を推測統計法という。この推測統計法によって，母集団全員に調査・実験をすることなく，標本からの推測によって母集団の性質をつかむことが可能となる。

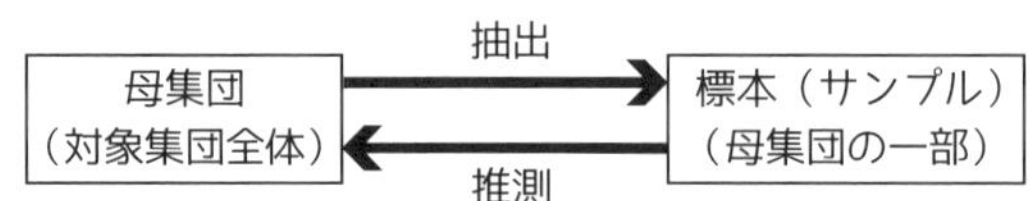

■無作為抽出の必要性

だがその推測にもリスクがある。たとえば青年を母集団とする調査において，その標本が男子ばかりだったら？　その標本で得られた心理的特徴は，「青年全体の心理的特徴」ではなく，「青年男子の心理的特徴」になってしまう。ここで必

4択問題 次の文のうち，最も不適切な文はどれか。

- **A** 標本の大きさが大きくなるほど，無作為抽出は実現されやすくなる。
- **B** 標準誤差は標本の大きさが大きくなればなるほど，小さくなる。
- **C** 標本数が多ければ多いほど，無作為抽出は実現されやすくなる。
- **D** 標本から母集団を推測する手法は，推測統計法とよばれている。

要となるのが，無作為抽出（ランダム・サンプリング）である。無作為抽出とは，**母集団の性質を偏りなくもつよう標本抽出すること**を指す。母集団の男女比が半々なら，標本の男女比も半々になるように。母集団が中学生なら，標本は中1・中2・中3が偏らないように。**無作為抽出が実現されないと，母集団と標本の性質が異なるもの**となり，上記の例のように**母集団の推測が適切ではなくなってしまう**。よって，推測統計法には無作為抽出の実現が重要だ。

■完全な無作為抽出の困難さ

だが同時に，**無作為抽出の完全な実現は困難**である。たとえば青年を母集団とする例でも，男女比に限らず，さまざまな偏りによって無作為抽出に失敗する可能性がある。標本が，学力上位の生徒に偏っているかもしれない，裕福な家庭の子に偏っているかもしれない，よく食べる生徒に偏っているかもしれない…言い出せばキリがない。完全な無作為抽出を実現することはほぼ不可能である。よって実際の研究現場では，**可能な限り母集団と同じ性質に近づくよう努力することに主眼**が置かれている。とくに**研究内容に関連する要因を優先して偏らないようにしておく必要**がある。たとえば学力に関する研究ならば，標本が学力上位の生徒に偏らないよう配慮すべきだろう。

母集団と標本，無作為抽出に関しては，大学院入試における出題頻度が非常に高い。統計的仮説検定（詳細53）とも関連づけて理解しておこう。

母集団と標本について200字前後で述べなさい。

研究対象とする対象集団全体を指して母集団といい，その母集団の推測のために抽出された母集団の一部を指して標本という。母集団の性質を偏り無くもつように標本抽出することが重要で，無作為抽出とよばれている。無作為抽出が実現されないと，母集団と標本の性質が異なるため，標本から母集団を推測することが困難となる。よって標本抽出にあたっては，可能な限り標本の大きさを大きくするなど，無作為抽出が実現されるよう努力することが求められる。（210字）

答え　AやBは正しい内容。標本の人数のことを標本の大きさ（n）といい，nが大きくなるほど，様々な特徴をもつ者が対象となり「学力上位ばかり」などの偏りが生じにくくなる。またnが大きくなると母集団の大きさ（N）との差が小さくなるため，Bの文章のように標準誤差（nとNの差によって生じる誤差）が小さくなる。CはAと区別しよう。たとえば母集団から100名ずつ3回標本抽出したら，標本数は3，標本の大きさは各100である。標本数の多さは無作為抽出の実現とは関連しない。Dは正しい内容。なお，推測を挟まず，対象集団を直接測定することを指して記述統計法とよぶこともおさえておこう。

【正解：C】

実験群と対照群

experimental / control group

学習のポイント

- □ 具体的な実験例と専門用語を対応できるようになること。
- □ 交絡はなぜダメか，統制はなぜ必要かを述べられるように。

About this word

心理学の実験とそれに関連する用語を説明するにあたり，記憶研究者ロフタスの以下の実験を紹介しよう。

『実験協力者は，自動車事故の映像を見せられる。その後実験協力者はＡ群とＢ群に分けられ，Ａ群は「車同士が『**衝突**』した際…」という文言で，Ｂ群は「車同士が『**接触**』した際…」という文言で，事故の内容を想起してもらう。**Ａ群とＢ群の想起内容にどんな差異が現れるだろうか？**』

ロフタスは記憶の想起過程において，与えられた情報によって記憶内容が再構成され，記憶の変容が起こることを想定していた。映像中の自動車事故は「衝突」とよべるほどの大事故ではなかったが，**「衝突」という言葉をもとに事故内容を想起するＡ群は，事故内容を大げさに報告するとロフタスは考えた**のである。はたしてその結果はいかに。

さてここからが本題。専門用語を，上記の実験と関連づけながら理解しよう。

4択問題　**次のＡ～Ｄのうち，最も適切な記号はどれか。**

他者が存在することにより援助行動が抑制される，という仮説を確認するため，以下のような実験が行われた。Ａ群は部屋の中に研究協力者のみ，Ｂ群は協力者以外のサクラが２名いる。隣室から助けを求めてくる声が聞こえたとき，協力者が隣室に向かうまでの時間を両群で測定した。

この実験において，Ａ群は（ア）Ｂ群は（イ）であり，サクラの存在は（ウ），隣室に向かうまでの時間は（エ）と考えられる。

A　ア　実験群　イ　対照群　ウ　独立変数　エ　従属変数

B　ア　対照群　イ　実験群　ウ　独立変数　エ　従属変数

C　ア　実験群　イ　対照群　ウ　従属変数　エ　独立変数

D　ア　対照群　イ　実験群　ウ　従属変数　エ　独立変数

■独立変数と従属変数

まず，研究において**研究者が操作する成分**のことを独立変数という。上記の場合は「衝突」か「接触」という文言の違いが独立変数に相当する。そして**測定される成分**を従属変数という。上記の実験の場合は，記憶の想起内容が従属変数に相当する。独立変数と従属変数は，いわば原因と結果の関係だ。「衝突」や「接触」という言葉が原因で，記憶の想起内容がどう変わるかを検討するのである。

■統制と交絡

ただし仮に，A群は事故映像を見せられてから**1週間後**に，B群は事故映像を見せられた**翌日**にすぐ尋ねられた，ということがあれば，A群とB群の想起内容が違ったとしても，それが「衝突・接触」という文言のせいなのか「1週間後・翌日」という時期のせいなのか特定できない。このように**独立変数以外の要因が従属変数の変化に関係すること**を交絡という。交絡を防ぐために必要となる操作が統制である。統制とは，**独立変数以外の要因をすべて偏りのない状態にすること**を指す。たとえば上記の場合，A群・B群**ともに**1週間後に尋ね，時期を統制することで，「想起内容が違うのは，『衝突・接触』という文言が違うため」といえるのである。実験の成功には統制が欠かせない。

■実験群と対照群

以上のことから，**独立変数の操作が加えられた群**を実験群とよび，独立変数以外はすべて統制されているという意味で**操作が加えられていない比較対象のための群**を，対照群とよぶ。上記の実験ではA群が実験群，B群は対照群だ。なお，ロフタスの実験は成功。仮説は見事に支持された。つまりA群は事故内容を大げさに報告した。映像では割れていない車のガラスを，A群の多くの者が割れていたと報告したのである。

実験群と対照群について200字前後で述べなさい。

実験において，独立変数の操作が加えられた群のことを実験群といい，独立変数以外の要因はすべて統制された群のことを対照群という。独立変数以外の要因が統制されていなければ，従属変数の変化に独立変数以外の要因が影響することになり，独立変数と従属変数の因果関係を述べることができなくなる。そのため，対照群は独立変数以外の要因，特に従属変数の変化に影響を与えるであろう要因を，優先して統制しておく必要がある。（198字）

答え 他者の存在（原因）により援助行動が抑制されるか（結果）を検討するため，他者の存在を加えた群が実験群と考えられる。なお，本問の「他者の存在による援助行動の抑制」は傍観者効果（39参照）という。

【正解：B】

08 縦断研究と横断研究

longitudinal / cross sectional study

学習のポイント

- □ さまざまな『○○研究』を視点ごとに分類・整理して，整理しよう。
- □ 各研究の利点と欠点を対比させながら，各自，表などを作るとよい。

About this word

人間の発達を研究する方法として代表的なものに縦断研究があげられる。縦断研究とは**ある個人や対象集団を継続的に追跡し，その発達的変化を検討する方法**を指す。たとえば，ある個人を小1・小2・小3…と追ってデータを蓄積していく場合，縦断研究といえる。縦断研究では，個人の一貫性や発達的変化が明確にわかる反面，とにかく時間的コストが高く，実施困難である。また多くの研究対象者のデータを集めることが困難で，それに伴ってデータの一般化も難しい。イメージとしては，縦断研究は事例研究に近い。

縦断研究は上記のような欠点があるため，現実的には横断研究という手法が取られることが多い。横断研究とは，**異なる年齢集団を一度に調査し，各年齢集団間の発達的変化を検討する方法**である。ある一時点で，小1・小2・小3のデータを一気に集めた場合，横断研究となる。時間的なコストが低く，実施が容易で，かつ多くの研究対象者のデータを集められるが，縦断研究のような個人の一貫性はない。上記の例でいえば，調査時に小1だった児童が2年後に小3となった時に，調査時（2年前）の小3と同一の性質をもっている保証はない。ゆとり教育前の10歳と始まってからの10歳では性質が違うことが予想されるように，同じ年齢集団でも生まれ育った時代によって差異が生じる可能性がある（なお，**同一年齢**

4択問題 次の文のうち，最も適切な文はどれか。

- **A** 横断研究の欠点として，コーホートの影響があげられる。
- **B** 横断研究の欠点として，調査対象者の継続的追跡が困難であることがあげられる。
- **C** 縦断研究は，法則定立的研究に向いた研究手法である。
- **D** 縦断研究は，量的研究として取り組むことができない。

集団の差異を用いて，時代背景の影響を検討する研究をコーホート研究という)。

ここまで発達研究における分類を紹介してきたが，それ以外にも，研究法はさまざまな分類がある。その分類について簡単に紹介しよう。

■研究目的による研究の分類

法則定立的研究　人間の心に関わる**一般法則の発見**を目的とする。

個性記述的研究　一般法則では測れない**個人の詳細な記述**を目的とする。

心理学が目指すのは法則定立的。ただし，臨床心理学では一般化困難な症例の対応と理解のため，事例研究を中心とした個性記述的研究もなされる。

■収集法による研究の分類

実験法（07参照），質問紙法，観察法，面接法。それぞれに利点・欠点がある。右表を参照。

収集法	利点	欠点
実験	因果関係の特定が可能	実験環境と現実場面との乖離
質問紙	大人数のデータ収集が可能	虚偽・防衛的態度などの回答の歪み
観察	言語が不要，現実場面の把握が可能	観察者の影響 観察者の主観
面接	微細なデータの収集が可能	数量化困難 面接者の主観

■処理法による研究の分類

量的研究　データを数量化して処理。**統計的分析が可能。**

質的研究　数量化せず，記述データとして処理。**統計的分析が困難。**

縦断研究と横断研究について200字前後で述べなさい。

縦断研究とは，同一個人や同一集団を継続的に追跡調査することで，その発達的変化や一貫性を検討する手法である。ただし，時間的なコストが非常に大きく，また多くの対象を追跡することが困難であるためデータ数が少なく，一般化が困難である。異なる年齢集団を一度に調査する横断研究ならば上記のような問題はクリアできるが，それぞれの年齢集団のコーホートが異なるため，縦断研究のような同一個人の発達的変化や一貫性を述べることができない。(208字)

答え　たとえば10歳と15歳を同時に調査して発達的変化を検討したとしても，10歳の子が15歳になった時に，調査時15歳だった子と同じ性質をもっていない可能性がある。その原因の1つに，生まれ育った時代が異なる影響（コーホートの影響）が挙げられる。よって適切な文はA。Bは縦断研究の欠点。なお，横断研究では調査対象者の継続的追跡を行うことができない。よって，調査対象者の継続的追跡が「困難」であるというよりは「不可能」と述べるべきだろう。Cは法則定立的ではなく個性記述的。Dについては，縦断研究でも量的研究が可能である。子どもの身長を毎年測って記録を残していくのは，縦断＋量的といえるだろう。　【正解：A】

09 信頼性

reliability

学習のポイント

□ 院試頻出。信頼性とは何か，必ず述べられるようにしておこう。
□ 信頼性の4種類の検討方法を，必ず4つとも理解しておくこと。

About this word

心理学は，目に見えない心をさまざまな形でデータ化し，それを分析・解釈することで理論を形成していく学問だ。しかし，質の低いデータを集めていては，どれだけすばらしい分析・解釈を行ったとしても，意味がない。データの質の高さを表す概念がこれから紹介する信頼性と妥当性だ（妥当性は10参照）。心理学のデータ収集は，この信頼性と妥当性がともに高くなくてはならない。

信頼性とは**データの一貫性**を表す。同一対象に対して追試をくり返した場合，安定して同じ結果が得られれば「信頼性は高い」，回によって大きく結果が変動することがあれば「信頼性は低い」ことになる。（右表の例を参照）このように信頼性は，**誤差の少なさと言いかえることもできる。**

回数	1回目	2回目
信頼性が高い	100	101
信頼性が低い	100	70

■信頼性の検討方法

①再テスト法　**同じ集団に一定期間を置いて同一のテストを2度実施し，2回の相関係数を算出する方法。**（相関係数が高ければ信頼性が高い）

利点　信頼性の定義に最も沿っており，直感的にわかりやすい。

欠点　時間的なコスト大。記憶や学習の効果で結果が歪むことも。

4択問題　**次の文のうち，最も適切な文はどれか。**

A　五肢選択式の検査より，二者択一式の検査の方が，信頼性が高い。

B　項目数の少ない検査より，多い検査の方が，信頼性が高い。

C　同質な項目で構成される検査より，異質な項目で構成される検査の方が，信頼性が高い。

D　難しさが中程度の検査より，非常に難しい検査の方が信頼性が高い。

②平行テスト法　**形式・難易度・平均点などが等質な2つのテストを作成，同時に実施して2つのテスト間の相関係数を算出する方法。**

利点　時間的なコスト小。記憶や学習の効果は影響なし。

欠点　作成の困難さ（平均点が同じ2つのテストを作るなんて！）

③折半法　**1つのテストを等質な2群に折半し，両群の得点間の相関係数を算出する方法。**

利点　平行テストを作成する必要がなくなり，作成コスト小。

欠点　折半の困難さ（どうやって等質な2群に折半するのか？）

④α係数　**テスト項目が等質な内容のみで構成**されていれば，**結果の誤差は少ない，つまり信頼性が高い**ことになる。異質な項目が混ざっていると，それが誤差の原因となり，信頼性の低下につながる。このように，信頼性を**テスト項目の等質性・一貫性（**内的整合性**）**とみなし，それを数量化した指標がクロンバック（Cronbach, L. J.）のα係数である。**α係数は0〜1の範囲**で，目安として0.7から0.8以上ならば信頼性が高いといえる。α係数が低い場合は，異質な項目を発見・除去することで，内的整合性を高めるといった手続きが用いられる。

利点　上記3つの方法すべての欠点をカバー

欠点　計算が困難（コンピューターが必要）

最終的に研究でよく用いられているのはα係数だが，それ以外の3つも院試における出題頻度は高い。がんばって理解してほしい。

信頼性について200字前後で述べなさい。

信頼性とはデータの安定性・一貫性のことで，誤差の少なさと言い換えることもできる。再テスト法，平行テスト法，折半法といったさまざまな検討方法があるが，現在最も用いられているのは，内的整合性を検討する方法である。内的整合性が高ければ，テストが等質な項目で構成されているため誤差が少ない，つまり信頼性が高いとみなすことができる。代表的な内的整合性の指標としては，クロンバックのα係数が挙げられ，多くの心理学研究で用いられている。（211字）

答え　結果が安定するのは？　誤差が少ないのはどれだろうか？という視点で文章を読んでみよう。Aの二者択一式は，偶然の正解が考えられないだろうか。Cは本文の内的整合性を参照。Dの非常に難しいということは，測定したい心理的特性・能力をもっていたとしても，高い得点を出せない可能性がある。これが誤差となる。Bのように項目数が多い検査は，偶然の要素が排除されやすいため，誤差は小さく信頼性は高い。　【正解：B】

10 妥当性

validity

学習のポイント

- □ **信頼性と妥当性を区別して述べられるようにしておくこと。**
- □ **妥当性の視点は多くあるため，まず本テキストの3つをおさえよう。**

About this word

妥当性とは**データの的確さ**のことである。たとえば，標準的な知能の人が知能検査を受けて標準的と診断されたならば，その検査は「妥当性が高い」。過度に高い知能や低い知能をもつと診断されたならば，その検査は「妥当性が低い」。

信頼性と妥当性はまったく別の概念だが，区別がつきにくい。そこで以下の例を参考に区別してほしい。「5g分目盛りがズレたはかり」があったとしよう。そこに100gのおもりを乗せたら，そのはかりは毎回105gを示す。何回乗せても値は105gで誤差は生じない。だから**信頼性は高い**。でもおもりは100gなので，105gという測定結果は的確ではない。だから**妥当性は低い**。信頼性と妥当性は別の概念であることを示している。まとめると，**信頼性は安定性・誤差の少なさ**であり，的確かどうかは抜きにして，複数回測定して同じ結果が得られれば，信頼性は高

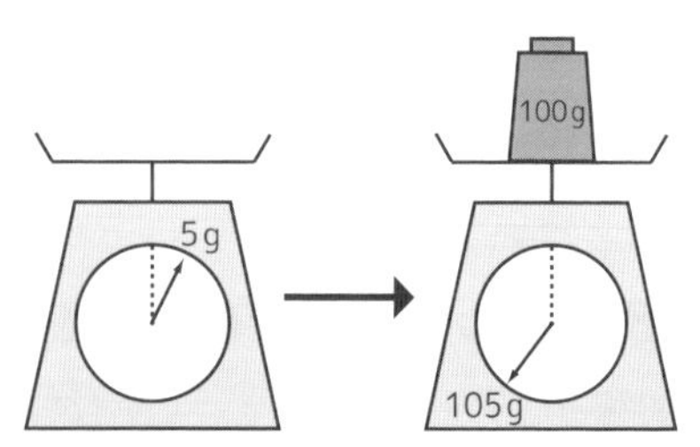

毎回105gという同じ値を示す。 **→信頼性が高い**

でも真実は100gである。 **→妥当性は低い**

4択問題 **次の文のうち，最も適切な文はどれか。**

- **A** 信頼性が高くても妥当性が低ければ，用いるべきではない。
- **B** ある知能検査を実施してIQ110と診断され，半年後に同じ知能検査を実施してIQ90と診断された場合，基準関連妥当性は低いといえる。
- **C** 妥当性の指標として用いられるのがβ係数である。
- **D** 質問紙性格検査のほとんどの項目に「はい」と答えた者の結果は，内容的妥当性が低いと表現される。

い。対して**妥当性は的確さ**であり，**真実性**といってもよいだろう。

■妥当性の視点

妥当性は，信頼性のように特定の指標があるわけではなく，**さまざまな視点で妥当性が高いかどうかを複合的に検証**していく。その視点のうち，代表的なものを以下に紹介する。

①内容的妥当性　**測定概念に関わる領域を網羅できているか否かという視点**で妥当性を検討する。たとえば，「理科の実力テスト」ならば物理・化学・生物・地学の4分野を網羅している必要があるが，物理だけなど特定の分野に偏っていると「理科の実力テスト」としての妥当性は低い。

②基準関連妥当性　**理論的に関連が予測される外的基準とどれだけ関連しているかという視点**で妥当性を検討する。たとえば，不安を測定する尺度を開発した場合，不安との関連が予測されるストレスなどの概念と，関連が示されるかを検討する。数量化しやすいため，論文などで比較的多く用いられている。

③構成概念妥当性　**測定しようとする構成概念が，実際にどれくらい適切に測定されているかという視点**で妥当性を検討する。たとえば，不安を測定する尺度を開発した場合，罪悪感や対人不信感といった別の概念ではなく，本当に不安を測定できているのかを検討する。**心理学は，心という目に見えない存在を扱う学問であるため，この構成概念妥当性が最も重要**といわれている。同時に最も検証が難しく，完全なる実現も困難である。

妥当性の視点は他にもたくさんあるが，代表的なもの・院試における出題率が高いものは上記の3つなので，この3つを優先的におさえておこう。

妥当性について200字前後で述べなさい。

妥当性とは測定目的としている心理的特性をどれくらい的確に測定しているかを表す概念であり，データの安定性や誤差の少なさを知ろうとする信頼性と区別される。妥当性には複数の視点があり，代表的なものに，測定概念を網羅できているかを示す内容的妥当性，関連が予想される外的基準との関連を確認する基準関連妥当性，測定したい構成概念を適切に測定できているかを示す構成概念妥当性が挙げられる。(187字)

答え　Aが正しいことを答えるのはさほど困難ではないはず。B～Dがなぜ適切ではないかを答えられるだろうか。Bは信頼性の測定を行っている。基準関連妥当性の検討では同じ検査を用いない。信頼性がα係数だからといって，Cのようなβ係数は存在しない。Dは内容的妥当性の意味を確認すれば誤りであるとわかる。ただし，性格検査のほとんどの項目に「はい」と答えた人の結果がその人の性格特徴を的確に反映しているとはとても言い難い。この場合は特別な言葉は使わず，「妥当性が低い」と表現するのが一番望ましいだろう。【正解：A】

COLUMN

合格する心理学①

どんな人が受かるの？

これまで河合塾 KALS で，心理系大学院を志す多くの受講生を見てきました。その中で「あ，この人は受かるな」と思える人がいます。それは「覚悟を決めた人」です。具体的には社会人の場合，覚悟を決めて会社を辞めた人。学生さんの場合，大学院に行くと決めたのだから，就活をしない人（もちろん，会社を辞めずに合格する人，就活と並行して合格する人もいます。でもこういう人たちは不合格だけでなく，試験も受けずにドロップアウトしてしまう人も多いのです…）。そして覚悟を決め，退路を絶った人の多くは，こう言いきるのです。「必ず，受かってみせます！」

心理学に，**自己成就的予言**という理論があります。言葉にしたことを現実にしようとする無意識的な働きのことです。この理論に基づけば「受かる！」と言い続ける人が，受かりやすくなります。でもそれってとてもリスクが高い行為ですよね。周囲の人に「自分は受かる！」と言ったのに受からないなんて恥ずかしい。情けない。**でも，だからこそ，がんばれると思いませんか？**

過去の受講生にこんな人がいました。自分の人生を見つめ直し，心理職になりたいと思って仕事を辞め，河合塾 KALS の半年速習コースへ。心理学はまったく学んだことがない。半年での大学院合格はかなりの努力が必要。でも彼は，真顔でこう言うのです。「心理職になるという夢を叶えたら，彼女にプロポーズして，世界一周旅行に行く」。何バカなことを，と思う人もいるでしょう。でも実際に彼は大学院も，心理職の資格試験も一発で合格し，彼女と世界一周旅行へ旅立ちました。彼は結婚式でこう語ったそうです。「僕は，やると決めて口にしてきたことは，すべて実現してきました」。いやあ，シビれます！

みなさんも彼のように，覚悟を決めて，自分は受かると周囲に宣言してみませんか？　それは，必ず，みなさんを支える大きな力になってくれるはずです。

受かりやすいのはどっち？

第2章 学習・知覚・認知

Learning, Perception, Cognition

……▶ 傾向と対策

学習理論は本書における11〜15が相当する。心理療法の1つ・**行動療法は，この学習理論を基礎に組み立てられている**ため，**臨床心理学との関連が非常に深い重要分野**だ。最優先で，**2種類の条件づけ**と条件づけに関連する『無条件刺激』などの専門用語を理解すること。

残りの項目は知覚・認知に相当する。**知覚・認知に関する用語を直接論述させる大学院は限られている。**だが仮に試験に出題される頻度が少ないとはいえ，メタ認知，スキーマ，プライミングなど**『心理学の本で頻繁に用いられているが，イマイチ意味がわかりにくい』用語をしっかり理解しておくことは，心理学の専門家としての強固な下地になる**はずだ。ここで努力したことは，絶対に無駄にならない。なお20〜24は記憶に関する用語で，こちらは認知分野の中でも比較的出題頻度が高い。

NO	難易度	用語
11	★★★	レスポンデント条件づけ
12	★★☆	オペラント条件づけ
13	★☆☆	モデリング
14	★★☆	学習性無力感
15	★★☆	試行錯誤と洞察
16	★★☆	知覚の恒常性
17	★★★	スキーマ
18	★★★	プライミング
19	★★★	メタ認知
20	★★☆	記憶の3過程
21	★☆☆	短期記憶
22	★★☆	長期記憶
23	★★☆	系列位置効果
24	★★☆	忘却

難易度は，用語内容の理解しやすさや論述における書きやすさの目安を表します。

11 レスポンデント条件づけ

respondent conditioning

学習のポイント

- □ 無条件刺激・無条件反応・条件刺激・条件反応の４用語を徹底理解。
- □ 行動療法（とくに系統的脱感作法）と関連づけた理解を目指そう。

About this word

ベルの音を聞いてから餌を与えられていた犬は，はじめは餌に対して唾液を分泌していたが，やがて**ベルの音を聞くだけで唾液を分泌する**ようになった。この実験は『パブロフの犬』とよばれており，この実験を元にパブロフ（Pavlov, I. P.）が述べた理論がレスポンデント条件づけ（古典的条件づけ）である。このレスポンデント条件づけを理解するためには，無条件刺激・無条件反応・条件刺激・条件反応という４つの用語を正確に理解することが重要となる。

まず無条件反応とは，**条件づけ無しで起こる生得的な反射**を指し，無条件刺激は**無条件反応を引き起こす刺激**のことである。『無条件』という言葉がポイント。餌と唾液分泌の関係は『条件づけ無し』で成立しているため，餌が『無条件』刺激，餌による唾液分泌が『無条件』反応に相当する。

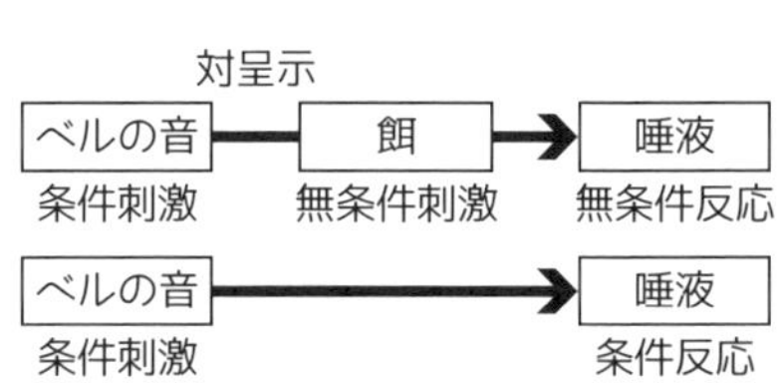

次に条件刺激とは，**条件づけの対象となる刺激**のことを指す。パブロフの犬の実験では，ベルの音で唾液分泌を引き起こすことが狙いであるため，ベルの音が

4択問題 **次のA～Dのうち，最も適切な記号はどれか。**

行動療法の代表的な技法にウォルピ（Wolpe, J.）の系統的脱感作法がある。系統的脱感作法は，まず事前準備としてリラックス状態を作り出すための弛緩法を習得する。その後，不安場面を想起してもらい，不安を感じたら弛緩法でリラックス状態に入ってもらう。これをくり返すことで，不安場面を想起しても弛緩法を挟まずにリラックスできる状態を目指す。この時，レスポンデント条件づけ理論によれば，不安場面の想起は（　　）に相当する。

A 無条件刺激　**B** 無条件反応　**C** 条件刺激　**D** 条件反応

条件刺激に相当する。最後に条件反応とは，**条件づけの成立によって条件刺激で起こるようになった反応**のことを指す。パブロフの犬の実験では，ベルの音（条件刺激）によって生じるようになった唾液分泌が条件反応に相当する。このように，**条件刺激と無条件刺激の対呈示により，本来は無条件刺激によってのみ誘発される無条件反応が条件反応となり，条件刺激との新たな連合が生まれること**をレスポンデント条件づけという。

第2章

■**レスポンデント条件づけの関連用語**

①般化　**条件刺激に類似した刺激でも条件反応を起こすこと。**パブロフの犬の場合，ベルの音の大きさを多少変化させても唾液分泌は生じる。

②分化（弁別）　**条件刺激と類似した刺激を区別し，条件刺激のみ条件反応を起こすようになること。**条件刺激の時は無条件刺激を対呈示し，類似した刺激の時は無条件刺激を対呈示しないことで可能となる。パブロフの犬の場合，通常のベルの音では餌を与え，それよりも大きい音の時は餌を与えないようにすると，大きい音を区別して唾液分泌が生じなくなる。

③消去　**条件づけ成立後，無条件刺激の対呈示を止めて条件刺激のみの呈示を続けることで，条件反応との連合が失われること。**パブロフの犬の場合，餌を与えずにベルの音だけの呈示が続くと，唾液分泌は消失する。

④自発的回復　**消去成立後に休息を与えると，条件反応の回復がみられること。**消去訓練中に大きい音などの**強い外部刺激によって条件反応が一気に回復する**こともあり，これは脱制止とよばれている。

レスポンデント条件づけについて200字前後で述べなさい。

レスポンデント条件づけとは，無条件刺激と条件刺激の対呈示により，本来は無条件刺激によって誘発される無条件反応が条件反応となり，条件刺激との新たな連合が生まれることである。ロシアの生理学者パブロフが犬の唾液分泌を用いた実験で示した。この理論はワトソンの行動主義の基礎理論となり，その後ウォルピによって行動療法として臨床活用され，系統的脱感作法などのさまざまな技法が誕生している。(188字)

答え　弛緩法を用いればリラックスすることは，条件づけに関係なく『無条件に』成立するため，弛緩法が無条件刺激，弛緩法によるリラックスが無条件反応。不安場面の想起が条件刺激で，不安場面の想起によってもリラックスが起こるようになれば，そのリラックスは条件反応となる。

【正解：C】

12 オペラント条件づけ

operant conditioning

学習のポイント

- □ 原理はさほど難しくない。専門用語を用いて説明できる状態を。
- □ 負の強化・負の弱化は多くの人が間違えやすい。正しく理解したい。

About this word

一匹のネズミを箱の中に入れる。箱の中にはレバーがあり，それを動かすことでネズミは餌を手に入れられる。はじめは滅多にレバーを動かすことのなかったネズミだが，やがてレバーを動かす頻度が明らかに増加していく。この実験は『スキナー箱の実験』とよばれており，この実験を元に**新行動主義者**スキナー（Skinner, B. F.）が述べた理論がオペラント条件づけ（道具的条件づけ）である。

■強化と弱化（罰）

強化とは**行動の生起頻度を上昇させること**で，報酬刺激とは生体にとって快となる刺激を指す。スキナー箱の場合，レバーを動かすたびに餌（報酬刺激）を与え続けると，ネズミは頻繁にレバーを動かすようになる（強化）。

弱化（罰）とは**行動の生起頻度を低下させること**で，嫌悪刺激とは生体にとって不快となる刺激を指す。スキナー箱の場合，レバーを動かす行動に罰を与えたいのなら，レバーを動かしたら電気ショックなどの嫌悪刺激を与えればよい。もちろん，ネズミはレバーを動かさなくなる。まとめると，**オペラント条件づけとは，行動に報酬刺激や嫌悪刺激を随伴させることで，その行動の生起頻度を変化**

4択問題

次の文のうち，最も適切な文はどれか。

- **A** スキナーは新行動主義者であり，S-O-R 理論に基づいている。
- **B** 上司に嫌味を言われて，仕事をしようと思えなくなることは，オペラント条件づけにおける負の強化と考えられる。
- **C** オペラント条件づけは，生得的な反射行動を条件づけの対象とする。
- **D** レスポンデント条件づけは刺激→行動という時間的順序だが，オペラント条件づけは行動→刺激という時間的順序になる。

させることである（簡単にいってしまえば，ほめて伸ばす，しかって止めさせる）。

■負の強化，負の弱化

前述の強化と弱化は，正確には正の強化・正の弱化とよぶ。負の強化とは，**嫌悪刺激の除去により行動の生起頻度が上昇すること**である。〔例：静かに勉強していたら親に怒られなくなった（嫌悪刺激の除去）ので，静かに勉強をし続けるようになった（頻度上昇＝強化）〕。負の弱化とは，**報酬刺激の除去により行動の生起頻度が低下すること**である。〔例：勉強をしたらほめられていたのが，ほめられなくなった（報酬刺激の除去）ので，勉強をしなくなってしまった（頻度低下＝弱化）〕。「負」は理解しにくいが，**刺激が「除去」される文脈で用いられる**ことをおさえておくと，わかりやすくなるだろう。

	与える（正）	除去する（負）
報酬刺激（好子，強化子）	頻度↑ 正の強化	頻度↓ 負の弱化（罰）
嫌悪刺激（嫌子，弱化子）	頻度↓ 正の弱化（罰）	頻度↑ 負の強化

オペラント条件づけについて200字前後で述べなさい。

オペラント条件づけは，特定の行動に報酬刺激や嫌悪刺激の随伴性を操作することで，その行動の生起頻度を変化させることである。新行動主義者スキナーのスキナー箱の実験で示された。パブロフのレスポンデント条件づけが先行刺激に対する条件反射を条件づけの対象とすることに対し，スキナーのオペラント条件づけは，先行刺激なしで自発的に発生する行動を条件づけの対象とする点で異なる。（181字）

答え Aについてスキナーは新行動主義に分類されるが，彼の理論は徹底したS-R理論である。本項オペラント条件づけの説明も，まったくOが想定されていないことがわかるだろうか。Bは正の弱化。嫌味がなくなって仕事がはかどれば負の強化。「負＝除去」を徹底しよう。Cはレスポンデント条件づけ。Dは正しい内容。オペラント条件づけは，行動が発生してから，そこに報酬刺激や嫌悪刺激を与えるという順序で行われる。

【正解：D】

13 モデリング

modeling

学習のポイント

- □ 専門用語は多くない。代理強化という言葉を用いて説明できるように。
- □ 臨床現場でどのように活用されているのか，関連づけておこう。

About this word

あらゆる行動が条件づけで学習されるわけではない。直接経験を元に成立する条件づけとは異なり，**直接経験せずともモデルとする他者の観察と模倣によって成立する学習**がある。バンデューラ（Bandura, A.）はこれをモデリング（観察学習）とよんだ。

たとえばモデルとなる他者がある行動Aをとり，その行動Aがほめられたとする。すると，モデル自身の行動Aが強化されるのはもちろん，モデルを見ていた観察者も，行動Aが強化される。このように，**モデルに対する強化であっても，観察者の強化としても機能する強化**を，『モデルが自分の代理で強化を受けてくれた』という意味から代理強化という。このように，**モデリングでは観察者が直接強化を受ける必要はなく，モデルへの代理強化によって学習が成立**する。小学校高学年ぐらいから，授業中に挙手・発言して教師から直接強化を受けようとする人が減ることからもわかるように，幼いうちは直接強化が中心だが，**成長とともに代理強化が中心**となり，モデリングが学習に占める割合は増加していく。

4択問題 次の文のうち，最も不適切な文はどれか。

A モデリング理論によれば，攻撃行動をテレビで見ても，実際に行動に移さない限りは，その行動は強化されない。

B モデリングは行動療法の中に取り入れられている。

C モデリングはバンデューラの理論で，彼の他の理論としては自己効力感の理論が代表的である。

D モデリングの理論は，テレビが民間に普及し始めた頃に発表され，テレビに懐疑的であった人々が注目し，取り上げられるようになった。

■攻撃行動とモデリング

モデリングの理論が注目されるようになったのは，バンデューラが実施した**人間の攻撃行動に関する実験**であった。攻撃行動をする大人を観察した子どもの多くが，大人の攻撃行動を模倣することを実験的に示したのである。この実験結果はやがて，**テレビや映画・ゲームなどの暴力映像が攻撃性に与える影響を示すものとして数多く取り上げられる**ことになる。ただし，暴力映像が原因で攻撃性が高まるのか，攻撃的な人が暴力映像を好んで見るのか，その両方なのか，因果関係はいまだ特定されていない。

■モデリングと心理療法

モデリング理論は心理療法でも用いられている。バンデューラは**犬を怖がる幼児に対し，同じぐらいの年齢の幼児が犬と関わり仲良くなっていく姿を観察させ，その行動を模倣させることで治療効果を上げた**と報告している。もちろん，この場合は犬とうまく関われた時に直接強化を与えれば，より効果的であることはいうまでもない。犬に限らず，人と話したり，頼んだり，ほめたり，謝ったりといった対人ソーシャルスキルの訓練・獲得に関しても，モデリングの有効性は報告されている。とくに近年は，**他者の意見を尊重しながら自身の意見を適切に主張していく**アサーション教育が注目されており，ここでもモデリングは取り入れられている（92 参照）。

モデリングについて 200 字前後で述べなさい。

モデリングとはモデルとする他者の観察と模倣によって成立する学習のことである。モデルとする他者の行動が強化された時，その強化は観察者にとって代理強化となり，直接行動を起こしていない観察者も同様の強化が得られることを，バンデューラが実験的に示した。このモデリング理論は，テレビや映画・ゲームなどの暴力映像の視聴が人の攻撃行動の獲得に影響を与えるものとして注目された。またモデリング療法など，その理論は臨床現場でも用いられている。（212 字）

答え 実際に行動に移さずとも，観察とモデルへの代理強化だけで行動が強化されていくのがモデリングの注目点である。よって，A は不適切。D のように注目を集めたのは，この「実際に行動を起こしていなくても強化される」という点が大きい。テレビ・映画・ゲームで攻撃・暴力行為を観察するだけで，同様の攻撃・暴力行為を現実に起こす可能性が示唆されたからである。B は正しい。行動療法は学習理論に基づく臨床心理的介入のことを指す。C も正しい。自己効力感とは「自分の行動の結果を自分でコントロールできる」という感覚のことで，バンデューラはこの研究の第一人者でもある。

【正解：A】

14 学習性無力感

learned helplessness

学習のポイント

- □ 学習理論に関する周辺知識を整理して理解しよう。
- □ せっかく学んだ知識なのだから，受験勉強にもうまく活用したい。

About this word

学習性無力感とは，**自分の力で対処不可能な体験を数多く重ねることによって行動への動機づけが失われること**を指す。

セリグマン（Seligman, M. E.）は実験で，どんな行動をとっても電気ショックから逃れられない環境に長く居続けた犬が，**回避可能な環境になっても電気ショックを回避しなくなってしまう**ことを報告した。この現象をオペラント条件づけ理論で説明すると，あらゆる行動に対して電気ショックという嫌悪刺激が与えられたため，あらゆる行動が正の弱化を受けたことになり，あらゆる行動の生起頻度が低下したと考えられる。

セリグマンは，この学習性無力感が人間にも起こると述べている。とくに**うつ病に至る背景要因の１つ**と考えられている（だが，詳細はいまだわかっていない）。たしかに，学業でも仕事でも対人関係でも，失敗ばかりだと学習性無力感に陥ってしまうだろう。そこで以降は，学習性無力感に陥らないための，効果的な学習について考えてみたい。

学習性無力感になりやすい　スモールステップで強化を！

4択問題 **次の文のうち，最も不適切な文はどれか。**

- **A** 学習性無力感は，セリグマンの犬を用いた実験で示された。
- **B** シェイピングはレスポンデント条件づけ理論を活用したものである。
- **C** 丸暗記しても意味を理解していなければ正の転移は起こらない。
- **D** 卓球の打ち方をすでに学んでいるが故に，テニスの打ち方をしようとしても卓球のような打ち方になってしまうのは負の転移といえる。

第2章

■効果的な学習に関連する用語

①シェイピング法　**一度に達成することが困難な課題**について，**課題内容を細かく区切り**（スモールステップ），**順に強化していくことで困難な課題の達成に近づいていく方法**。イルカショーのジャンプは，さまざまなアクションを少しずつ達成して餌をもらった積み重ねがあってできるのであり，いきなりイルカにジャンプを要求してもできるはずはない。

②結果の知識　**正誤に関する知識のこと**。「cat は犬」は『誤り』，「cat は猫」は『正しい』，この**『誤り』『正しい』が結果の知識に相当する**。結果の知識を与えることをフィードバックという。適切でない学習は，できるだけ早くフィードバックを受け修正することが望ましい。適切な場合もできるだけ早くフィードバックを受け，きちんと強化することが大切。

③学習の転移　**前の学習が後の学習に影響を及ぼすこと**で，促進する場合は正の転移，抑制する場合は負の転移という。一輪車の練習をする場合，普段自転車に乗っている人の方が乗らない人よりも，バランス感覚などが優れているため，そのことが正の転移となって早く上達するだろう。

④高原現象　**施行を継続しているにも関わらず，学習の成果が上がらず一時的に停滞すること**。結果として学習性無力感につながってしまうかもしれない。高原現象が起こったら，自らの学習をふり返ってみるとよい。困難すぎる課題に挑戦しているなら，シェイピングの考え方を活用してみよう。何ができていて，何ができていないのか不明確になっているなら，結果の知識を確認してみよう。成果を上げる手がかりがないなら，正の転移が起こる要素はないか考えてみよう。**高原現象は，学習を振り返り改善するチャンスだ**。改善できれば，必ず成果は再び上がっていく。

学習性無力感について200字前後で述べなさい。

学習性無力感とは自身で対処できない体験を数多く重ねることで，あらゆる行動への動機づけが失われる状態のことである。あらゆる行動をとっても電気ショックから逃れられない環境に長く置かれた犬は，電気ショックから逃れられる環境に移っても逃げようとしなかった。この実験結果から，セリグマンが提唱した概念が学習性無力感である。うつ病の背景要因の１つとして考えられているが，いまだ確実なものではない。（192字）

答え　シェイピングはオペラント条件づけ理論を活用したもの。よってＢは不適切。なお，オペラント条件づけ理論を活用したものには，他にトークン・エコノミー法がある。望ましい行動に対してトークン（代用貨幣）を与え強化していく。トークンが貯まると文房具などに交換可能で，これでさらに強化される。Ａ，Ｃ，Ｄはすべて正しい。余談だがセリグマンは大の犬好きで，犬を実験に使うことに対し相当な苦悩があったことを自著にて語っている。　【正解：Ｂ】

15 試行錯誤と洞察

trial-and-error learning, insight

学習のポイント

- □ 研究者の名前も併せて，対比的におさえておこう。
- □ 意外と両者とも説明しづらい。正しく論述できるよう練習を。

About this word

人は何らかの問題に対処するとき，どのような解決方略を取るだろうか。ここでは代表的な問題解決の方略である試行錯誤と洞察を紹介する。

■試行錯誤

試行錯誤とは，**さまざまな試行を行うことで，偶然の解決に至る過程**である。また**解決に至るまでの時間は，試行を重ねるごとに短縮**されていく。たとえば，迷路に入れられたラットは，はじめは迷路からなかなか脱出できないが，何度もくり返すうちに脱出にかかる時間は短縮されていく。ではなぜ，試行錯誤が成立するのだろうか。ソーンダイク（Thorndike, E. L.）は，効果の法則で説明している。効果の法則とは，**反応の直後に快がもたらされた場合，その反応はその時の状況と強く結合し，起こりやすくなる**というものである。もちろん，**反応の直後に不快がもたらされた場合，その反応が起こりにくくなる**ことも含む。このことから試行錯誤は，快をもたらす試行が起こりやすくなり，不快をもたらす試行が起こ

4択問題　次のA～Dのうち，最も適切な記号はどれか。

ソーンダイクは問題箱などの実験を通して，効果の法則を提唱した。満足をもたらす反応は状況との結合が強められ，不快をもたらす反応は状況との結合が弱められるというものである。このようにしてソーンダイクは，状況と反応の結合の変化が起こり（ ① ）学習が成立すると考えた。この（ ① ）学習は（ ② ）条件づけの先駆的研究となった。

- **A** ① 試行錯誤　② レスポンデント
- **B** ① 試行錯誤　② オペラント
- **C** ① 洞察　② レスポンデント
- **D** ① 洞察　② オペラント

りにくくなる結果，解決へと近づいていく過程と言いかえられる。先ほどのラットの例ならば，何度も挑戦する中で，行き止まり（不快）を避け，出口につながる道（快）を選ぶようになり，解決時間は短縮されていく。

■洞察

ゲシュタルト心理学者ケーラー（Kohler, W.）は，試行錯誤ではない問題解決過程を提唱した。ケーラーは，部屋の隅に箱と棒を置き，バナナを天井から吊り下げ，その部屋にチンパンジーを入れて行動を観察した。やがてチンパンジーは，バナナの下に箱を置き，棒を持って箱の上に乗り，棒を使ってバナナを床に落として食べる，という行動をとった。ここでケーラーは，チンパンジーが箱や棒を単独で認知する限りは，この問題解決はできないと考えた。「箱の高さと自身の身長と棒の長さを合計するとバナナの位置に届く」というように，各要素を全体（ゲシュタルト→04参照）として認知して初めて問題解決に至ると考えたのである。このように，**問題を構成する要素間の関係と構造を全体として理解することで解決に至る過程**を洞察という。洞察は**成立した瞬間急激に解決に至る**点で，徐々に問題解決までの時間が短縮されていく試行錯誤と大きく異なる。

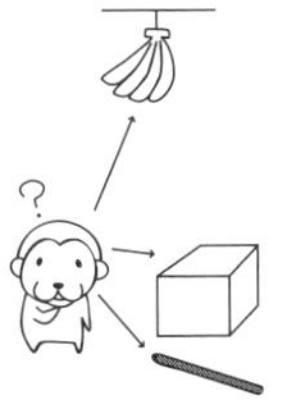

単独でみているうちは解決できない
全体として認知して，はじめて解決できる

論述演習

試行錯誤と洞察について200字前後で述べなさい。

試行錯誤とは，問題解決場面においてさまざまな行動を起こすことによって，偶然の成功による解決を目指すプロセスであり，ソーンダイクによって明らかにされた。対して洞察は，問題場面の深い観察と全体的な理解による解決プロセスである。ゲシュタルト心理学者のケーラーによって明らかにされた。試行錯誤による解決は徐々に解決へと近づくことに対し，洞察による解決は成立した瞬間に急激に完成するという点でこの2つは異なる。（200字）

答え

試行錯誤および効果の法則は，オペラント条件づけの先駆的研究とされている。上記の効果の法則の説明を読む中で，オペラント条件づけと混同しかけた人もいるのではないだろうか。オペラント条件づけは，効果の法則を利用して，本来は快も不快も生まないオペラント行動に対し，快（報酬刺激）や不快（嫌悪刺激）を外部から与え，特定のオペラント行動の生起頻度を変化させる。ラットにとってレバーを押すことは，別に快でも不快でもないはずだったのに，その行動に餌を与えたから，ラットにとってレバー押しは快となり，強化されたのだ。試行錯誤は偶然によるものだが，オペラント条件づけは，特定の行動を強化（罰）しようとする「外部的な意図」があるといってもいいだろう。

【正解：B】

16 知覚の恒常性

perceptual constancy

学習のポイント

- □ 感覚は「見たまま・聞いたまま」知覚は「意味づけられたもの」
- □ 感覚と知覚を区別することで，各用語の理解を深めよう。

About this word

感覚と知覚は似て非なるものである。まず，この2者を区別できるようになろう。感覚とは，**刺激が感覚受容器**（網膜，鼓膜など）**に作用し，それが脳の特定領域に到達して生じる体験**のことを指す。対して知覚とは，**脳に到達した感覚情報が選択・解釈されることによって生じる体験**である。たとえば，目の前に探し物があるのに気づかないことがある。網膜上に探し物が写っており，感覚としては「感じている」が，知覚としては「気づいていない」。同じ映像を見た時，感覚として網膜に写っている映像は同じでも，何に注目するかは人によって異なるため「何を知覚しているか」は同じにならない。**知覚は非常に主観的**だ。

■恒常性

我々は「見えている通り」「聞こえている通り」に知覚しているわけではなく，解釈されたものを見たり聞いたりしている。そのことを示す概念の１つに，知覚の恒常性がある。これは，**感覚情報が変化しても知覚には大きな差が生じず，一貫性を保つこと**である。たとえば，物を近くに寄せた時，感覚情報である網膜像

4択問題 **次の文のうち，最も不適切な文はどれか。**

- **A** 赤いリンゴに対し，明所でも暗所でも，同じ赤色と知覚できる。
- **B** 長方形の紙に対し，平行四辺形のように見える角度で見ても，同じ長方形の紙と知覚できる。
- **C** 自分にとって害であり受け入れがたい情報を，意図的に遮断することで知覚しないようにすることを，知覚的防衛という。
- **D** 狭い喫茶店など，比較的にぎやかな場でも相手の声を聞きとることができるのは，カクテルパーティ効果のためである。

は大きくなっているが，ここで物が巨大化した（！）と知覚することはなく，同じ大きさと知覚するだろう。これは，大きさの恒常性とよばれている。他には形の恒常性・色の恒常性・明るさの恒常性などがあげられる。いずれも，感覚情報がそのまま知覚されるのではなく，自動的に補正されて一貫性をもって知覚されるという点で共通している。

■**選択的知覚**

我々は感覚情報を解釈するだけでなく，**無意識的に感覚情報を取捨選択し，必要な情報のみを知覚している。**このことを選択的知覚という。とくに自分にとって価値がある情報が選ばれやすくなることを知覚的鋭敏化といい，自分がタブーとする情報が選ばれにくくなることを知覚的防衛という。選択的知覚の例として，カクテルパーティ効果がある。カクテルパーティ効果とは，**多くの人々で混み合うにぎやかな場であっても，自分の話し相手の声が聞こえる**というもので，鼓膜に響く聴覚情報から必要な情報だけを抽出していることの現れといえる。また，喫煙者は「タバコが体に害である」という記事を読まない割合が高いという実験結果があり，知覚的防衛を裏づけるものとなっている（だから，タバコの箱や自販機には，タバコが体に害というメッセージがびっしり書き込まれている！）。我々が見たり聞いたりしている情報は，選択・解釈されたものなのだ。

知覚の恒常性について200字前後で述べなさい。

知覚の恒常性とは，感覚情報が変化しても，知覚には大きな差は生じず，一貫性を保つことである。たとえば，何かの物を見ていた時，それが近づくと網膜像は大きくなり，遠くなると網膜像は小さくなる。だが，網膜像が変化しても，実際の大きさは変わっていないと理解できる。これは知覚の恒常性のうち，大きさの恒常性とよばれている。知覚の恒常性には他にも，明るさの恒常性，色の恒常性，形の恒常性などが挙げられる。（194字）

答え

知覚的防衛は，意図的に情報を遮断するものではない。よってCは不適切。世間的には「聞かないふりをして，ごまかそうとしている」と考えられやすく，争いの火種になることが多いが，真に知覚的防衛が起こっているならば，タブー情報を無意識レベルで遮断するため「鼓膜に響いているのに，聞こえていない」状態になる。Aは色の恒常性，Bは形の恒常性とよばれている。Dの文章も正しい。カクテルパーティ効果も意識して相手の声だけを聞いているというよりは，無意識レベルの処理が行われている。　【正解：C】

17 スキーマ

schema

学習のポイント

- □ 心理学初学者の壁。何とか乗り越えよう。
- □ 人の情報処理に与える影響と関連づけて理解しよう。

About this word

心理学初学者の壁となるのが本項「スキーマ」だ。概念が抽象的で，理解が難しい。ただし，心理学の専門家を目指すにあたり，避けては通れない用語だ。がんばって理解しよう。

まずは例から入ろう。「時計」と聞いたときに，みなさんは何を想像するだろうか。数字や針など時計の構造を考えた人もいれば，デジタル時計，腕時計など時計の種類を考えた人もいるだろう。この時，**みなさんが思い浮かべた時計の姿が，みなさんの「時計スキーマ」**である。

同様に「走行」と聞いた時，みなさんは何を想像するだろうか。小走り，全力疾走など走るスピードを考えた人もいれば，自転車や車など何かを使った走行を

4択問題 次の文のうち，最も適切な文はどれか。

記憶の研究者バートレット（Bartlett, F. C.）は，「幽霊たちの戦い」という北米ネイティブアメリカンの物語をイギリス人大学生に聞かせ，その後，物語の内容の再生を求めたが，多くのイギリス人が正しく再生することができなかったことを報告した。とくに，理解しにくい内容は単純化，または消去され，言葉や名称は使い慣れており，よく知っている単語に置き換えられていた。

この研究からバートレットは，イギリス人がネイティブアメリカンに対する文化的背景や宗教観を知らず，自身の経験によって形成された（　①　）に基づいて情報を選択・解釈して物語の（　②　）を形成したために，内容の変容・単純化が生じたと述べている。「わからない」ままでは覚えられないので，（　①　）に基づき理解しやすい内容に変えてしまうのである。

- **A** ① 記憶痕跡　② スキーマ
- **B** ① ゲシュタルト　② スキーマ
- **C** ① スキーマ　② 記憶痕跡
- **D** ① スキーマ　② ゲシュタルト

考えた人もいるだろう。そしてこの時，**みなさんが思い浮かべた姿が，みなさんの「走行スキーマ」**である。

■スキーマの定義

スキーマとは，**経験に基づいて形成された知識や行動の枠組み**のことを指す。前述の「時計」に関する個々の違いは「時計という知識の枠組み（＝時計スキーマ）」の違い，「走行」に関する個々の違いは「走行という行動の枠組み（＝走行スキーマ）」の違いを表している。そしてスキーマは，**どのような環境で，どのような経験をしてきたかによって，個人個人が異なる**はずである。極端な話をすれば，個々のスキーマの違いが世の中の誤解や争い・葛藤を生み，互いにスキーマを共有することがお互い理解し合い，わかり合うことなのかもしれない。

■スキーマと人間の情報処理

ところで，**スキーマは人間の情報処理に影響を与えている。**たとえば，ある親が「息子はとても行儀が良い」という「息子スキーマ」をもっていたとしよう。ここで，息子が行儀の悪いことをした時，その「息子スキーマ」の一貫性を保つために親は「息子は悪くない，状況がそうさせただけ」と歪んで認知する可能性がある（知覚的防衛）。対して，息子が行儀の良さをほめられた時に，親の「息子スキーマ」が活性化し，その情報に敏感に反応する可能性も考えられる（知覚的鋭敏化）。このように，スキーマは情報の選択的注意と関連している（16 参照）。

スキーマについて200字前後で述べなさい。

スキーマとは経験的に形成された知識・行動の枠組みのことである。過去の経験によって形成されたスキーマは，新規刺激に対する情報処理に影響を及ぼす。たとえば新たな情報が与えられた時，すでにもっているスキーマに関連づけることで，容易に理解・解釈することを可能にする。反面，スキーマに沿うように情報を歪めたり消去したりして，情報を受け入れやすいように変容させてしまっている可能性も存在する。（189字）

答え スキーマの「経験に基づいて形成されたもの」「情報処理に影響する」という特徴をおさえていれば，スキーマを挿入するのは②より①が適切とわかる。ゲシュタルトは04を参照。今回は物語の内容をどのように記憶したか（それがスキーマによってどのような影響を受けたか）注目する実験であるため，②の解答は記憶痕跡が妥当となる。記憶痕跡という用語の詳細は20を参照。

【正解：C】

18 プライミング

priming

学習のポイント

- □ これまでに学んだ知覚・認知の理論と関連づけよう。
- □ プライミングとサブリミナルは混同されやすい。区別できるように。

About this word

事前にさまざまな動物の絵を見せたあとで，「ho( )se の ( ) にアルファベットを入れて単語を作りなさい」という課題を与えると，馬を表す ho(r)se を作る者が多いという。ho(u)se などもできるにもかかわらず。これは，事前に見せた動物の絵の中に，馬が含まれていることが関連している。このように，**先行刺激が後続刺激の解釈に無意識的な影響を及ぼすこと**を指してプライミングという。

「自動車」「キュウリ」「アルマジロ」など，さまざまな単語が並んだ単語リストを渡した後，「野菜の名前を『自由に』あげてください」と伝えると，『自由に』答えてよいのに，多くの人が「キュウリ」と答える。これも，単語リストが先行刺激となって，単語の自由再生に無意識的な影響を与えており，プライミングといえよう。

■無意識的な情報処理

プライミングに限らず，このような**無意識的な影響は，さまざまな知覚・認知の場面で現れている**。たとえば，カクテルパーティ効果（16 参照）を例にあげる。この効果の疑問の 1 つに「音を聞く前から，どうして自分にとって必要な音か判断できるのか？」というものがある。これは無意識的な過程を想定すると理解し

4択問題　プライミングの例として最も不適切な文はどれか。

- **A** さまざまな意味が考えられる文を，話の文脈に合わせて解釈できる。
- **B** ○─○　という形に対し「このメガネの形を覚えてください」といわれると，後からどんな図形だったかを想起してもらう時にメガネの絵になりやすい。
- **C** テレビ CM で見たことがある商品の方が，選ばれやすい傾向がある。
- **D** 一億円の宝くじに当たり，とても楽しい気分になっている。

やすい。つまり，まず無意識的過程が自分にとって必要な音をすばやく選別し，その後，意識的過程が選別された音の内容を意味的に処理していく…という形になる。なお，このように，**無意識的ですばやい認知処理**をサブリミナル（閾下知覚）という。**我々の意識的な認知は，サブリミナルのすばやいサポートがあって成立している**。

■プライミングとサブリミナルの区別

プライミングとサブリミナルを混同しそうな人もいるだろう。そこで，ある実験を紹介する。よく読みこんで，ぜひ2つを区別していただきたい。

接触回数が多いほど好感度が高くなることを，単純接触効果という。「過去の接触経験」が先行刺激となり，それが「好みの選択」に無意識的な影響を与えている，という点で**単純接触効果はプライミングで説明できる**。この単純接触効果について，以下のような実験が行われた。

実験協力者に，ある八角形の映像を1ミリ秒だけ瞬間呈示することを，何回かくり返す。呈示時間は短すぎて，呈示された図形がどんな図形なのか，実験協力者はまったく意識できない。その後，八角形と別の図形を呈示し，どちらの図形が好きかたずねた。すると，何回か瞬間提示されていた八角形の方を『好き』と答える人が多かった（！）のである。つまり，意識的には『見えていない』にもかかわらず，サブリミナルで『見えていた』ことになる。この実験により，**単純接触効果に必要な「過去の接触経験」がサブリミナルのみでも成立する**ことが明らかとなった。プライミングとサブリミナルを，うまく区別できただろうか？

プライミングについて200字前後で述べなさい。

プライミングとは，先行刺激が後続刺激の解釈に無意識的な影響を及ぼすことである。たとえば，以下のような実験がある。事前にさまざまな動物の絵を見せたあとで，『ho( )seの( )にアルファベットを入れて単語を作りなさい』という課題を与えると，houseにして家を表すこともできるにもかかわらず，馬を表すhorseを作る者が多かった。これは動物の絵が先行刺激となり，後続刺激の解釈に影響を及ぼしたプライミングの影響と考えられる。(197字)

答え

Aはプライミングの1つで文脈効果とよばれる。「頭をかく」という言葉に対し，頭の絵を描くか，頭をポリポリ掻くかは，言葉が提示された文脈によって無意識的な解釈がなされる。Bはカーマイケルの記憶実験とよばれている。なお「この鉄アレイのような形を覚えてください」といわれると，想起時には鉄アレイの特徴をもった絵になりやすい。このように，教示内容が先行刺激となって，想起内容に無意識的な影響を与える。Cは単純接触効果の代表例。Dは，確かに宝くじが先行刺激となって楽しい気分が生じているが，意識的であり，それが判断や行動に影響を与える所まで述べられていないため，プライミングの例としては最も不適切。　【正解：D】

19 メタ認知

metacognition

学習のポイント

- □ 心理学初学者の壁「メタ○○」を何とか突破しよう。
- □ まずは「メタ○○」＝「○○に関する○○」で理解しよう。

About this word

心理学を学ぶ中で「**メタ○○**」という用語が頻繁に登場する。この言葉が，**心理学初学者に立ちはだかる大きな壁**となっている。そもそも，「メタ」に対応する適切な日本語が存在しないから「メタ」という言葉をそのまま使っており，適切な日本語がないということは，日本人にとって理解が困難であることを意味する（30で紹介されているサピア＝ウォーフ仮説も参照）。ただし，**院試における頻出用語であるし，難しい分だけ差がつきやすい**。ぜひ本項で理解して，差をつけよう。

■メタ認知とメタ記憶

メタ認知は「**認知に関する認知**」である。たとえば，暗くて温度の低い部屋で寒さに震えている人が，今の自分の状態をたずねられたとしよう。そのとき「部屋が暗い」とだけ答え「寒い」と答えないならば，その人は寒さに気づいていない可能性がある。この場合，自分が「暗い」と感じていることを，自分で認知できている（＝メタ認知として存在している）が，自分が「寒い」と感じていることを，自分で認知できていない（＝メタ認知として存在していない）。このように，

4択問題 次の文のうち，最も不適切な文はどれか。

- **A** 「catは犬である」が「誤り」であることを知っていることは，メタ記憶に相当する。
- **B** 学業不振児の原因の1つにメタ認知の欠如があげられている。
- **C** 他の映像に混ぜて，特定の商品の映像を1ミリ秒，瞬間的に複数回見せると，メタ認知により，映像の商品を選択する割合が高くなる。
- **D** モニタリングによって，自己の認知や行動を把握し，適切かつ意図的な制御が可能となる。

メタ認知とは**「『自分が何を認知しているか』に関する認知」**である。

同様の言葉にメタ記憶がある。メタ記憶は**「記憶に関する記憶」**である。たとえばみなさんは，アイスランドの大統領の名前を答えられるだろうか。深く考えもせず首をふる者がほとんどだと思う。なぜならばみなさんは，『アイスランドの大統領の名前を知らない』ということを「知っている」からだ。つまりメタ記憶とは，**「『自分が何を記憶しているか』に関する記憶」**だ。メタ認知よりもメタ記憶の方が理解しやすいと思われるので，まずはメタ記憶を理解し，その上でもう一度メタ認知の説明を読み直すと，理解しやすくなるだろう。

第2章

■メタ認知の必要性

ところで，メタ認知はなぜ必要なのだろうか。もし**メタ認知がなければ『自分が何を認知しているのか』認知できない**。部屋の温度が低く，身体が震えていても，『自分は今，寒さに震えている』ということを認知できなければ，対処できない。『自分が今，寒さに震えている』と自分の状態を適切に認知できるからこそ，服を重ね着したり，暖房をつけたりといった行動をとり，寒さに対処できる。つまり**メタ認知は，自分の認知活動を管理・把握することで，適切な行動選択を可能にする役割**をはたしている。なお，**メタ認知による自己理解**はモニタリングとよばれている。

ちなみに，メタ認知は受験勉強においても重要となる。自己調整学習（114参照）の構成要素にもメタ認知が含まれているように，何を理解できていて何を理解できていないかなど，自分の状況や成果をモニタリングできる力は，効果的な学習に必要となる。

メタ認知について200字前後で述べなさい。

メタ認知とは「何を認知しているか」ということに関する認知である。たとえば，ある人が今の自分の状態を問われ，「明るい部屋にいる」「暑い」「楽しい気分」とさまざまな状態がある中で，「楽しい気分」のみを答えたならば，それがその人のメタ認知に相当する。裏を返せば「明るい」「暑い」などは感じていても，意識的に認知されていないことになる。メタ認知に基づくモニタリングは，自身の認知活動を把握し，適切な行動の選択と制御を可能としている。（211字）

答え Cで注目したいのは「何が見えたか」聞いても，瞬間的な呈示であるため『商品の映像が見えた』とは答えないこと。つまりメタ認知として存在していないことである。つまりCの現象は，メタ認知では説明できない。なお，Cの現象のように先行刺激が後続刺激に無意識的な影響を及ぼすことをプライミング（18参照）という。A・B・Dは正しい。Aで，結果の知識（14参照）を与えることは，「何が正しいか」に関する記憶を与えるという点で，メタ記憶に注目したアプローチといえよう。BはDと関連づけるとわかりやすい。『何がわからないのか』が「わからない」から，学業が伸び悩んでいる可能性は十分にある。【正解：C】

20 記憶の3過程

学習のポイント

- □ 記銘・保持・想起，符号化・貯蔵・検索。これをしっかり記銘！
- □ 記憶痕跡など，専門用語を使って述べられるように。

About this word

記憶の心理学を学ぶうえで，まず大切になる言葉が記憶痕跡という言葉だ。記憶痕跡は，**蓄積された過去経験のこと**を指す。世間一般に「記憶が残っている」というのは，専門的に「記憶痕跡が残っている」と言い換えられる。

では，この記憶痕跡という言葉を使って記憶のプロセスを紹介しよう。記憶のプロセスは，主に記銘・保持・想起からなる。これは**記憶の3過程**とよばれている。なお3過程は，符号化・貯蔵・検索とよばれることもある。これは，人間を情報処理システムとしてとらえる立場や認知心理学で多く用いられる。優劣はないので，どちらでも対応できるようにしておきたい。

■記憶の3過程の詳細

記銘（符号化）とは，**記憶痕跡を生み出す過程**である。たとえば，ある文字列を覚える際に，網膜に映った映像の中から注目している文字列だけを取り出し，意味処理することで記憶痕跡として残りやすい状態にする。アラビア語など，**知らない文字列を見せられても記憶痕跡として残りにくいのは，意味処理が困難だ**

4択問題 **次の文のうち，最も適切な文はどれか。**

- **A** 記憶の3過程とは，記銘・貯蔵・想起のことである。
- **B** 思い出せない時，最初の1文字を教えてもらうと思い出せることがあるのは，その1文字によって記憶の符号化ができたためである。
- **C** 61983452など，意味のない数字の羅列を覚えるのが難しい理由は，記憶の想起が困難だからである。
- **D** 舌端現象が起こるのは，メタ記憶的に記憶痕跡の存在を知りつつも，その記憶痕跡が検索できないためである。

からだ。

また，大脳辺縁系の海馬という部位が記銘に大きな役割をはたしており，**海馬の損傷により記銘が困難な状態**になる。たとえば海馬を損傷していると，新たな記憶痕跡を生み出すことができないため，両親の死を聞かされても，その出来事を覚えられず，何度も両親の死を初めてのように聞き，何度も悲しみに陥るということが起こる（とはいえ，前に悲しんだことも覚えていないのだが…）。海馬の損傷とともに時間が止まったような状態になる。

保持（貯蔵）とは，**記憶痕跡を持続的に維持しておく過程**である。その保持時間の長さによって，短期記憶と長期記憶に分類される。詳しくは21・22を参照。

想起（検索）とは，**保持されている記憶痕跡から必要なものを探す過程**である。一般にいう「思い出す」作業だ。ただ，保持されている大量の記憶痕跡の中から，必要な情報を見つけ出すのは容易ではない。そのため，**記憶痕跡を保持していることはわかるが，想起できそうで想起できない**，といったことが起こる。これを舌端現象という。

■記憶の障害

記銘の困難さにより新たな記憶痕跡を作り出せないことを前向性健忘（順向性健忘）といい，獲得されたはずの記憶痕跡が保持・想起できなくなることを逆向性健忘という。

また，記憶障害の原因が脳損傷などの脳の障害であるものを器質性健忘，過度なストレスなどの心理的原因であるものを心因性健忘という。

記憶の3過程について200字前後で述べなさい。

記憶の3過程とは，記憶が記銘・保持・想起の3つのプロセスを経ることである。なお，認知心理学など人間を情報処理システムとしてとらえる立場では，3過程を符号化・貯蔵・検索とよぶこともある。記銘（符号化）とは記憶痕跡を生み出す過程で，保持（貯蔵）とは記憶痕跡を保管しておく過程，想起（検索）とは特定の記憶痕跡が必要な場面で，その記憶痕跡を引き出し，利用可能な状態にする過程を指す。（187字）

答え

Aのように「記銘・保持・想起」と「符号化・貯蔵・検索」を混在させて述べるのは適切ではない。Bは符号化ではなく，検索。Cは想起ではなく，記銘が困難であるため。意味処理できない刺激は，記憶痕跡として作り出すことが困難になる。仮に記銘できたとしても，長期記憶として保持することは難しい（21・22参照）。Dのように，ぜひ舌端現象はメタ記憶（19参照）と関連づけておきたい。もし「『記憶痕跡がない』と知っていた」なら，そもそも検索しようとせず，舌端現象は起こらない。

【正解：D】

短期記憶（作動記憶）

short-term memory / working memory

学習のポイント

- □ 記憶の保持時間による分類をおさえよう。
- □ 作動記憶としての機能を説明できるようになろう。

About this word

記憶は，その保持時間によって，感覚記憶・短期記憶・長期記憶の３つに分類することができる。長期記憶の詳細は次項。

■感覚記憶

感覚記憶とは，**目や耳などの感覚受容器に与えられた情報が，提示されたそのままの状態で保たれている記憶**のことを指す。未処理の状態であるため容量が非常に大きく，**保持時間は１秒以内と非常に短い**。この感覚記憶のうち，必要な情報のみに注意が向けられ，その情報が意味処理されることで（記銘・符号化），短期記憶へと移行する。なお，感覚記憶は五感に代表されるすべての感覚に存在するが，その中でも視覚情報に関するアイコニックメモリーと，聴覚情報に関するエコーイックメモリーの研究がとくに盛んなので，名称だけでもおさえておくとよいだろう。

■短期記憶

短期記憶とは，**感覚記憶の一部が意味処理されて一時保管された記憶**のことで，

4択問題　次の文のうち，最も適切な文はどれか。

- **A** 感覚記憶の一時的な保管によって，思考や問題解決，判断・意思決定などの認知処理作業が可能となる。
- **B** 日本語を読める者なら「心理学」という文字は３チャンクである。
- **C** 短期記憶の保持時間は極めて短く，１秒前後といわれている。
- **D** 符号化された情報は，一時的に短期記憶に貯蔵される。

保持時間は 10 秒〜30 秒といわれている。たとえば，電話番号を聞いた時，とりあえず携帯電話に登録したり，紙にメモしたりするまでは記憶を保持しておかなければならない。だがその作業が終われば，電話番号は忘れてしまってもかまわない。このように短期記憶は，**さまざまな情報を認知処理したり，課題を解決したりする際の一時的な記憶の保管庫として働き，役目を終えたらすみやかに消去される。**また上記のような性質から，短期記憶を作動記憶（作業記憶・ワーキングメモリ）とよぶこともある。詳細は後述。

ところで，以下の文字列を覚えてみよう。

RA-TDO-GPI-GF-OXC-AT

15 文字もあり覚えるのが大変だが，以下のように区切りを変えてみる。

RAT-DOG-PIG-FOX-CAT

これなら５つの「意味のまとまり」をおさえればよいことになり，かなり覚えやすくなるはずだ。このような**意味のまとまり**をチャンクとよび，**短期記憶の容量は７±２チャンク**とされている。このことを記憶研究者ミラーがマジカルナンバー７とよんだ。前述の文章でいえば，最初の 15 文字の状態は全 15 チャンクだが，後の５つの単語の状態は５チャンクである。なお，先ほどの作業記憶の話と関連づけると，人間が一度に認知作業できる容量は７つ前後ということになる。

短期記憶は短時間で消失するため，リハーサルとよばれる処理が行われる。リハーサルとは**短期記憶内の情報を頭の中で復唱すること**であり，これにより情報は長期記憶へと移行する。なお，近年は短期記憶を作動記憶として捉える見方が注目されている。詳細は次ページにて。

短期記憶について 200 字前後で述べなさい。

短期記憶とは，感覚情報が意味処理され，認知作業のために保管された一時的な記憶のことである。この短期記憶に一時的に保管された情報を用いて，さまざまな作業を行ったり，課題を解決したりすることが可能となる。記憶容量は７±２チャンクとされており，保持時間は 10 秒から 30 秒と長くはない。そのため，長期記憶として保持しておくためには，頭の中で短期記憶の情報を復唱するリハーサルとよばれる処理が必要となる。(195 字)

答え

A が難しいが，感覚記憶よりも短期記憶の役割として述べる方が適切だろう。役割によって分類すると，感覚記憶は無意識的な情報選択のための一時保存であり，短期記憶は意識的な認知作業のための一時保存である。B は３チャンクではなく１チャンク。日本語が読めない者なら３チャンクになる。なお音声なら「シ・ン・リ・ガ・ク」となり５チャンクだが，日本語を知っていればこれも１チャンクだ。C は短期記憶ではなく感覚記憶。D は正しい内容。感覚記憶では意味処理されていないが，短期記憶の状態では符号化により意味処理がなされている。符号化は，前項 20 も参照。

【正解：D】

■作動記憶

作動記憶とは，短期記憶を単なる情報の一時的な保管場所としてとらえるのではなく，**さまざまな認知処理を行うための作業場所としての機能をもつと考える見方**のことである。たとえば，他者と会話するとき，今どんな話題で話しているかを一時的に記憶しておくことで，スムーズに会話を展開できる。推理をするとき，さまざまな情報を一時的に把握することで，情報の関連性を見つけ出すことができる。逆に，作動記憶に困難があると，どんな話題で会話をしていたかわからなくなってしまったり，推理を進めるうちに何を考えていたのかわからなくなってしまったりして，認知処理を円滑に行うことが難しくなる。

バッデリー（Baddeley, A. D.）は，作動記憶についてより詳細な構成要素として，言語的情報処理のための音韻ループと視覚的情報処理のための視空間スケッチパッド，およびこの２つのシステムを制御する中央実行系があると述べた。たとえば「あのゴミ箱にゴミを捨てておいてね」と言われた時に，そのメッセージが音韻ループで，ゴミやゴミ箱の映像は視空間スケッチパッドで，それぞれ保持される。これらの情報を中央実行系が統合し，実行に移す。そしてゴミを捨てたら，メッセージは音韻ループから，ゴミ箱の映像は視空間スケッチパッドから，速やかに消去される。

さらにバッデリーは近年，エピソードバッファという新たな構成要素を提唱した。エピソードバッファとは，視空間スケッチパッドや音韻ループでは保持できない，中央実行系によって統合されたエピソード情報（上記の例でいえば，ゴミ捨てに関わる一連の流れ）を一時的に保持する記憶保管庫とされている。また，エピソードバッファは視空間スケッチパッド，音韻ループとともに，長期記憶を参照しながら意味の確認を行っていると考えられている（図）。

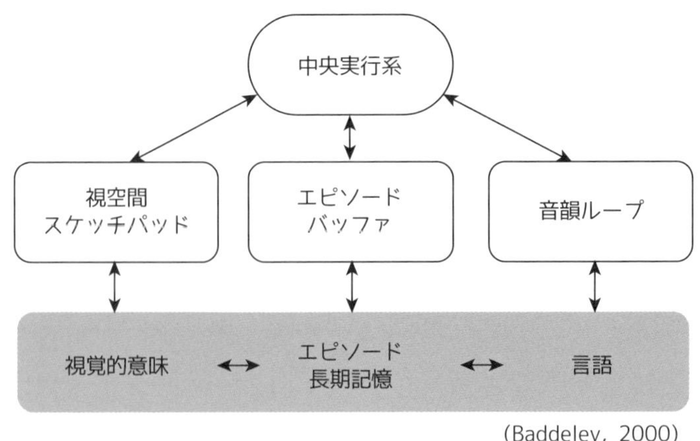

(Baddeley, 2000)

図　作業記憶のモデル

COLUMN

合格する心理学②

条件づけが，キミを助けてくれる！

レスポンデント条件づけ理論は，行動療法という形で心理療法にも活用されています。この理論を実生活に応用してみましょう。

横になれば，眠たくなるのは自然です（図1）。ただし横になる前に，必ずハミガキをしたとします（図2）。そして図2をくり返していくと…？　ハミガキをしただけで眠たくなっちゃうのです（図3）。

このように，ありえない組み合わせが実現するのが，古典的条件づけのすごいところ！　行動主義のワトソンが「条件づけで，どんなことだって学習できる！」と力説したのも無理はありません。そこで，この理論をちょっと拡大解釈して受験に役立ててみましょう。

勉強すれば自信がつきます（図4）。ただし実は勉強する際，ある特定の筆記具を毎回使っていたとしましょう（図5）。そして図5の状況をくり返していくと…？　その筆記具を持っただけで，自信がもてる！（図6）世の中の「良いジンクス」とか「おまじない」とかは，実は条件づけ理論で説明されるかもしれませんね。もちろん，効果は気休め程度かもしれません。でもないよりは，あった方がいい！

ぜひみなさんも，自分なりの条件づけを見つけてみては？

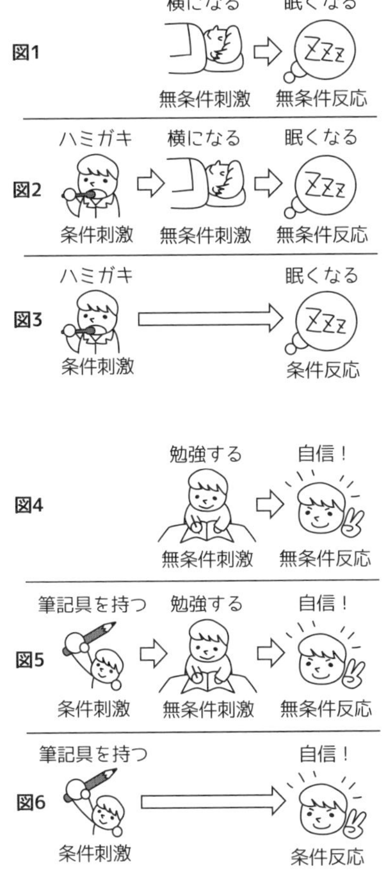

22 長期記憶

long-term memory

学習のポイント

- □ 2種類のリハーサルをおさえよう。
- □ 長期記憶の下位分類を，整理して述べられるようにしておこう。

About this word

短期記憶がリハーサルによって復唱されると長期記憶へと移行する。とくに，**情報を整理し，すでにある記憶内容と結びつける深い意味処理が行われる**と，情報の多くが長期記憶に移行するといわれている。このようなリハーサルを精緻化（せいちか）リハーサルという。対して，**情報内容を単に復唱するだけの単純なくり返し**では長期記憶に移行せず，短期記憶にとどまる時間を伸ばすにすぎない。このようなリハーサルは，維持リハーサルとよばれている。電話番号を忘れないよう，電話をかけるまで頭の中に残しておくだけなら維持リハーサルでよいだろう。だが，その電話番号を今後も利用するなら，語呂合わせなどの意味処理を行い，すでにある記憶と関連づけていく精緻化リハーサルによる長期記憶化が必要だろう。

こうした精緻化リハーサルによって生み出された長期記憶は，**理論上永久的に保持され，容量も無限**と考えられている。そして，この長期記憶はその内容によって細かい分類がなされている。院試においては，この長期記憶の分類を問われることが多いので，正しく理解しておきたい。

■長期記憶の分類

まず，長期記憶は**言語化可能か否か**によって，宣言的記憶と手続き記憶に分類

4択問題 **次の文のうち，最も適切な文はどれか。**

- **A** かつて，駐車場で車の運転を誤り，車をぶつけてしまった記憶は，手続き記憶である。
- **B** 意味記憶は概念に対するスキーマとなる。
- **C** 長期記憶は，宣言的記憶と意味記憶と手続き記憶に分類可能である。
- **D** 長期記憶の容量には個人差があり，容量が多い人もいればそうではない人もいる。

することができる。宣言的記憶とは，**言語やイメージによってその内容を記述することのできる長期記憶**であり，さらにエピソード記憶と意味記憶に分類することができる。エピソード記憶とは，宣言的記憶の中でもさらに**「いつ」「どこで」「どのように」といった個人的な経験・体験に関する記憶**のことを指す。対して意味記憶とは，**一般的な知識の記憶**であり，「いつ」「どこで」「どのように」などの情報はもたない。たとえば「今朝，家でバナナを食べた」はエピソード記憶だが「バナナは黄色い」は意味記憶だ。なお，**多くの人は3歳以前のエピソード記憶をもっていない**。このことは幼児期健忘とよばれている。言語能力の未熟な3歳未満の子どもでは精緻化リハーサルを行うことが困難であることや，記憶の生成に関する脳部位である海馬が未成熟であることが原因と考えられている。

言語化できない長期記憶は手続き記憶とよばれている。**主に動作に関する記憶**のことで，たとえば箸の持ち方，ボールの投げ方，自転車の乗り方…などさまざまある。これら手続き記憶は「思い出そうとして思い出す」というより「自然に身体が動く」ことが多く，想起意識が伴わない。

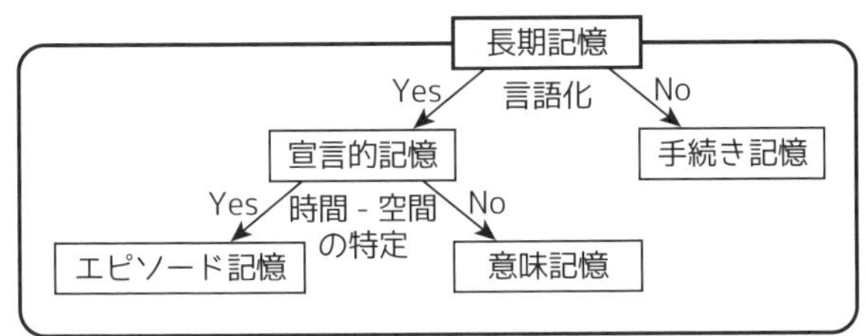

長期記憶について200字前後で述べなさい。

長期記憶とは，理論上永久に貯蔵される容量無限の記憶貯蔵庫のことである。短期記憶の情報が，精緻化リハーサルによって深く意味処理されることで，長期記憶へと移行する。長期記憶は大きく分けて言語化可能な宣言的記憶と，言語化が困難な動作の記憶である手続き記憶に分類される。さらに，宣言的記憶は時間的・空間的に特定可能な経験の記憶であるエピソード記憶と，一般的な知識に関する記憶である意味記憶に分類される。（197字）

答え Bの文章は正しい。ぜひ17・スキーマの項を再読していただき，意味記憶と関連づけていただきたい。Aは手続き記憶ではなく，エピソード記憶。Cは，宣言的記憶の中に意味記憶が含まれているので，この3つの並列はおかしい。意味記憶を削るか，宣言的記憶をエピソード記憶に置き換えるか，どちらかが必要だろう。Dについては，長期記憶の容量が理論上無限と考えられているため，容量の個人差はない。個人差は，精緻化リハーサルによって長期記憶化される情報量や，検索のスピードに現れるであろう。 【正解：B】

系列位置効果

serial position effect

学習のポイント

- □ 長期記憶・短期記憶と関連づけて「なぜ起こるのか」をおさえよう。
- □ 時間の経過で新近効果が消失する理由を説明できるようにしておこう。

About this word

記憶課題に取り組む際，その**提示順によって再生率が変わる**ことが報告されており，系列位置効果といわれている。とくに，**最初の数項目の再生率が高いこと**を指して初頭効果，**最後の数項目の再生率が高いこと**を指して新近効果という。実際に記憶課題に取り組んだ時，「はじめの方に見ていた物はなんとなく覚えている（＝初頭効果）」「最後に目にしていた物を，忘れないうちに再生しておく（＝新近効果）」という経験をしたことがある人は多いだろう。なお，**新近効果を論述する際は，「親近」という誤字に注意**。専門書ですらも「親近効果」と誤字になっている場合がある。

■系列位置効果のしくみ

系列位置効果はなぜ起こるのだろうか。最初の数項目については，まだ短期記憶の容量に余裕があるうえに，提示から再生までの時間が長いため，頭の中で反復復唱（リハーサル）されやすい。結果，**情報が長期記憶に保持されやすくなり，再生率が高くなる**（初頭効果）。また最後の数項目については，提示から再生の時間が短いため，**かろうじて短期記憶内に維持されており，再生率が高くなる**（新

次の文のうち，最も適切な文はどれか。

A　記憶の二重貯蔵モデルとは，記憶の貯蔵庫が短期記憶と長期記憶の２種類あることを仮定するモデルである。

B　記憶課題を実施した後しばらくしても，記憶リスト最後の数項目は再生することが可能であることが多い。

C　初頭効果が現れるのは，リスト初頭部の数項目を維持リハーサルするためである。

D　新近効果が現れるのは，長期記憶のしくみによるものである。

近効果）。

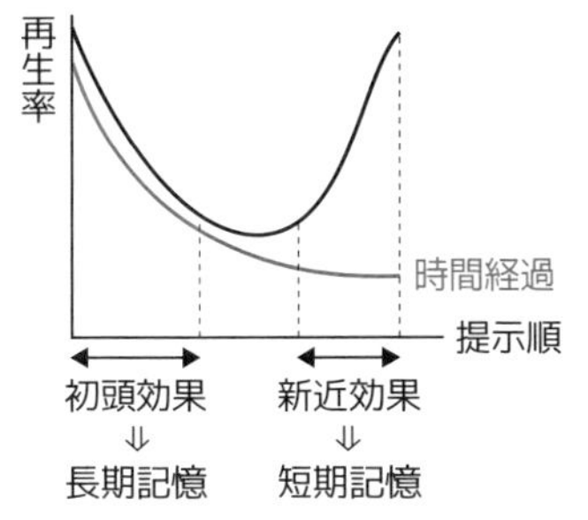

つまり，**初頭効果には長期記憶のしくみ**が，**新近効果には短期記憶のしくみ**が，それぞれ反映されている。そのため，記憶課題提示後，再生を求める前に，**わずか１分ほどの別の課題を実施するだけで，初頭効果は現れるが，新近効果は現れなくなる。**なぜならば，新近効果は短期記憶にかろうじて残っている記憶痕跡を再生しているにすぎないため，わずか１分でその短期記憶が消失してしまうからだ。初頭効果は長期記憶が関連しているため，１分の妨害は問題にならない。

実はこれまで紹介してきた短期記憶・長期記憶は，この系列位置効果の研究を元にアトキンソン（Atkinson, R. C.）とシフリン（Shiffrin, R. M）が提唱した記憶の二重貯蔵モデルによるものである。

〈参考〉さまざまな記憶

・自伝的記憶…自分の人生や自己知識など，過去方向の記憶
・展望記憶…将来の予定や計画を覚えておくなど，未来方向の記憶
・フラッシュバルブ記憶…重大な出来事（トラウマ的体験・災害・テロなど）を目にした際に，あたかもフラッシュを焚いたかのように形成される鮮明な記憶
・虚偽記憶…実際の出来事とは異なる記憶

系列位置効果について 200 字前後で述べなさい。

系列位置効果とは，記憶課題において提示順により再生率に違いが生じる現象である。とくに，最初の数項目の再生率が高いことを初頭効果，最後の数項目の再生率が高いことを新近効果という。初頭効果は最初の項目がリハーサルされやすく長期記憶に情報が移行しやすいため，新近効果は最後の数項目がまだ短期記憶に残っているためと考えられている。なお，提示から再生までの間に１分ほどの妨害課題を挟むことで，短期記憶が消失し，新近効果が見られなくなる。（213 字）

答え 短期記憶・長期記憶の高い知名度に対して，記憶の二重貯蔵モデル（あるいは，記憶の二貯蔵庫モデルとよばれることもあるが同義）はあまりにも知名度が低い。内容は決して難しくないので，必ず記憶の二重貯蔵モデルという言葉をおさえておこう。B は，最後の数項目ではなく最初の数項目。初頭効果→長期記憶，新近効果→短期記憶と関連づけておこう。なお，C と D も上記の内容に関連。初頭効果は長期記憶と関連している。長期記憶に移行するために必要なことは，深い意味処理を行う精緻化リハーサルだ。維持リハーサルでは，短期記憶に留まっているにすぎない。

【正解：A】

24 忘却

forgetting

学習のポイント

- □ 忘却に関する諸理論を，実験とセットで理解しよう。
- □ 減衰説がなぜ否定されたのかを，説明できるようにしておこう。

About this word

忘却に関する論は諸説ある。そのうちの代表的なものを紹介しよう。

■減衰説

忘却は，**記憶痕跡が時間の経過とともに薄れ，消失するために起こる**と考える。エビングハウス（Ebbinghaus, H.）の忘却曲線が代表的だ。日常では使用しない文字の組み合わせである無意味綴り（つづ）を用い，時間とともにどれくらい忘却が進行しているかを測定した。結果忘却されずに残ったのは，1時間後に約4割，1日後に約2割5分，最終的には約2割程度。曲線に表すと最初の数分で急激に忘却が進行し，やがてなだらかになることが示された。なお，減衰説は理解しやすい説ではあるが，**後の研究で否定され，現在では積極的に支持されていない。**

■干渉説

忘却は，**記憶痕跡同士が干渉しあって想起できなくなる**と考える。つまり減衰説のように記憶痕跡の消失は想定していない。代表的な実験にジェンキンス

4択問題 **次の文のうち，最も不適切な文はどれか。**

A 記銘してから一定時間経過した方が，記憶の再生率が高くなることがあり，レミニッセンスとよばれている。

B 舌端現象は，検索失敗説で説明することができる。

C 日本史を勉強したあと，世界史を勉強したが，後から勉強した世界史の結果が良くない場合，逆向干渉が起こっていると考えられる。

D 楽しい経験はよく記憶しているが，不愉快な経験はあまり記憶していないことは，抑圧説で説明できる。

(Jenkins, J. G.) の実験がある。無意味綴りを覚えたあと**再生テストまで眠らせた群と，起こしていた群とで再生率を比較**した。眠っていた時間と起きていた時間は同じであるため，減衰説なら両群ともに同じだけ記憶痕跡が消失し，同じ再生率となるはずだが，結果は，**眠らせた群の方が再生率が高かった**。これは，睡眠中より覚醒中の方が生活上の活動によって多くの記銘が行われたため，本来想起すべき無意味綴りが干渉され，想起されにくくなったと考えられている（睡眠の場合，新たな記銘が行われないため，すでに記銘された無意味綴りが干渉を受けない）。なお，上記のように**後続内容が先行内容の想起を干渉すること**を逆向干渉，**先行内容が後続内容の想起を干渉すること**を順向干渉という。

■検索失敗説

忘却は，**記憶痕跡を適切に検索することができないために起こる**と考える説である。これも，記憶痕跡の消失は想定していない。代表的な実験にタルヴィング (Tulving, E.) の実験がある。さまざまな単語（ハト，じゃがいもなど）を記銘させたあと，白紙を渡して想起させる群よりも，カテゴリー名（動物名，野菜の名前など）が書かれた用紙を渡して想起させる群の方が，再生率が高かった。これは，**カテゴリー名が記憶痕跡の検索を助けた**ものと考えられる。白紙群は，検索の手がかりがなく，再生率が低くなった。

他の忘却に関する理論に，精神分析における抑圧説がある。**苦痛を伴う意識内容を無意識に押しこむこと**が忘却であると考える。このように複数の説があるが，1つの理論ですべての忘却の現象を説明できず，複合的に関連していると考えるべきだろう。

忘却について 200 字前後で述べなさい。

忘却については複数の説がある。代表的な説に干渉説と検索失敗説がある。干渉説とは，記憶痕跡同士が干渉しあうために想起が困難になるという説である。検索失敗説とは，記憶痕跡を適切に検索できないが故に想起が困難になるという説である。両説とも，減衰説のように記憶痕跡が時間とともに薄れていき消失するとは考えておらず，長期記憶の記憶痕跡が永久に保持されていることを想定している点で共通している。(190 字)

答え Cは順向干渉の例。順向は前→後と，時間通りに干渉が起こる場合。逆向は前←後と，時間の流れが逆向きに干渉が起こる場合。なお，順向干渉はCの文章のように内容の類似度が高いと，とくに起こりやすいとされている。Aは正しい内容。レミニッセンスは，時間の経過により記憶の整理が行われ記憶痕跡同士の干渉が減るために起こると考えられている。Bの舌端現象は 20 を参照。Dは不適切ではないが，科学的根拠は薄い。 【正解：C】

知っておきたいマメ知識①

心理職を表すさまざまな名称

カウンセラー，セラピスト，心理専門職，臨床心理士・公認心理師など心理職を表す用語は，さまざまな参考書・専門書で雑多に使われており，明確な区別はなされていない。これら心理職を表すさまざまな用語と活動について，下山（2010）は以下のように整理し，定義づけている。

活動	カウンセリング	心理療法	臨床心理学
活動者	カウンセラー	セラピスト	心理専門職・公認心理師
内容	ロジャーズの提唱した，人間性を重視する活動。健康的な側面の成長促進	心理力動療法など，特定の理論を前提として，その理論に基づく実践を行う	心理学研究によって有効性が実証された方法に基づく介入を行う

（出典）　下山晴彦　これからの臨床心理学　東京大学出版会　より作成

ただし，上記の定義は絶対的なものではない。例えば，「クライエント中心療法のセラピスト」という表現はよく用いられるものであり，決して不適切ではない。

では，受験生はこれらの表記をどう使いこなせばよいのだろうか。入試では，基本的に臨床心理士・公認心理師を含んだ「**心理専門職**（あるいは**心理職**）」と表現することが無難だ。また，心理療法に関する内容であれば「セラピスト」という表現してもかまわないし，人間性心理学であれば「カウンセラー」と表現してもかまわない。だが，カウンセリングは専門性よりも人間性が重視されやすく，人間性心理学以外の論述で安易に「カウンセラー」と表現すると違和感を生みやすいため，気をつけよう。

第3章 発達・教育

Development, Education

……▶ 傾向と対策

発達心理学は臨床心理学の近接領域ということもあり，**ほとんどの大学院入試において出題**されている。よって，基本的には全般的な理解が必要とされる。だが，志望する大学院の発達心理学担当教授が**幼児発達**を専門とするならば，**ピアジェの認知発達やボウルビィの愛着理論に重点**を置き，**青年期発達**を専門とするならば，**エリクソンのアイデンティティ理論に重点**を置くなど，過去問なども参照し，方向性を定めておこう。

対して教育心理学を出題する大学院は多くない。**教育学部に併設された大学院の一部が出題する程度**だ。そのため，本書では教育心理学独自の用語は解説せず，ピグマリオン効果を教育と関連づけて紹介するに留めている。だが，読者の中には教育心理学を出題する大学院を目指す人もいるだろう。そこで，対策を簡単に紹介する。教育心理学を学ぼうとしても，心理学の概論書では「教育心理学」という項目を見つけられないことが多い。そこで**教員採用試験用の教育心理の本**が役に立つ。教育心理学として，どんな内容を学んでおくべきかわかるはずだ。ぜひ書店で探してみよう。なお，教育心理学独自の用語はさほど多くないので，安心してほしい。

NO	難易度	用語
25	★★☆	成熟優位説
26	★★★	ピアジェの認知発達論
27	★★☆	フロイトの性発達段階
28	★★★	エリクソンのライフサイクル
29	★★★	レジリエンス
30	★☆☆	内言と外言
31	★★☆	愛着
32	★★☆	心の理論
33	★★☆	臨界期
34	★☆☆	ピグマリオン効果

難易度は，用語内容の理解しやすさや論述における書きやすさの目安を表します。

25 成熟優位説

maturation advantage theory

学習のポイント

- □ 行動主義に対する反論という形で内容を理解しよう。
- □ ゲゼルの階段のぼりの訓練を説明できるようにしておこう。

About this word

ゲゼルの成熟優位説を理解するためには，その前提としてワトソンの行動主義とその発達観を理解しておくことが必要となる（03 参照）。

行動主義では**「あらゆる発達は，適切な環境からの条件づけによって成立する」**と考えている。しかし，本当にどんなことでも条件づけで身についてしまうのだろうか？　そこに異を唱えたのがゲゼル（Gesell, A. L.）だ。ゲゼルは，心身の成熟によって成立する**学習が可能となるための学習準備状態**をレディネスとよび，**レディネスの整っていない学習は効果をもたない**と主張した。これが成熟優位説とよばれるものである。成熟優位説は，あくまで**ワトソンの行動主義・環境優位に対する主張という位置づけ**でおさえたい。

■階段のぼりの訓練

成熟優位説の具体的なエピソードとして重要となるのが，ゲゼルの行った階段のぼりの訓練だ。一卵性双生児の乳児２人に対し，片方のＴは生後 45 週目から６週間，もう片方のＣは生後 53 週目から２週間，階段をのぼる訓練をさせた。すると，短い期間しか訓練していないＣの方が，Ｔよりも早く階段をのぼれるようになった。なぜこのようなことが起こったのか。**Ｔはレディネスが整っていな**

4択問題　**次の文のうち，最も適切な文はどれか。**

- A　学習に必要な道具を揃えることなど，学習の準備を整えることをレディネスとよぶ。
- B　環境閾値説においては，遺伝と環境の影響を加算的に考えている。
- C　ゲゼルの成熟優位説では，環境や学習による発達を否定し，発達において遺伝要因のみが作用すると主張した。
- D　ゲゼルは，レディネスの成立していない状態での学習は効果がないと主張した。

い状態で訓練をはじめたため，訓練はほとんど意味をなさないものになってしまったが（ハイハイができるようになったぐらいの0歳児に階段をのぼらせる，と考えれば，いかに無茶なことをさせているか！），**Cはレディネスが整ってから訓練をはじめたため，すぐに階段をのぼれるようになった**，と説明できる。

■環境閾値説

遺伝か環境か，といった話題に関連する他の発達心理学用語で重要なものとして，ジェンセンの環境閾値説があげられる。環境閾値説では，遺伝ですべて決まるわけでも，環境ですべて決まるわけでもなく，遺伝的な素質が環境の影響を受けて発現すると考える。以下の図を参考にイメージをつかんでおくとよいだろう。

環境閾値説のイメージ

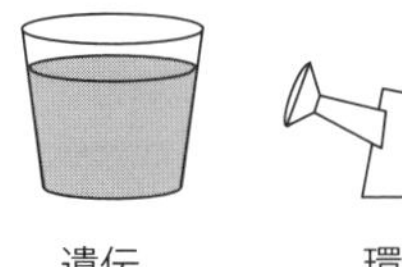

遺伝　環境

水はあるがジョウロが壊れている

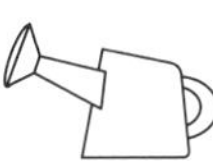

ジョウロはあるが水がない

成熟優位説について200字前後で述べなさい。

成熟優位説とは，レディネスの整わない学習は効果をもたないと主張するゲゼルの説である。レディネスとは，学習が可能となるための学習準備状態のことであり，ゲゼルはこのレディネスが心身の成熟によって成立すると考えた。ワトソンの行動主義においては，あらゆる発達が環境からの学習によって成立すると主張されていたが，ゲゼルは一卵性双生児の階段のぼりの訓練実験を用いて，レディネスの整わない学習が効果をなさないことを実証し，行動主義の発達観に反論した。（218字）

答え　レディネスを「学習準備状態」とだけ機械的に理解してしまうと，Aのような誤りを犯す可能性があるので注意したい。Bについては「加算的」という部分が誤りである。加算的に扱うのは輻輳説（ふくそうせつ）とよばれる説だ。輻輳説では遺伝＋環境＝発達と考えるため，たとえば牛乳を飲めば飲むほど，背が伸び続けることになってしまう（環境の影響を加算し続けられる）。そのため，現在では積極的に支持されていない。Cの誤りは重要だ。成熟優位説は学習を否定するものではなく，決して遺伝のみで発達が規定されると述べているわけではない。学習に先立つものとしての成熟とレディネスを強調する主張である。また，成熟優位説をCのように「有意」と誤記する人もまれにいるため，注意したい。

【正解：D】

ピアジェの認知発達論

Piaget's cognitive developmental theory

学習のポイント

- □ **超重要。4段階の名称は必須。赤字は最低限おさえておこう。**
- □ **前操作期と具体的操作期は，特徴を対応させて理解しよう。**

About this word

発達心理学者のピアジェ（Piaget, J.）は，**子どもの世界のとらえかた・認知や思考の仕方に注目**して，4つの段階に分けた。

■第1段階 感覚運動期（0歳〜2歳）

同化や調節・循環反応を通じて，シェマを形成し，外界を理解する。シェマはスキーマと同義（17参照）。

- 同化…**感覚や運動を通じて外界の性質を自身の世界に取り入れ，シェマを形成すること**。たとえば，壁を叩くという運動によって，「硬い」「痛い」という感覚が生じ，それが壁のシェマを獲得することにつながる。
- 調節…**外界の性質に合わせて自身のシェマを変化させること**。前述の例でいえば，壁を叩いた際の「痛い」という感覚により，力の入れ方を減らしたりして「叩く」という行動のシェマを変化させることがあげられる。
- 循環反応…外界を確認するかのように，**同じ行動をくり返すこと**。
- 対象の永続性の獲得…対象が視界から消えても存在を認識できること。

4択問題 **次の文のうち，最も不適切な文はどれか。**

- **A** ピアジェの認知発達論における第3段階は，具体的操作期である。
- **B** 人間の知識や行動の枠組みはシェマとよばれている。
- **C** 自己中心語とは，自己の利益を優先し他者の利益を顧みない，幼児の利己的な発言のことである。
- **D** アニミズムは，とくに前操作期の子どもによく見られる認知様式である。

■**第2段階**　前操作期（2歳〜6歳：小学校入学前）

言語とイメージによる外界の理解。家という言葉を聞いて，家の映像が頭の中にイメージできる。小学校に入る前の子たちが，よく絵本を読んでいることを想像すると理解しやすい。

・自己中心性…**自分と他人を明確に区別できず，他者の視点を理解できないこと。**三つ山課題で確認できる。また前操作期の幼児の，他者を意識しない独り言のような発話を指して自己中心語とよぶ。また，アニミズムという心理的特徴が現れる。これら用語の詳細は32を参照。

・保存の未獲得…**見た目が変化しても，対象の本質が変化していないこと**を指して保存というが，この保存をまだ理解できない。たとえば，コップの水をより細いコップに移し替えた時，水量は保存されているにもかかわらず，水面の高さが上昇することで水量が増えたと考えてしまう。

■**第3段階**　具体的操作期（6歳〜12歳：小学生）

具体的な事物に関し，実際に触れなくても頭の中で持ち上げたり，回転させたりといった心的操作が可能となる（第2段階が「前」操作期なのは，この心的操作の前段階だから）また，**保存の概念を獲得**し，論理的な思考が可能となる。

・脱中心化…**自己中心性から脱し，他者の視点を理解できるようになること。**

■**第4段階**　形式的操作期（12歳以降：中学生以降）

抽象的な概念や仮説的な事物に対しても，心的操作が可能となる。ただし，ピアジェは子どもの認知発達に焦点を当てているため，最終段階である形式的操作期の詳細が院試において問われることは稀。

ピアジェの認知発達論について200字前後で述べなさい。

ピアジェの認知発達論とは，子どもの認知や思考様式の変化に注目して，子どもの発達を4段階に分けたものである。生後すぐの感覚運動期では，言語を使えないため身体感覚と運動を用いて世界の理解がはじまり，その後の前操作期では，言葉やイメージを用いた世界の理解が可能となる。具体的操作期になると，具体的な事物についてさまざまな心的操作が可能となり，形式的操作期になると，抽象的な概念であっても心的操作が可能となる。（198字）

答え　A，B，Dは正しい内容。Bのシェマが初学者にとっては理解しづらい内容だろう。シェマはスキーマと同義で詳細は17を参照。ただし，ピアジェの文脈においてこの用語を用いる時は，スキーマではなくシェマと表現しよう。裏を返せばピアジェ以降は現代も含めて，シェマではなくスキーマと表現する。Cは論述のミスとして起こりやすい。自己中心語＝利己的（ワガママ）ととらえるのは絶対に避けよう。他人の視点がもてないことは「自分さえよければいい」とけっして同じではない。

【正解：C】

フロイトの性発達段階

Freud's theory of psychosexual development

学習のポイント

- □ 各段階のリビドーの所在とその理由をおさえよう。
- □ 各段階の固着によって生じるパーソナリティ傾向をおさえよう。

About this word

フロイトの性発達段階とは，精神分析の祖であるフロイト（Freud, S.）が，**性的エネルギー**であるリビドーの所在をもとに，発達段階を分類した理論である。また，**各段階でリビドーが適切に発散されないと，満たされなかった欲求に対する強い執着が生じる**。これを固着という。

■第１段階：口唇期（0 歳～1 歳半）

リビドーの所在　**授乳によって母親から栄養を得る**ことが最優先であるこの時期は，リビドーが口唇に集中している。

固着　口唇に集中したリビドーが満たされなかった，つまり授乳による快楽を得られなかったことに対する執着が生じ，**他者への依存を強く求めるパーソナリティ傾向**が生じる（口唇性格）。

■第２段階：肛門期（1 歳半～3 歳：歩きはじめた頃）

リビドーの所在　**一定期間我慢し，適切なタイミングで排泄をする**，ということが求められるこの時期は，リビドーが肛門に集中している。

4択問題　**次の文のうち，最も適切な文はどれか。**

- **A** 肛門期における固着によって，自制心の無さや，怠惰な態度など，自分をうまく制御できない性格になるといわれている。
- **B** 性器期になると，いわゆる「性器いじり」が起こりやすくなる。
- **C** 男根期においては，抑圧されたリビドーがエディプス・コンプレックスを引き起こす。
- **D** 精神分析によれば，主体性の無さは口唇期の固着が原因と考えられる。

固着　排泄による快感が得られなかった場合，排泄による快感を得るために排泄を我慢しなければならない。そのため，**頑固・倹約・几帳面といったパーソナリティ傾向**が生じる。（肛門性格）

■第3段階：男根期（3歳～6歳：小学校入学前）

リビドーの所在　**性差に意識が向きはじめる。**男児はペニスの勃起を経験するようになり，女児はペニスがないことへの違和感をもつようになる。つまり，リビドーが男根（男児のペニス，女児のクリトリス）に集まっている。その結果，エディプス・コンプレックスという葛藤が生じる（67参照）。

固着　固着が生じると，性役割の混乱が生じる。

■第4段階：潜伏期（6歳～12歳：小学生）

リビドーの所在　男根期を経てリビドーは一時的に抑圧され，性欲や異性に対する関心が薄くなる。小学校の児童が，比較的男女関係なく交流している所を想像してもらえると，わかりやすいだろう。

■第5段階：性器期（12歳以降：中学生以降）

リビドーの所在　抑圧されたリビドーが再び顕在化する。また，リビドーが他者にも向けられ，他者との性的な関係を求めるようになる。

フロイトの性発達段階について200字前後で述べなさい。

フロイトの性発達段階とは，精神分析の祖であるフロイトが，性的エネルギーであるリビドーの所在をもとに，発達段階を分類した理論である。口唇期・肛門期・男根期・潜伏期・性器期の5段階に分かれており，各段階でリビドーの所在が異なっている。各段階でリビドーが適切に発散されないと，満たされなかった欲求に対する強い執着が生じる。これを固着という。口唇期の固着は依存的な口唇性格を生むなど，各段階の固着はその特徴に応じた性格特徴を形成する。（213字）

答え　肛門期の固着を，怠惰と結びつけるAのような誤りをする人が時折見られる。実際には，まったく逆だ。排泄の快感を得るためには，排泄物の蓄積が必要→排泄を我慢する→我慢強い性格，といった連想で肛門性格をとらえたい。Bの性器いじりは，性差への関心が生まれる男根期にはじまる。Cは「抑圧された」の部分が誤り。エディプス・コンプレックスは，リビドーの抑圧によって終結する。【正解：D】

28 エリクソンの ライフサイクル

Erikson's life cycle

学習のポイント

- □ 8段階の名称・発達課題と心理社会的危機は，必ず頭に叩きこむ。
- □ 青年期は，関連用語も含めて詳細な記述ができるようにしておく。

About this word

生を受けてから死に至るまでの一連の流れや，**各段階の発達課題と心理社会的危機を整理**したのがエリクソン（Erikson, E. H.）のライフサイクルである。

具体的には，以下の8段階。すべて理解するのは容易ではないが，心理系大学院を受験する者が必ず通る苦難の道。各段階の名称・それぞれの発達課題・達成できない時に陥る心理社会的危機を頭に叩きこもう。

また，エリクソンは青年期とアイデンティティ（自我同一性）を重視している。8段階の中で，院試における出題が最も多いのは青年期に関する論述だ。そのためとくに，青年期とその関連用語を詳細に説明できるようにしておきたい。

発達段階	年齢（目安）	発達課題VS心理社会的危機
乳児期	0歳～1歳半	基本的信頼VS基本的不信
幼児前期	1歳半～3歳	自律性VS恥・疑惑
幼児後期	3歳～6歳	積極性VS罪悪感
学童期	6歳～12歳	勤勉性VS劣等感
青年期	12歳～22歳	達成VS拡散
成人期	22歳～35歳	親密VS孤立
中年期	35歳～60歳	生殖VS停滞
老年期	60歳以降	統合VS絶望

4択問題 **次の文のうち，最も適切な文はどれか。**

A エリクソンは，ピアジェの発達理論を成人以降に拡張した。

B 発達加速現象による第二次性徴の早まり，モラトリアムの延長によって青年期が間延びしていることを指して，青年期延長説という。

C 中年期の課題と危機は「積極性VS罪悪感」である。

D 成人期の課題と危機は「自律性VS恥・疑惑」である。

■第二次性徴

青年期は第二次性徴からはじまる。第二次性徴とは，男子は精通・声変わり・肩幅の広がりなど，女子は乳房の発達，腰幅の広がり，皮下脂肪の発達，初潮などが起こり，それぞれ肉体的に大人に接近することで，もう子どもではないと知らされる。親の価値観を盲目的に受け入れられなくなり，「自分とは何者か」「どのようにして生きていくのか」といった自己に対する探求がはじまる。しかし，自己の探求は同時に，自己の不安定さと向き合うことでもあり，さまざまな困難や苦悩・危機を伴う。

■モラトリアム，達成と拡散，早期完了

エリクソンは，青年期の子どもには，**自己の探求のために本来大人が背負うべき義務や責任を免除されている期間**があるとし，それをモラトリアムとよんだ。モラトリアムを経て，**「自分とは何者か」「どのように生きていくのか」といった問いに対し，肯定的・確信的に回答できる状態になる**ことをアイデンティティの達成とよび，この達成によって青年期が終結する。対してこれに失敗すると，アイデンティティの拡散となり，自分の存在価値を見出すことができない状態になる。

また，マーシャ（Marcia, J. E.）という人物が，エリクソンの考え方に加えて，**自己の探求を経験することなく**「自分とは何者か」回答できる者の存在を指摘し，早期完了とよんだ。家業を継ぐことが決められた農家の息子などが例としてあげられる。

ライフサイクルについて200字前後で述べなさい。

フロイトの性発達段階を基礎におきつつ，フロイトの理論ではふれられていない青年期以降の発達についても言及し，それぞれの段階における課題と危機を整理したのが，エリクソンのライフサイクルである。8段階に分かれた発達段階のうち，とくにエリクソンは青年期を重視した。青年は迷い，混乱する中で，自分は何者でどのように生きていくのかといったアイデンティティを探求する。探求の期間は，大人としての社会的責任が免除されるとし，モラトリアムとよばれている。（217字）

答え Aは，ピアジェではなくフロイト。ちなみにエリクソンは，フロイトの娘アンナ・フロイトの弟子の1人。C・Dはそれぞれ課題が異なる。とくに，Dは「自律」と「自立」をきちんと区別したい。「自律」と表記した場合，自分の意志で自分の身体を自在にコントロールできる状態を指す。つまり「自律」は，自分の意志で歩いたり，服を着たり，排泄したり，といったことが求められる幼児前期の課題だ。Bは文面の都合上，本文中で詳しく説明できなかったが，正しい内容なのでおさえておこう。

【正解：B】

29 レジリエンス

resilience

学習のポイント

- □ レジリエンスについて，ハーディネスと対比させながら理解しよう。
- □ ストレス対処に関するさまざまな概念について理解を深めよう。

About this word

■ハーディネス／ヴァルネラビリティ

ストレスに対する頑健性のことをハーディネス，脆弱性のことをヴァルネラビリティという。つまり，ハーディネスであることはストレスの影響を受けにくく，ヴァルネラビリティであることはストレスの影響を受けやすい。

ハーディネスは，以下の「3つのC」から構成されている。

①**コミットメント**（commitment）…自分の存在や行為に価値があると感じ，人生のさまざまな状況に自分を充分に関与させる傾向

②**コントロール**（control）…出来事の推移に対し自分が影響をおよぼすことができると信じ行動する傾向

③**チャレンジ**（challenge）…人生における変化を安全・安心に対する脅威ではなく，成長するための刺激とみなす傾向

この「3つのC」に欠けるほどヴァルネラビリティに近づいていく。ではヴァルネラビリティである者は，みな一様にストレスに傷つき，対処することができないのであろうか。ここで注目したい概念が**レジリエンス**である。

4択問題　次の文のうち，最も適切な文はどれか。

A レジリエンスとは，困難な状況にあっても独力で困難を解決できる能力のことである。

B レジリエンスは生得的なものだけでなく，後天的に身につけることもできる。

C ハーディネスの特性をもたない者は，ストレスに対して傷つきやすく立ち直りにくい。

D 失敗や傷ついた経験のあとに，自分の感情をバランスよく受け入れながら，自分に優しい気持ちを向ける力のことをセンス・オブ・コヒアランスという。

■レジリエンス

レジリエンスとは，心理的な傷つきや落ち込みから立ち直る回復力や柔軟性のことである。レジリエンスは生得的にもっている資質的レジリエンスと後天的に身につけることができる獲得的レジリエンスの２つに大別できる。

①資質的レジリエンス…楽観性，統御力，社交性，行動力

②獲得的レジリエンス…問題解決志向，自己理解，他者心理の理解

特に後天的に身につけられる獲得的レジリエンスを高めるためには，ポジティブな人間関係や他者からの受容的サポートや気分転換サポートが重要とされている。このように，**レジリエンスは個人の要因だけでなく，環境の要因も含んでいる。**他者に相談したり協力したりしながら，ともに困難を乗り越えていければ，それは十分にレジリエンスが高いといえるのである。

第3章

■ストレスに対するさまざまな概念

・センス・オブ・コヒアランス…**ストレスに対する首尾一貫感覚**。把握可能感，処理可能感，有意味感の3つからなり，ストレス刺激を把握して，処理して，意味を見出すことで自らの成長につなげていく。

・セルフ・コンパッション…**自分自身を受け入れて優しい気持ちを向ける力**のこと。困難へのポジティブな反応として「自分への優しさ」「マインドフルネス（※）」「共通の人間性」，困難へのネガティブな反応として「自己批判」「過剰同一化」「孤独感」の合計6つの構成要素からなる。

・マインドフルネス…自分の感情を偏りなく広く受け入れ，バランスの取れた見方をすること。それが困難になると，否定的な感情に支配されてしまう「過剰同一化」になる。

レジリエンスについて200字前後で述べなさい。

レジリエンスとは，心理的な傷つきや落ち込みから立ち直る回復力や柔軟性のことである。レジリエンスが高い人は，ストレス刺激の影響をいったん受けて傷ついたとしても，そこから回復することができ，立ち直ることができる。なお，レジリエンスは個人の要因だけでなく，環境の要因も含んでいる。困難に対して独力で立ち向かうだけでなく，他者に相談したり協力したりしながら，ともに困難を乗り越えていければ，それは十分にレジリエンスが高いといえる。（211字）

答え Aについて，レジリエンスは独力だけでなく他者との関係性も含んでいるため，誤り。Cについて，たとえハーディネスをもっていなくとも，レジリエンスなどを獲得することにより，ストレスによる傷つきから立ち直ることができるため，誤り。Dはセンス・オブ・コヒアランスではなく，セルフ・コンパッションのことである。

【正解：B】

30 内言と外言

inner speech and outer speech

学習のポイント

- □ ピアジェ＝ヴィゴツキー論争の内容と争点をおさえよう。
- □ 思考と言語の関係性を意識できるようにしておこう。

About this word

発達心理学者のヴィゴツキー（Vygotsky, L. S.）と26で登場したピアジェ（Piaget, J.）は，幼児に多く見られるひとりごと（独語）について異なる見解を示し，それが「ピアジェ＝ヴィゴツキー論争」とよばれている。

ピアジェは26でも紹介したように，3歳頃にあたる前操作期の幼児は，まだ他者の視点をもつことができないと考えた（自己中心性）。そのためピアジェは，**幼児の発話が他者とのコミュニケーションという性質をもたず，ひとりごとのように聞こえる**と述べた。これを自己中心語とよんでいる。

対してヴィゴツキーは，内言と外言という用語を用いて，幼児のひとりごとを説明している。内言とは**発話せず，思考の道具として頭の中で用いられる，自分自身への語りかけ**である。対して外言は，**発話することで他者とコミュニケーションをとるための語りかけ**である。幼児は，思考の道具としての言語も外言と区別せず用いている。そのため，本来発話する必要のない思考の道具としての言語まで，発話してしまう。それが幼児のひとりごとの正体であるとヴィゴツキーは考えた。実際に大人でも，混乱してくると考えていることを口にしてしまうことがあるだろう。

4択問題　次の文のうち，最も適切な文はどれか。

A ヴィゴツキーは，発達に伴って内言が外言に移行していくと考えた。

B ピアジェの述べる自己中心語について，ヴィゴツキーは思考の道具としての言語が発話されたものととらえた。

C ピアジェは子どもが形式的操作期まで発達することによって，脱中心化が起こり，自己中心語が消滅すると考えた。

D 外言には建前が，内言には本音が反映されやすい。

争点を整理すると，以下の2点に集約される。

①幼児の言語は他者とのコミュニケーションという性質を備えているか。

ピアジェ…備えていない

ヴィゴツキー…備えている

②ひとりごとの消滅はどのようにして起こるか。

ピアジェ…他者の視点をもつことで，他者への伝達を意識した発話が行えるようになる（脱中心化）。

ヴィゴツキー…内言の獲得。思考の道具としての言語を発話せず，内言として用いることが可能となる。

なお，最終的にこの論争は，ピアジェがある程度ヴィゴツキーの論に同意する形で終結している。

■サピア＝ウォーフ仮説（言語相対性仮説）

最後に，言語は他者との伝達だけでなく，思考の道具としても用いられるという点で関連する用語としてサピア＝ウォーフ仮説（言語相対性仮説）を紹介したい。たとえば，日本語には「兄」「弟」という言葉があるが，英語は「brother」の1つである。日本語の方が「兄」「弟」という言葉がある分だけ，出生順位に意識が向きやすい。これは日本の文化や考え方を反映しているともいえる。このようにサピア＝ウォーフ仮説とは，**我々の認知や思考は，母国語に規定される**という大胆かつ面白い説である。合わせておさえておこう。

内言と外言について200字前後で述べなさい。

内言・外言ともに，ヴィゴツキーの論である。内言とは，思考の道具として発話せずに頭の中で用いられる，自分自身への語りかけである。対して外言は，他者への伝達を目的とした発話による語りかけである。ピアジェが幼児の独語を自己中心語とよんだことに対し，ヴィゴツキーは幼児の独語を，本来発話する必要のない思考の道具としての言語まで発話してしまうが故に起こると考え，発達の過程で内言が形成されることで，独語は消滅していくと考えた。（208字）

答え　Aは逆で，まずヴィゴツキーは他者への伝達を役割とする外言ありきで考えている。そこから思考の道具としての言語を発話しなくなることにより，内言が成立する。Cは，形式的操作期ではなく具体的操作期。自己中心性→脱中心化は，前操作期→具体的操作期という流れで生じることを再確認しておこう。Dのようなことはない。あくまで外言・内言は「伝達か思考か」といった「役割」で区別されるもの，とおさえておこう。　【正解：B】

31 愛着

attachment

学習のポイント

□ 定義だけなら受験で差がつかない。それ以上が求められる重要語。
□ 愛着研究の背景と，愛着が発達にはたす役割を説明できるように。

About this word

愛着とは，**養育者と乳児との間に成立する情緒的な絆のこと**である。だがそれだけでは不十分。愛着という用語がなぜ生まれたのか，なぜ愛着が発達に重要な役割を果たすのかを説明できなければ，院試における論述で差がつかない。

■愛着研究の背景

愛着という用語の背景には，**乳幼児の保護施設に預けられた子どもたちに，特徴的な発育の遅れが報告**された，施設症（ホスピタリズム）の問題がある。とくに施設症は，身体的な発育の遅れだけでなく，協調性や自発性の欠如など対人関係の障害もみられたことに特徴がある。最初は施設の衛生面・栄養面の問題が疑われたが，それらが問題ではなかった。そこでボウルビィ（Bowllby, J.）は，**母子のスキンシップを中心とした相互作用が欠如していること**が原因と考えた。そして，愛着とそれが欠如した状態（母性剥奪）に関する研究を進めることになる。

■愛着が発達にはたす役割

愛着の欠如が，なぜ発育の遅れにつながるのだろうか。たとえば，乳児が助けのためのサイン（泣くなど）を出す。すると，母親が応答する。このような行為は，

4択問題 次のA～Dのうち，最も適切な用語はどれか。

ストレンジ・シチュエーション法は，以下の手順で行われる。まず母と子が同じ部屋に入る。しばらくして見知らぬ他者が入室する。その後，母が退室して子は見知らぬ他者と2人きりになる。しばらくして，母が部屋に戻ってくる。この時，子の反応によって愛着の形成タイプが分類される。母が退室しても子は抵抗せず，母が戻ってきてもそれを歓迎しない場合，愛着は（　　）と考えられる。

A 安定型　B 回避型　C アンビバレント型　D 無秩序型

自分の行動によって環境を変化できるという乳児の有能感につながる。また，母親の微笑みに対して乳児が微笑み返すなど，**サインのやりとり**は乳児の感受性を高める。自らの足で移動が可能になると，母親を安全基地として周囲を探索することが可能となる。このような**周囲の探索も身体的な発育だけでなく，好奇心を高め，知的な発達を促進する。**愛着が，これだけさまざまな発育を促進するのだ。裏を返せば愛着が形成されなければ，上記のような発育が困難となる。また，愛着はやがて内的作業モデルとよばれるものになり，**対人関係の枠組みを形成**する。このモデルは**成人後まで継続**し，**修正することが困難**といわれている。このことも発達初期の愛着の重要性を物語っている。

第3章

■**愛着の関連研究**

関連研究として，ハーロー（Harlow, H. F）の代理母実験をおさえておきたい。サルたちが**授乳器を持つ針金製の代理母より，授乳器のない布製の代理母に好んで接触した**という実験で，スキンシップの重要性と愛着行動の生物学的根拠を示した。

養育者との間にどのような愛着が形成されているかは，エインズワース（Ainsworth, M. D. S.）のストレンジ・シチュエーション法によって知ることができる。この方法によって，安定型・回避型・アンビバレント型・無秩序型の４タイプに分けられる。方法と４タイプそれぞれの特徴は必ずおさえておこう（４択問題参照）。

愛着について200字前後で述べなさい。

愛着とは，ボウルビィによって提唱された養育者と乳児との間に成立する情緒的な絆のことである。愛着研究の背景には，施設症の問題がある。施設症の原因は，母子の相互作用が欠如し愛着が形成されていないため，とボウルビィは考えた。母子の相互作用が欠けると，その中で育まれる応答性や有能感が育たず，母親を安全基地とする探索によって生まれる身体的・知的な発育がなされない。このように，発達において愛着の形成は非常に重要な役割をはたすのである。（213字）

答え 本問のように，母の退室に子は抵抗せず，母が戻ってきてもそれを歓迎しない場合，愛着は形成されていない回避型と考えられる。母の退室に子が抵抗し，母が戻ってきた時それを歓迎する場合は安定型とよばれ，安定した愛着が形成されていると考えられる。母の退室に抵抗するものの，母が戻ってきた時に歓迎しない場合，アンビバレント型とよばれる。愛着行動が現れたり現れなかったりするため，母を愛着対象とみなしているものの，安定した愛着とは言いがたい状態と考えられる。無秩序型は，時々によって回避型になったり安定型になったりアンビバレント型になったりする。特に無秩序型は虐待との関連が指摘されることが多い。　【正解：B】

32 心の理論

theory of mind

学習のポイント

- □ さまざまな課題を，自分の言葉で説明できるようにしておこう。
- □ 心の理論と自閉症との関連性をおさえておこう。

About this word

ピアジェは自身の理論の中で，前操作期の子どもは他者の視点に立って考えることができないと述べ，それを自己中心性とよんだ（26参照）。その例としてピアジェは，アニミズムをあげている。アニミズムとは，**前操作期**の子どもが，自分自身に生命が存在するように，**無生物であっても自分と同じように生きていて，感じる心をもっていると考える説**である。

またピアジェは三つ山課題を行っている。前操作期の子どもを「色」「形」「大きさ」が異なる三つの山の模型の前に座らせ，どのように見えるかを答えてもらう。しかし前操作期の子どもは，自分の座っている位置からの光景しか答えることができず「横から見たら」「裏から見たら」というように，自分以外の視点をもつことができない。それが具体的操作期になると，視点が変われば見える光景も変わることに気づきはじめる。

■心の理論と誤信念課題

しかし後にピアジェの論に対する反証がなされる。それが，これから紹介する心の理論と誤信念課題である。プレマック（Premack, D.）が提唱した心の理論とは，

4択問題　次のA～Dのうち，最も適切な記号はどれか。

バロン - コーエン（Barron-Cohen, S.）の「サリーとアンの課題」は，以下の通りである。
「部屋で一緒に遊んでいたサリーとアンですが，サリーがボールをかごの中に入れて，外に遊びに行きました。その間にアンは，ボールを別の箱に移しました。サリーが部屋に戻ってきます。ここでみなさんに質問です。部屋に戻ってきたサリーは，ボールを取り出そうと最初にどこを探すでしょうか」この課題に対して多くの子どもたちが，「かご」と答えるのは，（　　　）頃からだといわれている。

A　1歳～2歳　　B　4歳～5歳　　C　6歳～8歳　　D　12歳以降

他者を自分とは異なる信念や意図をもった行為者ととらえ，その信念や意図を推し測る能力のことを指す。この心の理論を確かめるための課題が，誤信念課題である（図）。

3歳以前の子どもたちの大部分は，自分が右の箱にあると知っていることと，Aがそれを知らないことを区別できず「右の箱」と答えてしまうが，4歳から5歳ぐらいで，「本当は右の箱に入っているが，Aは左の箱と思っている」と答えられると報告されたのである（サリーとアンの課題とよばれる課題も，扱う物品が違うだけで課題内容は同じ）。この結果は，ピアジェが6歳以降の具体的操作期にならなければ他者の視点をもてないと述べたことへの反証となった。

誤信念課題

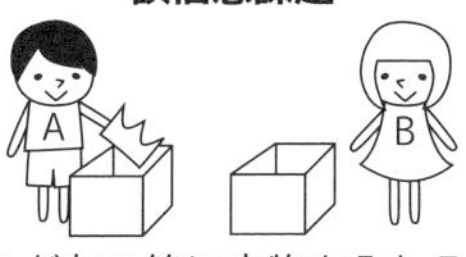

Aが左の箱に宝物を入れる

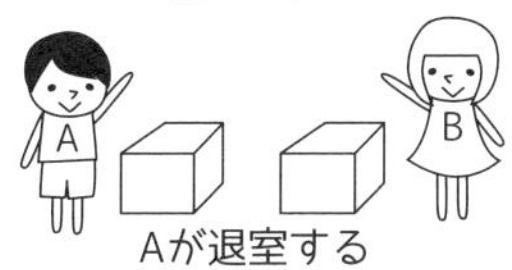

Aが退室する

Bが宝物を右の箱に
うつしかえる

Aが入室。
どっちの箱をさがす？

■心の理論と自閉症

自閉症児と心の理論の関係が指摘されている。4歳児の多くは誤信念課題ができることに対し，**自閉症の4歳児は誤信念課題ができず，自閉症児の抱えるさまざまな困難は，心の理論をもたないことが原因ではないか，**と考えられるようになった。もちろん心の理論で自閉症児のすべてを理解できるわけではないが，自閉症児の理解への新たな視点を提供するものとして，注目されている（自閉症の詳細は87）。

論述演習

心の理論について200字前後で述べなさい。

心の理論とは，他者を自分とは異なる信念や意図をもった行為者ととらえ，その信念や意図を推し測る能力のことを指す。4歳頃に獲得されるといわれている。これを確かめるための課題が，誤信念課題である。誤信念課題では，自分は知っているが物語中の登場人物は知らない，という状況が提示され，そのことを正しく理解できているかを問う。心の理論が成立していない場合，自分が知っているのだから登場人物も知っているはずと思い込み，正しく答えることができない。（206字）

答え

「自分は箱にあることを知っていても，サリーはそれを知らない」という考えに基づき「かご」という正しい判断をしたことから，心の理論が成立していると考えられる。心の理論の成立は，ピアジェが考えるよりも早い4歳頃といわれている。よって正解はBとなる。

【正解：B】

33 臨界期

critical period

学習のポイント

- □ 初期経験の意味，重要性とリスクをおさえよう。
- □ 関連用語を，可塑性という言葉を用いて説明できるようになろう。

About this word

発達に大きな影響を及ぼす出生直後の特殊な経験を指して初期経験（初期学習）とよぶ。そして，**初期経験が成立する出生直後のごくわずかな時期**のことを，臨界期とよぶ。臨界期をすぎれば，初期経験は成立しない。

最も有名なものは，ローレンツ（Lorenz, K.）による刻印づけの研究である。刻印づけとは，カモやアヒルが，孵化してすぐに目にした動く対象の後を追っていくことで，孵化直後の36時間前後しか起こらないといわれている。つまりこの場合，**臨界期は孵化直後の36時間前後**ということになる。

狼に育てられた少女・アマラとカマラの話をご存知だろうか。アマラとカマラは発見された時8歳と1歳半であったが，言語の使用や二足歩行など，**人間としての発達に必要な初期学習がなされていないため，いくら教育を受けても人間らしい行動をとることが困難であった**（ただし，アマラとカマラの話は証拠が少なく，信憑性に乏しいという指摘も多い）。アマラとカマラの話に限らず，チンパンジーを用いた実験などでも，正常な感覚や社会性の獲得のためには，生後の限られた臨界期に正常な刺激が与えられる必要があり，成熟してから与えられたのでは，正常な感覚や社会性の獲得が困難になることが示されている。このように，初期

4択問題 次の文のうち，最も適切な文はどれか。

A 初期学習は，わずかな刺激とわずかな時間で成立するため，発達において非常に重要な役割をはたす。

B 人間は，生後初めて見た対象を自分の親だと認識する。

C 臨界期を過ぎても刻印づけが成立する可能性がある。

D アヒルやカモは，可塑性が高いために，初期経験によって一度成立した学習を修正することが困難となる。

経験は発達において重要な役割を果たしている。

■可塑性

ところで，初期経験の文脈でよく使われる言葉に，可塑性（かそせい）がある。一般的ではないが，**初期経験に関する論述をワンランク上げるために欠かせない言葉**であるため，ぜひ使いこなしたい。

可塑性は変化のしやすさと言い換えられる。粘土をイメージしてみよう。粘土が柔らかいうちは，さまざまな形に変わる。これは可塑性が高い状態だ。対して時間が経過し，硬くなった粘土は形を変えることが困難だ。これは可塑性が低い状態といえる。人間の発達で考えると，たとえば幼い頃はさまざまな言語を習得可能だが，加齢とともに困難となる。この時，幼い頃は言語習得に関する可塑性が高く，加齢とともに可塑性が低くなる，と表現できる。

初期経験で獲得したものは明らかに可塑性が低い。いったん成立した学習は，成長後も継続する。しかし，人間などの哺乳類は臨界期が明確ではなく，他の動物と比較して学習の可塑性が高い。出生直後の方が，学習が成立しやすいことには変わりないが，**出生間もない特定の時期を逃しても学習が成立する可能性がある**ことから，哺乳類の場合は臨界期とよばず敏感期とよんで区別することが多いので，このこともおさえておこう。

臨界期について200字前後で述べなさい。

発達に大きな影響を及ぼす出生直後の経験を指して初期経験とよび，初期経験が成立する時期のことを臨界期という。ローレンツの刻印づけの研究が有名で，カモやアヒルが，孵化してすぐに目にした対象の後を追う現象を指す。このとき，臨界期は孵化直後の36時間前後で，この時期をすぎれば刻印づけは成立しない。刻印づけに限らず初期経験で成立した学習は可塑性が低く修正困難だが，人間は可塑性が高く修正の可能性もあるため，臨界期とはよばず区別して敏感期とよぶ。(217字)

答え 刻印づけは主にアヒルやカモなどの一部の水鳥に起こる現象であり，どんな生物でも起こる現象ではない。よってBは誤り。Cは，臨界期をすぎれば刻印づけは成立しない点で誤り。臨界という言葉は境目のことで，まさに初期学習が成立するか否かの明確な境目を表している。人間で敏感期と言葉を区別するのは，この境目が不明確であるからだ。ちなみに敏感期という言葉には，特定の刺激に敏感で学習が成立しやすい時期，という意味がこめられている。Dは「可塑性が高い」の部分が誤り。修正が困難＝可塑性が低い，と考えられる。　【正解：A】

34 ピグマリオン効果

Pygmalion effect

学習のポイント

- □ 自己成就的予言という用語を用いて述べられるようにしておこう。
- □ 教育現場と関係づけて論述できるとさらによい。

About this word

教育心理学の代表的な理論が，このピグマリオン効果（教師期待効果）である。ローゼンソール（Rosenthal, R.）は，成績が伸びるだろうと教師が期待していた生徒の成績が，半年後に他の生徒よりも高くなっていることを実験で示した。このように，**教師が生徒にもつ期待に沿う形で生徒が変容すること**を指してピグマリオン効果という。なお，よい期待だけに限らず，教師が生徒によくない期待をもっている場合，生徒がよくない方向へ変容することも効果に含む。

■自己成就的予言による説明

ピグマリオン効果はなぜ発生するのだろうか。ローゼンソールは，ピグマリオン効果以外にも実験者効果を述べている。実験者は，自身の仮説が支持されるために，被験者に特定の反応を期待している。この**期待が，実験時の実験者の態度・行動で被験者に伝わり，仮説を支持するような被験者の反応が起こりやすくなる。**これが実験者効果である。

4択問題 **次の文のうち，最も不適切な文はどれか。**

A ピグマリオン効果のうち，教師の否定的な期待が，生徒のよくない結果へつながることを指してゴレム効果という。

B ピグマリオン効果は，教師のよい期待を受けた生徒は，必ずよい結果を残すことを示した教育心理学の理論である。

C ピグマリオン効果は，ローゼンソールの実験状況の不備が指摘されており，必ずしも正しいとは限らない。

D ピグマリオン効果は，教師の期待が自己成就的予言として機能するために起こるといわれている。

また，賢い馬ハンスの事例を紹介しよう。ハンスという馬は，簡単な計算問題に対して，答えの数だけ蹄を鳴らすことができ，注目を集めた。しかし後にハンスは，正解を期待する観客や飼い主が無意識下で行う視線の動きや態度の変化を敏感に察知して答えを得ていたことがわかった。

自身の期待を現実にしようと，期待が無意識下で行動や態度に反映され，その結果，期待が現実になる現象は自己成就的予言とよばれている。ピグマリオン効果だけでなく，実験者効果・賢い馬ハンスの事例は，ともにこの自己成就的予言によって起こったと説明できる。教師の生徒に対するよい期待が，生徒の成績をよい方向へと導く無意識的な行動を引き起こすのだ。

■光背効果

少し視点を変えて，光背効果（ハロー効果）とよばれる現象を紹介しよう。これは，**1つのよい特徴によって他の特徴もよい方向にとらえたり，その逆で1つの悪い特徴によって他の特徴も悪い方向にとらえたりすること**である。

このことをピグマリオン効果と関連づけた場合，光背効果によって生じた不当な評価が，生徒に対するよくない期待となり，生徒の行動がよくない方向に変容する，といった可能性が考えられる。ピグマリオン効果は絶対的な効果ではなく，必ず起こるとは限らない。だが，教師の評価や期待が生徒を変える可能性として，教育に携わる者は光背効果やピグマリオン効果の影響を意識する必要があるだろう。

ピグマリオン効果について200字前後で述べなさい。

ピグマリオン効果とは，教師が生徒にもつ期待に沿う形で生徒が変容することである。ローゼンソールは，成績が伸びるだろうと教師が期待していた生徒の成績が，他の生徒よりも高くなっていることを実験的に示し，ピグマリオン効果を証明した。ピグマリオン効果は，自身の期待を現実にしようと，期待が行動や態度に無意識下で反映され，その結果として期待が現実のものになりやすいという自己成就的予言のメカニズムが働いていると考えられる。（205字）

答え　Bの文章の誤りは「必ず」という「断言」だ。断言を使うタイミングを誤ると，例外の存在を考慮していない「視野の狭さ」につながる。ピグマリオン効果はCの文章にあるように正しいとは限らず，可能性の提起に留めるべきだ。論述ですぐに「必ず」「絶対」といった表現を使ってしまう人は意識して注意しよう。なお，Aの文章は正しい内容。肯定的な期待がよい結果へつながることはガラティア効果とよぶが，ゴレム効果とともに院試における学習優先度は低いので，頭の片隅に置いておけば十分。【正解：B】

COLUMN

先輩からのメッセージ①

大学院受験を振り返って

以降のコラムでは，大学院入試を終えて今年から大学院生になる方や，すでに心理専門職として勤務している方からのメッセ―ジを紹介します。まずは，4月より大学院生になるＩさんの体験談です。

昨年大学院受験を終えましたので，なにか皆さんに参考になればとおもい，書かせていただきます。私が大学院の受験を考えだしたのは，大学3年生の春頃で，ゼミを決める頃でした。その時は，心理学の単位をとることと，自分が興味のある本を読むことが中心で，院試の勉強はほとんどしていませんでした。しかし，大学4年生になって，本格的に受験対策としての勉強をしないとまずいことに気づき，3年生のときに買って満足していたテキストを引っ張り出して勉強をし始めました。幸いにも？自分は同じ志をもった同期が周囲にいたので，その人たちと問題を出し合ったり，模擬面接をしたり，勉強が行き詰ったときは相談にのってもらったりして，かなり助けてもらっていました。大学では，周囲が就職活動，公務員試験とがんばっていく中で，本当に自分は院進学をして大丈夫なのだろうか，という不安は常にありました。なので，同じ系統の進路に進む人たちと話せたのはとても心強かったと思います。

次に大学院入試にあたって，どのように勉強していったのかについて述べたいと思います。まだ志望校が決まっていないときは心理学の教科書に出てくるような重要なキーワードを100字～200字程度で説明できるかどうか，というのを毎日やっていました（心理の英単語もセットで覚えると覚えやすいです）。基礎固めになるし，志望校が決まってからの応用がききやすかったと感じます。志望校が決まった後は，過去問をみて，問題の形式（論述，穴埋め，選択）や，よく出る分野や領域をその大学院に所属している教授の専門分野を見て，それに合わせて勉強をしていきました。自分は2校受験を検討していたので，両方の学校から過去問を取り寄せて対策していました。ただ，過去問の形式が急に変わることもありますので，あまり過去問にとらわれずにやっていくのも大事と思います。これから院進学を検討する方も，もうすぐ院試を受ける方も，体調に気をつけて，最善の選択ができることを祈っております。

第4章 社会・感情・性格

Social, Feelings, Character

……▶ 傾向と対策

社会心理学は非常に研究範囲が幅広く，学習しようと思うとその内容の多彩さに驚くであろう。志望大学院に**「社会心理学の出題があるか否か」**で，**学習方針にかなりの影響が出る**。出題があるならば，本書に加えて最低2冊の社会心理学専門の概論書を用意し，熟読すべきだ。本書における社会心理学の用語は35〜39までの5語のみの記載だが，これらは社会心理学の出題の有無にかかわらず，他領域にも関連するため，必要最低限おさえておくべき「最重要語」だけを紹介する形となっている。

感情・情動理論については，ジェームズ＝ランゲ説や情動の2要因説のように**「情動の生起過程」に関する出題がほとんど**。よって各研究者が，情動の生起をどのように扱ったかに注目して整理し，理解したい。

性格については性格検査・心理テストの基礎理論となるため，**出題頻度がとても高く，絶対に外せない「超」重要分野**である。とくに類型論と特性論の差異を説明させる出題は頻出。それぞれの理論の利点・欠点をしっかり整理して理解し，対比させて述べられるようにしておきたい。

NO	難易度	用語
35	★★☆	帰属
36	★★☆	認知的不協和理論
37	★☆☆	説得
38	★☆☆	印象形成
39	★★☆	葛藤
40	★★☆	ジェームズ＝ランゲ説
41	★★☆	情動の2要因説
42	★☆☆	内発的・外発的動機づけ
43	★★☆	欲求階層説
44	★★☆	性格類型論
45	★★☆	性格特性論

難易度は，用語内容の理解しやすさや論述における書きやすさの目安を表します。

35 帰属

attribution

学習のポイント

□ 心理学で頻繁に用いられる用語の1つ。正しく意味をとらえよう。
□ 帰属錯誤に関する他の研究（主に41参照）と関連づけておこう。

About this word

この「帰属」という言葉は，心理学の概論書で頻繁に登場するが正しく意味をとらえていない人が意外と多い。本項で正しく理解しておこう。

周囲で起きる出来事や，人の行動の原因を推論し，因果的な解釈を行うことを帰属という。たとえば，花瓶を落として割ってしまった場合，「自己の不注意のため」「手を滑らせてしまったため」「誰かから突然声をかけられたため」「運が悪かったため」など，さまざまな原因が考えられるが，その主たる原因が何かを推測することが帰属である。帰属の代表的な研究者ハイダー（Heider, F.）は，**能力・性格などの自身の内的要因に帰属すること**を内的帰属，**周囲の状況などの外的要因に帰属すること**を外的帰属と分類した。前述の例でいえば，「自己の不注意のため」「手を滑らせてしまったため」の2つは内的帰属，「誰かから突然声をかけられたため」「運が悪かったため」の2つは外的帰属である。

4択問題　**次の文のうち，最も不適切な文はどれか。**

A 駆け落ちをした男女の恋愛感情が深まるのは，危機に対する興奮を，異性への愛情で生じた興奮と帰属錯誤するためと考えられている。

B 個人のよかったことは内的帰属を，よくなかったことは外的帰属をすることを，セルフ・サービング・バイアスという。

C 内的帰属をしやすい人は統制感が弱く，自分の行動や自分の意思を自分で決められないと考えている。

D 成功した時，自分の努力のためとは口にできず，つい「運がよかっただけだ」といってしまう人は，外的帰属をしやすいと考えられる。

■統制感，統制の所在

内的帰属をしやすい人は，**自分自身の能力や努力によって，価値ある報酬を得たり罰を避けたりできるという感覚**（統制感・コントロール感）が強い。対して外的帰属をする人は，行動の結果を偶然や運，外部の強力な力によるものとみなすことが多く，統制感が弱い。このように，**行動の結果をコントロールするのは自分の力か外部の力か，どちらの帰属が行われやすいかには個人差**があり，ロッター（Rotter, J.）はこれを統制の所在とよんだ。

■行為者・観察者バイアス

他者や自己の行動に対し，適切な帰属が行われるとは限らない。なんらかの要因により，帰属のバイアス（歪み）が生じる場合がある。たとえば，子どもが花瓶を割ってしまった場合，子どもは「誰かから突然声をかけられたため」などの外的要因に帰属しやすいが，それを見ていた人は，「子どもの不注意のせい」など，子どもの能力・性格などの内的要因に帰属しやすい。このように，**行為者は外的帰属を，観察者は内的帰属をしやすい傾向**を，行為者・観察者バイアスという。このような**帰属のバイアスによって，歪んだ対人認知が行われる可能性**がある。前述の例でいえば，仮に子どもは本来慎重な性格で，花瓶を落とした原因が子どもになかったとしても，外部からの観察者は内的帰属を行いやすいため，「あの子は注意力が足りない」ととらえてしまうのである。

帰属について200字前後で述べなさい。

帰属とは出来事や行動の原因を推測し，因果的な解釈を行うことである。ハイダーは，帰属を大きく内的帰属と外的帰属に分類した。内的帰属とは，出来事や行動の原因を，能力や努力など自分自身の内的要因に帰属することである。対して外的帰属とは，出来事や行動の原因を，周囲の環境や運などの外的要因に帰属することである。帰属理論は，認知や推論の個人差や歪みを明らかにするための視点の1つとして役立っている。（194字）

答え Cは誤りで，内的帰属をしやすい人は統制感（コントロール感）が強い。自分の力で自分の行動をコントロールできると思っている（＝統制感が強い）からこそ，行動や出来事の原因は自分自身にあるととらえる（＝内的帰属）。裏を返せば，自分の力で自分の行動をコントロールできないと思っている（＝統制感が弱い）からこそ，行動や出来事の原因は自分自身のせいではなく，周囲の環境や運のせいととらえる（＝外的帰属）。A・B・Dは正しい内容。とくにAは，ロミオとジュリエット効果とよばれている。また，本来の要因とは異なる要因に帰属することを帰属錯誤という。41の情動の2要因説とも関連づけて理解しておこう。【正解：C】

36 認知的不協和理論

cognitive dissonance theory

学習のポイント

□ **逆転の発想が必要。矛盾した不快な状態が，行動・信念を変える。**
□ **矛盾から逃れるための合理化を，身近な場面で考えてみよう。**

About this word

実験社会心理学者フェスティンガー（Festinger, L.）は，被験者に報酬として20ドルを渡して退屈な作業をさせた群と，報酬として1ドルを渡して退屈な作業をさせた群を用意し，作業の満足度を比較するという実験を行った。20ドルが与えられた群では，『20ドルのため』に『退屈な作業』を続けることができるため矛盾は生じず，作業の感想は「退屈」で変わらない。しかし，**1ドルしか与えられていない群では，『1ドルしかもらっていない』のに『退屈な作業』を続けなければならない**。これは矛盾であり，不快な状態である。そこで，退屈な作業を続ける自分を正当化するために「この作業によって金銭では得られない何か（価値）を得られる」というような認知の変容が行われる。結果として，1ドルを与えた群の方が，作

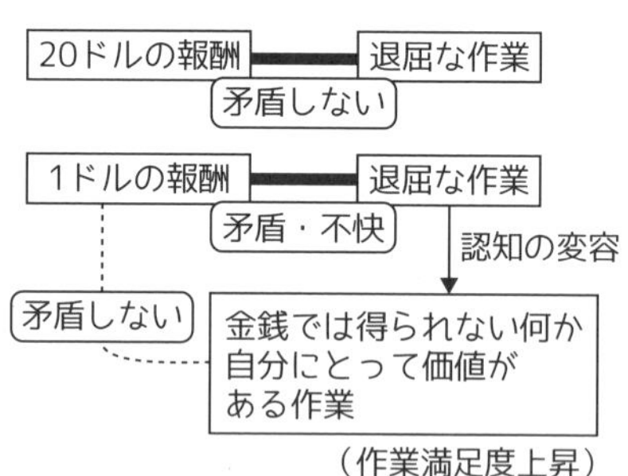

4択問題 **次のA～Dの文のうち，最も適切な文はどれか。**

事前の街頭調査で，大半がその内容を「つまらない」と答えた映画がある。その映画をまだ見ていない者たちに，以下の4条件でその映画を見せたとき，認知的不協和理論に基づくと，映画内容に満足しやすいと考えられる条件はどれか。

A 1800円の一般チケットを買って見た。

B サービスデイを利用し，1000円を払って見た。

C レンタルビデオで200円を払って見た。

D 特別券があり，タダで見ることができた。

業の満足度は高かった。このように，**矛盾によって生じる不快な緊張状態を低減するため，矛盾のない状態に認知を変えたり，不協和を増大させる認知を回避したりすること**を，フェスティンガーは認知的不協和理論とよんだ。

認知的不協和理論は，それまで優勢だった行動主義の考え方を覆したことでも知られている。オペラント条件づけ（12参照）では，報酬刺激によって特定のオペラント行動が強化される。報酬が大きければ大きいほど，行動は強化されるはずだった。しかし，むしろ少ない報酬が人間の信念や行動を変容させることを，フェスティンガーは実験的に証明したのである。

■ハイダーのバランス理論

認知を変化させる他の理論として，ハイダーのバランス理論がある。ある個人（P）と他者（O）と事物（X）の3つの関係について，好意的ならば＋で，非好意的ならばーで表した時，**3つの関係の積が＋であれば均衡状態，ーであれば不均衡状態**であるとした。下図のような**不均衡状態は不快な矛盾が生まれるため，いずれか1つが変化して均衡状態へ移行する。**

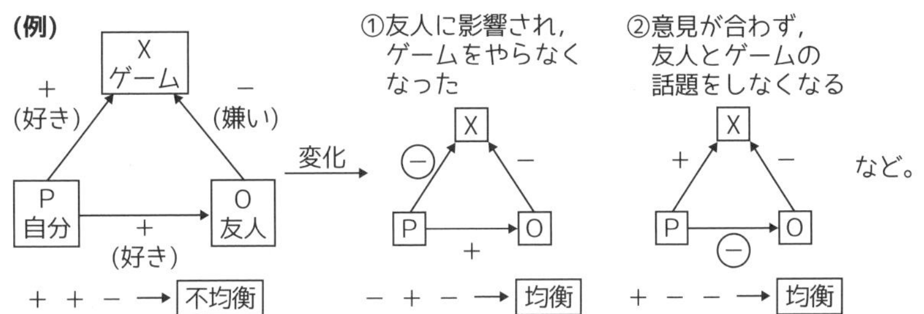

認知的不協和理論について200字前後で述べなさい。

認知的不協和理論とは，認知要素間の矛盾から生じる不快な緊張状態を低減するために，矛盾のない協和な状態に認知を変えたり，不協和を増大させる認知を回避したりするフェスティンガーの理論である。たとえば，過酷な課題に対して金銭報酬が少ないと，過酷さと少ない金銭報酬に矛盾が生じる。そこで，課題に対する過酷さの認知を変えたり，金銭的ではない報酬を得ていると認知したりすることで，矛盾から逃れようとするのである。（199字）

答え

不快な矛盾が生じるのはどれかを考えよう。タダの場合「つまらなくてもタダだから仕方ない」と矛盾が少ないが，「1800円払ったのにつまらない」は矛盾が大きい。そこで「話はともかく映像の迫力はあった」「あのシーンだけに1800円払う価値がある」というように合理的な認知に変え，不快な矛盾から逃れるのである。　【正解：A】

37 説得

persuasion

学習のポイント

- □ 説得に関するさまざまな用語を幅広く理解しよう。
- □ 実生活との対応がしやすいので，身近な例を自分で考えてみよう。

About this word

意図的なメッセージを用いて，他者の意見や行動を変えることを説得という。本項では，この説得に関する社会心理学的知見を概観しよう。

■スリーパー効果

説得の際，まったく同じメッセージを送ったとしても，誠実で専門性の高い表現を用いる信憑性の高い送り手の方が説得効果は高い。ワイドショーの解説で大学教授のコメントが流されるのも，情報の信憑性を高め，説得力をもたせるためだろう。ただし，信憑性の効果はあくまで「一時的な」ものといわれている。ホウランド（Hovland, C. I.）は，**信憑性の低い送り手の説得について，時間経過とともに説得効果が増加する**ことを報告し，スリーパー効果とよんだ。スリーパー効果は，**時間経過により送り手の信憑性とメッセージの内容が分離され，低い信憑性によって引かれた分の説得力が回復するために起こる**といわれている。叱られたその場では納得できなくても，時間が経つとメッセージの内容だけを考えられるようになり，納得できるようになるのはスリーパー効果で説明できる。またスリーパー効果は，**高い信憑性によって増していた説得力が，時間とともにメッ**

4択問題 次の文のうち，最も適切な文はどれか。

A よい面だけを呈示する説得は，心理的リアクタンスが生じやすい。

B 信頼できる相手の説得を受けていったん納得したものの，しばらくして再考すると納得できなくなったことは，スリーパー効果で説明できる。

C 教師が宿題を10ページ分と発表すると生徒から文句が出たので，8ページに変更して生徒を納得させた。これはfoot-in-the-doorといえる。

D 相手に恐怖を感じさせる説得メッセージは，効果が高い。

セージの内容から分離することも意味する。話を聞いた直後は納得できても，後から落ち着いてメッセージの内容だけで考えると納得できないことがあるのは，このためである。

■心理的リアクタンス

次に説得がうまくいかない場合について考えてみよう。たとえば，職場での禁煙を説得する場合，喫煙者にとって喫煙の自由が脅かされることになり，反発が起こりやすい。このように，**態度や行動の自由が脅かされた時に喚起される，自由の回復を目指す動機づけ状態**を心理的リアクタンスという。とくに，強制的な態度変容を迫られた時に生じやすい。そこで相手の態度や行動の自由を保障する何かを用意しておくと心理的リアクタンスが生じにくくなる。たとえば，喫煙の自由が認められる喫煙室などを確保することで，心理的リアクタンスが生じにくくなる。

第4章

最後に，古典的な心理学的説得法を2つ紹介する。

■① foot-in-the-door（フット・イン・ザ・ドア法，段階的要請法）

受認されやすい小さい要請をまず承諾させ，段階的に大きな要請も承諾させていく方法。たとえば，物品販売で突然高価な商品を勧めても，相手が購入に至ることはほとんどないが，購入しやすい安価な商品を勧めておき，だんだん高価な商品を勧めることで，相手が購入に至る可能性が高まる。

■② door-in-the-face（ドア・イン・ザ・フェイス法，譲歩的要請法）

受認しがたい大きい要請をまず拒絶させることで，小さい要請を拒絶しにくくする方法。たとえば，物品販売で高価な商品を勧めて断らせることで，安価な商品を購入する可能性が高まる。

論述演習

説得について200字前後で述べなさい。

説得とは，意図的なメッセージを用いて，他者の意見や行動を変えることである。代表的な理論に，ホウランドのスリーパー効果がある。時間経過とともに，メッセージの内容と送り手の信憑性が分離して，メッセージの内容のみが残ることで，送り手の信憑性効果が消失する。嫌な相手に叱られた時，その場で納得できなくても，時間が経つとメッセージの内容だけを考えられるようになり，納得できるようになるのはスリーパー効果で説明できる。(202字)

答え

心理的リアクタンスは「自由の回復」という文脈で用いられるのでAは誤り。なお，よい面だけを呈示する説得に対する反発は，ブーメラン効果といわれている。Cはdoor-in-the-face。Dは，恐怖を感じさせる（恐怖喚起）だけでは効果が薄く，その恐怖に対する解決法まで用意することで説得効果が高まるとされている。Bは正しい。このような事態は，誰もが経験したことがあるのではないだろうか。

【正解：B】

38 印象形成

impression formation

学習のポイント

- □ アッシュの実験を正しくおさえよう。
- □ ステレオタイプのデメリットだけでなく，メリットも語れるとよい。

About this word

服装や外見，声や身振りなど，他者に関する限られた情報を手がかりとして，その人物の全体的なパーソナリティ像を推測することを指して，印象形成という。本項では，その印象形成にかかわる用語や実験を概観する。

■印象形成実験

アッシュ（Asch, S. E.）は，ある人物の特性を表す7つの形容詞リストを用意し，その人物の印象をたずねた。その形容詞リストは右表の通り。**異なっていたのは「温かい」「冷たい」だけだった**が，**形成された印象はリストAの方がずっと好意的**であった。これは，「温かい」「冷たい」によって，他の形容詞の意味づけが変わってしまうことを意味する。

アッシュの実験で用いられた形容詞リスト

リストA	リストB
知的	知的
才能がある	才能がある
勤勉である	勤勉である
温かい	冷たい
注意深い	注意深い
てきぱきしている	てきぱきしている
実際的	実際的

4択問題　次の文のうち，最も不適切な文はどれか。

A 道に迷った時に，近くに警察官とヤクザがいたら，迷わず警察官に道をたずねるのは，ステレオタイプに基づく判断である。

B 学生がサラリーマンを無個性な人々ととらえているのは，学生にとってサラリーマンが内集団であるからと考えられる。

C アッシュは，印象形成に大きく影響する特性を中心特性とよんだ。

D 他者の望ましい側面は強調され，望ましくない側面も控えめに評価することを寛大効果といい，印象形成に影響する。

たとえば「温かく」「注意深い」人は細かく気遣いをしてくれそうだが，「冷たく」「注意深い」人は細かい所まで陰険に指摘されそうだ。この「温かい」「冷たい」のように，**印象形成の核となる語**は中心特性とよばれており，対して**中心特性の影響を受けて印象形成が成される語**は周辺特性とよばれている。

■ステレオタイプ

ステレオタイプとは，**ある社会集団やその構成員の特徴に関して，社会的に共有される信念**を指す。たとえば，男の子は「元気で活発」女の子は「かわいくて優しい」といったいわゆる“紋切型”である。

私たちが社会生活を営む際，何も知らない相手とかかわるのは難しい。そこで，ステレオタイプを用いて効果的な印象形成を行うことで，私たちは円滑に社会生活を営むことができる。だが，**ステレオタイプに偏った印象形成は，相手の個性を無視し，偏見・差別となる可能性を生む**。たとえば，「女性はおしとやか」というステレオタイプに基づき女性と接しても，その女性がおしとやかである保証はなく，失礼となる可能性があるだろう。

■内集団と外集団

自分が所属し，成員であると認知している集団を内集団といい，所属していない集団を外集団という。**内集団の成員に対しては，高い評価を与え，好意的な態度や行動をとる傾向**がある。これを，内集団バイアスという。内集団バイアスは，内集団を高く位置づけると同時に，外集団を低く位置づけることも意味する。よって内集団バイアスは，自民族中心主義や，外集団への偏見や差別を生み出す元になる。

印象形成について200字前後で述べなさい。

印象形成とは，服装や外見，声や身振りなど，他者に関する限られた情報を手がかりとして，その人物の全体的なパーソナリティ像を推測することである。現実場面においては，断片的な情報だけで相手の印象を作り上げることは困難であるため，ステレオタイプや個人の暗黙の人格観による印象形成のサポートが必要になる。反面，これらが印象形成のバイアスとなり，差別や偏見などの歪んだ印象を形成する可能性を忘れてはならない。（198字）

答え Bは内集団ではなく外集団。外集団は「知らない人たち」なので，無個性と認知されたり，ステレオタイプ的な認知がなされたりしやすい。Aは「警察官は市民の味方」というステレオタイプによる効果的な判断と考えられる。なお「警察は信用できない」といった『個人的な体験』に基づく対人認知は「暗黙の人格観」とよばれ区別される。Dは正しい内容。類似用語として光背効果もおさえておこう（34参照）。 【正解：B】

39 葛藤

conflict

学習のポイント

□ ゲシュタルト心理学と関連づけておさえよう。
□ 3種類の葛藤の分類を，実例とともにおさえておこう。

About this word

葛藤（コンフリクト）とは，**同時に満足させることが困難な欲求が，同程度の強さで個人内に存在し，行動決定できない状態**を指す。たとえば，ハンバーグもカレーも食べたいため，決められない状態などが葛藤の例としてあげられる。

ここで，ハンバーグが食べたい状態だけ，カレーが食べたい状態だけ，それぞれを単独で注目しても，行動決定できない理由を説明できない。ハンバーグもカレーもどちらも同じぐらい食べたい！　という状態を『全体』**としてとらえて初めて，行動決定できない様子が説明できる**。この『全体』というキーワードからもわかるように，葛藤はゲシュタルト心理学（04 参照）が基礎にある。代表的な研究者はゲシュタルト心理学者のレヴィン（Lewin, K.）だ。レヴィンはゲシュタルト心理学を集団力学・社会心理学に応用した人物として知られている。

■レヴィンによる葛藤の3分類

レヴィンは葛藤を以下の3種類に分類している。

①接近—接近型葛藤…**同程度に魅力的な対象が2つ以上あり，1つを選択しなければならない場合**。前述のハンバーグとカレーの例が相当。

4択問題　次の文のうち，最も不適切な文はどれか。

A　成功回避動機は，回避—回避型葛藤と考えられている。

B　素敵な時計だが値段が高いため，購入を迷っている状態は，接近—回避型葛藤と考えられる。

C　傍観者効果によれば，1人でいる時より，周囲に多くの人がいる状況の方が，他者に対する援助介入が行われにくい。

D　レヴィンは，場理論や葛藤の理論を提唱し，集団力学の基礎を築いた。

②回避—回避型葛藤…**望ましくない対象が2つ以上あるが，いずれか1つを選択しなければならない場合。**例としては，テスト勉強は嫌だけれど，テストで悪い点数を取るのも嫌な場合など。

③接近—回避型葛藤…**1つの対象が肯定的な側面と否定的な側面を合わせもつ場合。**たとえば多くの女性は，成功して達成感を得たいが，そのことで成功しなかった人と親和的な関係になれなくなることを恐れる。このことはホーナー（Horner, M. S.）により成功回避動機（成功恐怖理論）とよばれており，接近—回避型葛藤の一例である。

第4章

■傍観者効果

最後に，葛藤場面以外にも行動ができなくなる時の一例として傍観者効果を紹介したい。傍観者効果とは，**多くの他者の存在により，援助介入が抑制される**ことを示したラタネ（Latane, B.）による理論である。たとえば，大都市の駅構内で困っている人がいても，多くの人は素通りしてしまうだろう。その原因は，周りの人が誰も助けていないので，この事態は助けを必要としないのだろうと思い込むこと（集合的無知）や，多くの人がいることで個人の責任感が低下すること（責任の拡散），介入が不要だったり失敗したりした時，それを他者に見られる可能性があること（評価懸念）など数多くあげられ，皮肉にも多くの他者の存在が，かえって援助介入を抑制する要因になってしまうのである。

葛藤について200字前後で述べなさい。

葛藤とは，同時に満足させることが困難な欲求が，同程度の強さで個人内部に存在し，行動を決定できない状態である。レヴィンにより3つに分類された。1つめは接近—接近型で，同程度に魅力的な対象が2つ以上あり1つを選択する時に生じる。2つめは回避—回避型で，望ましくない対象が2つ以上あり，いずれも選択したくない場合に生じる。3つめは接近—回避型で，1つの対象が，肯定的と否定的の両面を併せもつ場合に生じる。（199字）

答え

Aの成功回避動機は，女性にとっての成功が「達成したいけど，みんなと違うのは嫌」という，接近—回避型葛藤となることを示している。なお現代で，この成功回避動機を「女性特有」と表現するのは若干ナンセンスだろう。Dの場理論は，人間の行動（B）が人物（P）と環境（E）の相互作用で決定され，B=f(P,E)という公式で表せるという論。公式を見ると難しそうだが，場理論は「人物や環境を単独で見るのではなく，人物と環境を全体としてとらえてはじめて，人間の行動を理解できると考えた」というゲシュタルト的な視点を理解しておけば十分。　【正解：A】

40 ジェームズ＝ランゲ説

James-Lange Theory

学習のポイント

□ 情動とは何かを知ろう。とくに気分との区別がつくように。
□ 情動の生起に関する２つの理論を整理しておさえよう。

About this word

心理学では，**喜び・怒りなどの強くて一時的な感情**を情動，**楽しい・イライラするなどの弱めだが持続的な感情**を気分とよび，区別する。なお，うつ病や双極症は，この気分の変動がうまく働かない状態を指す（詳細は80）。本項では主に情動に注目する。

アメリカの心理学者ジェームズ（James, W.）は，情動がはたす役割を，以下のように述べている。「もしできるなら，今あなたに活力を与えている情動がすべて奪われた状態を考えてみなさい。そして想像してみなさい。あなた自身がものごとに対して好意や敵意をもつことなく，希望や不安をまったく感じない状態で，世界がただ単にあることを。（中略）世界のどこもたいして重要ではなくなり，世界のあらゆる事物は，意味も特性も表情も展望ももたないものになるでしょう。世界がなんらかの価値や興味や意味をもつのは，見るものの心がそうさせているからです」。この言葉から，情動が，さまざまな事物に価値を与え，人間の行動を動機づけていく役割をはたしていることがわかる。

4択問題　次の文のうち，最も適切な文はどれか。

- **A** 宝くじに当選し，飛び上がるぐらい喜んだ。この喜びは，心理学的に気分に分類される。
- **B** キャノン＝バード説によれば，恐怖を感じることにより心身の震えが生じると考えられる。
- **C** ジェームズ＝ランゲ説によれば，身体感覚（生理的変化）が生じない限り，情動も発生しないことになる。
- **D** 情動の末梢起源説は，キャノンによる説である。

■情動の起源にかかわる２つの説

では，このような役割をもつ情動はどのようにして生まれるのだろうか。ジェームズは，**外的な刺激によってまず生理的変化が生じ，その変化を脳が受信することで情動が生じる**というジェームズ=ランゲ説を発表した。「悲しいから泣く（情動→生理的変化）のではなく，泣くから悲しい（生理的変化→情動）」「恐ろしいから震えるのではなく，震えるから恐ろしい」という例に代表される。一般的に考えられる，「情動の発生後，生理的変化が生じる」とは正反対の主張であったため，その衝撃は大きく，また多くの批判も集まった。

その後，登場したのがキャノン=バード説である。外部刺激の情報はまず脳の視床を通過し，２つに分岐する。片方は大脳に到達し，そこで恐怖や怒りといった情動がつくられる。もう片方は視床下部に到達し，そこで体の生理的変化を起こす命令が出される。つまりキャノン=バード説は，情動と生理的変化は同時に起こると考え，ジェームズ=ランゲ説を批判した。なお，現在では両説ともに問題が発見されており，完全な支持はされていない。だが両説ともに，現代の情動研究の基礎を築いたという点で，貢献は大きい。

最後に，**ジェームズ=ランゲ説は，身体末梢の反応が先に生じ，それをもとに情動が生じること**から，情動の末梢起源説ともよばれる。対して**キャノン=バード説は，外部刺激が脳の視床下部に到達してから情動が生じること**から，情動の中枢起源説ともよばれる。院試ではこちらの名称で問われることも多いので，必ずおさえておきたい。

ジェームズ=ランゲ説について200字前後で述べなさい。

ジェームズ=ランゲ説とは，情動の生起にかかわる理論のことで，生理的変化が先に生じ，その変化を脳が受信することで情動が発生するという説である。一般的に考えられる「情動をもとに生理的変化が生じる」とは逆のケースであるため，批判も多い。その中でも最も有力なものがキャノン=バード説である。この説は，外部情報により脳の視床が活性化し，そこから身体反応と情動体験が同時に生じるという説である。（190字）

答え ジェームズ=ランゲ説は，身体反応が情動の原因と考える説のため，身体変化が生じなければ情動も発生しないことになる。そのため，Cは正しい。Aの喜びは情動に分類される。その強い喜びのあと，楽しく明るい気持ちが続いていたら，それは気分に分類される。Bは注意すべき誤り。ジェームズ=ランゲ説が生理的変化→情動だからといって，キャノン=バード説は情動→生理的変化ではない。キャノン=バード説では，外部の刺激によって，情動と生理的変化は同時に起こると考えられている。

【正解：C】

情動の２要因説

two-factor theory of emotion

学習のポイント

- □ シャクターとシンガーの実験をじっくり理解しよう。
- □ 帰属というキーワードを関連づけて，理解を深めよう。

About this word

シャクター（Schachter, S.）とシンガー（Singer, J.）が行った情動の生起に関するある実験を紹介しよう。実験協力者にビタミン剤と称してアドレナリンを注射する（A群）。注射後，怒りを表出しているサクラと同部屋でしばらく待機させる。その後，実験協力者の情動状態を測定すると，実験協力者はサクラと同様の怒りを感じていた。

なぜこのようなことが起こったのだろうか。協力者は，アドレナリンを注射されたことにより興奮状態になっている（生理的喚起）。だが，自分がなぜ興奮状態になっているのかわからず，その原因を**「自分も怒りを感じているから」と帰属**（認知的解釈）し怒りが生起したと考えられる。このように，情動経験に生理的喚起と認知的解釈の２要因が必要とする説を，情動の２要因説という。

なお，ビタミン剤と称して生理食塩水を注射した群（B群）では，生理的喚起がないため，情動経験は起こらなかった。また，アドレナリンを注射しても，その注射によって生理的に興奮状態になることを説明された群（C群）は，自分の興奮状態を注射によるものと適切に帰属したため，やはり情動経験は起こらなかった。

4択問題　次のA～Dのうち，最も適切な語はどれか。

シャクターとシンガーは，実験協力者を以下のような３群に分け，実験を行った。１つめはビタミン剤と称してアドレナリンを注射するが，注射によって顔のほてりや動悸などが起こることを説明された群（実験群１）。２つめは，同様にアドレナリンを注射するが，顔のほてりや動悸が起こることは説明されなかった群（実験群２）。３つめは，ビタミン剤と称して生理食塩水を注射された群（対照群）。注射後，どの群の実験協力者も，イライラして怒っているサクラと同室で待機させられた。しばらくして，質問紙による自己評定と実験者の観察によって，実験協力者の情動の状態を測定した。この時，サクラと同様の怒りを感じていたのはどの群か。

A 実験群１　B 実験群２　C 対照群　D どの群でもない

■情動の２要因説と帰属錯誤

情動の２要因説は，情動の生起に生理的喚起を前提とすることから，ジェームズ=ランゲ説（40 参照）を再評価するものとなった。そして，帰属理論（35 参照）と関連して，さまざまな理論に派生する。代表的な理論に，男性がつり橋を渡った後，すぐに出会った女性に対して好意を抱くという，つり橋効果がある。これもまた，危険なつり橋を渡ることによって生じた興奮（生理的喚起）を，女性の魅力による興奮と考えてしまう（認知的解釈）という点で，情動の２要因説で説明できる。ロミオとジュリエット効果も同様だ（35 の４択問題参照）。このような帰属の誤りは帰属錯誤とよばれており，情動に関するさまざまな行動を理解・説明するための重要な概念となっている。

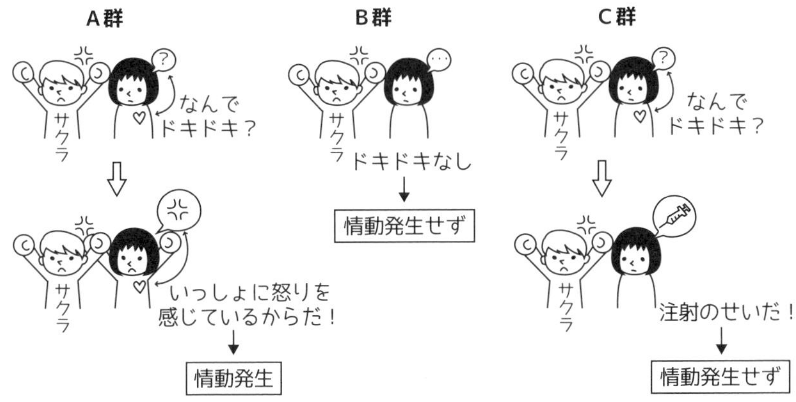

情動の２要因説について 200 字前後で述べなさい。

情動の２要因説とは，情動の生起には生理的喚起と，その生理的喚起に対する認知的解釈の２要因が必要となるという説である。シャクターとシンガーの実験によって示された。この情動の２要因説は，情動の生起に関して身体反応を重視するという意味で，ジェームズ=ランゲ説を再評価するものであり，またつり橋効果やロミオとジュリエット効果など，帰属錯誤から生じる情動理論の基礎を築いた。（182 字）

答え 情動の２要因説によれば，情動の生起には，まず生理的喚起が必要になるため，対照群が除外される。また，実験群１は説明を受けているため，自身の興奮状態を「注射によるもの」と適切に帰属できるが，実験群２は説明を受けておらず，適切に帰属できないため「怒りを感じたから」と帰属錯誤してしまう。そのため，実験群２に情動が生起する。【正解：B】

42 内発的・外発的動機づけ

intrinsic / extrinsic motivation

学習のポイント

- □ 内発的動機づけと外発的動機づけの区別を。
- □ 外的報酬に伴う内発的動機づけの変化を整理して理解しておこう。

About this word

金銭や周囲の評価に関係なく自ら進んで行った行為，たとえば「お年寄りに親切にする」「趣味のスポーツに打ち込む」などの行為は，「役に立ってうれしい」や「自分の目標を達成したい」という気持ちに動機づけられたと考えられる。このように，**賞や報酬に依存しない動機づけ**を，内発的動機づけという。

対して同じ「お年寄りに親切にする」「趣味のスポーツに打ち込む」場合でも，「周囲に親切な人と思われたいから」「賞金を得たいから」といった気持ちに動機づけられる可能性もある。このように，**行動そのものではなく，行動に伴う外的な賞や報酬に依存する動機づけ**を，外発的動機づけという。

■エンハンシング効果

「ほめられたいから，おこづかいが欲しいから勉強する（外発的）」子どもよりも，「面白いから，理解したいから勉強する（内発的）」子どもの方が，知的好奇心が高く，学習内容の理解も深い。そのため，教育の現場では子どもの内発的動機づけを高めることが１つの目標とされている。では，どうすれば内発的動機づけを高められるだろうか。

ある課題に対して内発的動機づけが低い子どもに，課題が達成できたらほめた

4択問題　**次の文のうち，最も適切な文はどれか。**

- A 他者に親切にする行為は，内発的動機づけに基づく行為である。
- B 達成動機が高い人は，親和動機が低くなる。
- C ほめることは，内発的動機づけを高める。
- D 外的報酬によって，内発的動機づけが高まることがある。

りご褒美を与えたりといった外的報酬を与える。すると，はじめは外的報酬のために課題に取り組んでいた（外発的動機づけ）が，やがて課題そのものの面白さを理解するようになり，内発的動機づけが高まった。この報告のように，**内発的動機づけが低い者に対して，外的報酬を与えることで内発的動機づけが高まること**は，エンハンシング効果とよばれている。内発的動機づけを高めるための方法として，外的報酬の有効性が示されたといえよう。

■**アンダーマイニング効果**

だが，**内発的動機づけが高い者に対しては，外的報酬を与えることで，内発的動機づけが低下する**ことも報告されており，アンダーマイニング効果（過正当化効果）とよばれている。勉強が好きだった子どもに対して，ご褒美を与えてしまうことで，いつのまにかご褒美目当ての勉強になってしまうことが例としてあげられる。もともと外的報酬のために活動していなかったのに，活動が外的報酬を得るための手段になりかわって外発的動機づけが高まり，内発的動機づけが低下したのだ。つまり，外的報酬は薬にも毒にもなる。場面に応じて柔軟に使い分けることが必要だろう。

最後に，内発的・外発的動機づけ以外の動機づけとして代表的なものに，**優れた目標を設定し，それを達成することを目指す**達成動機，**他者との関係を重視し調和を目指す**親和動機があげられる。合わせておさえておこう。

内発的・外発的動機づけについて 200 字前後で述べなさい。

内発的動機づけとは，賞や報酬に依存しない動機づけであり，外発的動機づけとは，行動に伴う賞や報酬に依存する動機づけである。たとえば，勉強そのものが面白くて理解したいから勉強する場合は，内発的動機づけに基づく勉強，テストでいい点数を取るともらえるご褒美やおこづかいのために勉強する場合は，外発的動機づけに基づく勉強である。外的報酬によって内発的動機づけが高まることもあれば，低くなることもあるので，注意が必要である。(205 字)

答え 読んだ文章にどこか違和感を覚える時は，例外の存在が考慮されていない場合がある。A～C は完全な誤りではないが，例外が考慮されていない。A の他者への親切は，周囲の人物にいい所を見せたいという外発的動機づけに基づく行為の可能性がある。B は欧米などの個人主義文化圏では多いが，アジアなどの集団主義文化圏を中心に達成動機・親和動機ともに高い人がおり，やはり絶対ではない。C の「ほめる」は外的報酬であるため，エンハンシング効果になればよいが，アンダーマイニング効果になる可能性がある。例外を考慮した文章は D だけなのだ。この文章なら，高くならない可能性も含んでいる（34 の 4 択も参照）。 【正解：D】

欲求階層説

hierarchy of needs theory

学習のポイント

- □ 5段階の欲求をすべて何も見ないでいえるように。
- □ ホメオスタシスに基づく生理的欲求の発生を説明できるように。

About this word

人間の欲求を階層構造として低次なものから高次なものまで5段階に分類したものが，マズロー（Maslow, A. H.）の欲求階層説である。5段階の分類は以下の通り。なお，この欲求階層説では，**下位の欲求が満たされていないと，上位の欲求は出現しない**。たとえば生理的欲求が満たされていないと，安全の欲求は出現しないため，安全を顧みず危険を冒してでも食べ物を手に入れようとする（ただし例外的に，下位の欲求が満たされていない状態で上位の欲求が出現する場合もあり，絶対的ではない）。

高
⑤自己実現の欲求…理想とする自分の姿に近づきたい欲求
④尊敬の欲求…他者から認められたいという欲求
③所属と愛情の欲求…集団に所属し仲間や友人を得たい欲求
②安全の欲求…危険を回避し，安心感を得たい欲求
①生理的欲求…人間の生命維持のための基本的な欲求
（食事・飲水・睡眠・排泄・性行動などが該当）

また，マズローは①から④の欲求を，満ち足りていないものを満たそうとする

4択問題 次の文のうち，最も適切な文はどれか。

- A 欲求階層説のうちの1つ，尊敬の欲求は，成長欲求である。
- B ホメオスタシスの働きにより，安全の欲求が生まれる。
- C 所属と愛情の欲求は，一次的欲求に分類される。
- D マズローが最も重視した欲求は，自己実現の欲求である。

欠乏欲求であることに対し，⑤の自己実現の欲求は，自己のあるべき姿を模索し成長を求める成長欲求とよび，区別した。このように**マズローは自己実現の欲求を最も重視し，人間が自己実現に向かって成長し続けていくという人間観**を打ち出した。この人間観は，ロジャースのクライエント中心療法にも生かされており，人間性心理学とよばれる一派となる（93 参照）。

■ホメオスタシスと一次的欲求

またマズローの分類ではないが，**生命維持のための本能的な欲求**は一次的欲求とよばれ，**発達の過程で獲得された欲求**は二次的欲求とよばれる。欲求階層説では①が一次的欲求に，②〜⑤が二次的欲求に相当する。一次的欲求の発生には，脳の視床下部がもつホメオスタシスという働きが関係している。ホメオスタシスとは，**体内環境を一定に保とうとする働き**のことで，たとえば体温が高い場合は，体温を通常に戻そうと自律神経系が働き発汗が起こり，さらに「冷たい食べ物を食べたい」という欲求と，冷たい食べ物を求める行動が生まれる。ホメオスタシスの働きは，特定の栄養素を不足させた状態のネズミが，不足している栄養素を多く含む食物を選んで多く食べるというカフェテリア実験にも現れている。人間も同様で，不足している栄養分を含んだ食べ物をおいしく感じ，その栄養分を摂取するよう仕向けられる。疲れている時は糖分をおいしく感じ，喉が渇いている時に水分が気持ちいいのはそのためである。

欲求階層説について 200 字前後で述べなさい。

欲求階層説とは，人間の欲求を 5 段階に分類したマズローの説である。第 1 段階が生理的欲求，第 2 段階が安全の欲求，第 3 段階が所属と愛情の欲求であり，第 4 段階が尊敬の欲求，第 5 段階が自己実現の欲求である。基本的に下位の欲求が満たされていない限り，上位の欲求は生まれないという考え方に基づく。マズローは第 5 段階を最も重視し，人間が自己実現に向かって成長し続けていくという人間観を強く打ち出した。（192 字）

答え A についてマズローが成長欲求とよんだのは，自己実現の欲求だけである。他はすべて欠乏欲求。B について，ホメオスタシスの働きで生まれる欲求は，生理的欲求（一次的欲求）だけである。ホメオスタシス→体内環境を一定に保つ→生命維持，と考え，ホメオスタシスから生じる欲求は，動物的で本能的な生命維持のための欲求ととらえよう。C について，一次的欲求は生理的欲求だけ。なお，二次的欲求については，一次的欲求以外の欲求とおさえておけば十分。

【正解：D】

44 性格類型論

personality typology

学習のポイント

□ 性格特性論と比較して，利点・欠点を整理しておこう。
□ 性格類型論で性格がとらえられない場合を，説明できるようにしておこう。

About this word

性格類型論は，大ざっぱにいってしまえば，**タイプ別に性格を分類する方法**だ。「A型の人は几帳面」「B型の人は自分勝手」といったような，血液型別性格診断を想像するとイメージしやすいだろう。

しかし，**性格類型論の論述における説明や例として「血液型別性格診断」をもち出してはいけない**。血液型別性格診断は科学的に実証されておらず，極度に敵視する心理学者は多い。

では，なぜこの世の中にこれだけ血液型性格診断が支持されているのだろうか。その理由の１つに，圧倒的なわかりやすさがある。「A型の人は（みんな）几帳面」「B型の人は（みんな）自分勝手」，こういった分類は直感的にとても把握しやすい。このように**類型論は，直感的に個人の全体像を理解しやすい**という特徴をもっている（対する性格特性論には全体像を理解しにくいという特徴があるので，対比させておくとよい）。

欠点としては，A型の人を「みんな几帳面」とみなすように，**個人差をとらえられない**点がある。また，**複数の類型の特徴をもっていたり，どの類型にも分類**

4択問題 次の文のうち，最も適切な文はどれか。

A クレッチマーによれば，闘士型の体格は循環気質とよばれており，社交的で温かみのある性格としている。

B ユングの機能類型において，五感が優れており，繊細に刺激を分析することが得意な人は，感覚型に分類される。

C 類型論は，個人差をとらえやすいことが特徴としてあげられる。

D クレッチマーは自身の臨床体験から，体格と精神疾患の関連性を見い出し，細長型の者は躁うつ病になりやすいとした。

されない中間タイプが生じたりする可能性がある。たとえば，類型論の代表的な理論に，体格をもとに性格を分類する精神科医クレッチマー（Kretschmer, E.）の気質類型がある（下表。闘士型は筋肉質，マッチョと考えればよい）。だがこの場合，「普通体型の人」は分類できない。また，近年登場してきた「細マッチョ」とよばれる人は，細長型と闘士型の両方に分類されてしまう。これが中間タイプや，複数の特徴をもつ場合の例であり，類型論でとらえることが難しくなる。

類型論として**最も院試における出題頻度が高いものは，先ほどの体格を基に分類するクレッチマーの気質類型**だ。まずはこれを優先的におさえておきたい。次におさえたいのは，精神分析・フロイトの弟子であるユング（Jung, C. G.）の機能類型だ。心的エネルギーが向かう方向である内向・外向と心の機能「思考・感覚・感情・直観」を組み合わせた2×4の8類型に分けている。この2つの類型論を優先的に理解した上で，余裕があれば他の類型論（シェルドンの類型論，シュプランガーの価値類型など）の理解に移ろう。

第4章

クレッチマーの気質類型

体型	気質	性格特徴	関連する精神疾患
肥満型	循環気質	大らか，社交的	躁うつ病
細長型	分裂気質	繊細，非社交的	統合失調症
闘士型	粘着気質	几帳面，頑固	てんかん

性格類型論について200字前後で述べなさい。

性格類型論とは，性格を比較的少数の典型に分類することで，その特徴をとらえようとする方法論のことである。類型論は，直感的に個人の全体像を把握しやすいという利点をもつが，細かい個人差や複数の特徴をもつ性格，類型にまたがる中間タイプの性格をとらえられず，性格を固定的にとらえてしまいやすいという欠点をもつ。類型論の代表的な理論として，体型をもとに分類を行ったクレッチマーの気質類型や，心の機能をもとに分類を行ったユングの機能類型があげられる。（218字）

答え　Dの文章中の前半は正しいが，後半が誤り。上記の表で理解を整理し，AやDの文章を正しく修正できるようにしておこう。また，Cは誤り。類型論では同じタイプに分類されれば，みなまったく同じ人物として扱われ，同一タイプ内の個人差を検討できない。Bは正しい。なお，思考型は合理的な判断が得意なタイプ，感情型は共感的な理解が得意なタイプ，直観型はひらめきや創造的思考が得意なタイプである。

【正解：B】

45 性格特性論

personality trait theory

学習のポイント

- □ 性格類型論と比較して，特徴を整理しておこう。
- □ ビッグ・ファイブは，5因子の内容も述べられるようにしておく。

About this word

代表的な質問紙性格検査であるYG性格検査は，右表の12の特性について数量化し，その数値の大小から，個人の性格傾向を把握する。このように，**人間の性格を複数の性格特性の集合体とみなし，各性格特性を数量化して比較する方法**を性格特性論という。質問紙性格検査の多くはこの性格特性論に基づいている。

では特性論として，何個の性格特性を測定すればよいのだろうか。特性という言葉を初めて用いたオールポート（Allport, G. W.）は，辞書から人の性格に関する語を約18000語取り出し，それらを分析したといわれている。その後キャッテル（Cattell, R. B.）が，因子分析という統計手法を用い，共通する特徴をもつ性格語をまとめることに

YG検査プロフィール例

	A	B
抑うつ性	13	8
回帰的傾向	8	10
劣等感	16	8
神経質	12	10
客観性	15	12
協調性	6	14
攻撃性	14	10
活動性	12	14
のんきさ	8	14
思考的外向	12	12
支配性	13	13
社会的外向	10	11

4択問題 **次の文のうち，最も不適切な文はどれか。**

- **A** 性格特性論は，キャッテルの因子分析によって大きく発展をとげた。
- **B** 性格特性論は，個人の性格がどの典型に分類されるか判断することで，その特徴をとらえようとする手法のことである。
- **C** 現在，性格特性論においては「外向性」「協調性」「勤勉性」「開放性」「神経症傾向」の5因子で説明するモデルが有力とされている。
- **D** 性格特性論は，各性格特性を数量化するため，個人差をとらえることが可能で，統計的にも処理しやすい。

成功し，人間の性格は**16の特性**で説明できると述べた。他にも，アイゼンク（Eysenck, H. J.）が因子分析を用い，人間の性格を**2つの特性**で説明できると述べている。

現在多くの研究で実証され，支持されているのは，人間の性格を**5つの特性**で表すビッグ・ファイブとよばれる説である。ビッグ・ファイブは「外向性」「調和性」「誠実性」「経験への開放性」「神経症傾向」の5因子からなり（右表参照），それらを測定する性格検査NEO-PI-Rも作成されている。ビッグ・ファイブは**院試における出題率も高い**ため，5因子の内容もあわせて理解しておこう。

ビッグ・ファイブ5因子

	低		高
外向性	内向	⇔	外向
調和性	孤立	⇔	協調
誠実性	怠惰	⇔	勤勉
開放性	堅実	⇔	好奇
神経症	鈍感	⇔	敏感

■**ビッグ・ファイブの“第6因子”**

2000年前後から，ビッグ・ファイブモデルではとらえきれていない，第6の因子が存在するのではないか，という話題がパーソナリティ心理学の世界で扱われるようになった。その第6の因子とは，“正直さ−謙虚さ”である。

さらにこの第6の因子は，以下の3つの社会的に望ましくないパーソナリティ傾向（ダーク・トライアド）と関連している点でも注目されている。

・マキャベリアリズム…自身の利益のために手段を選ばない傾向
・サイコパシー…冷淡な感情と反社会性，他の人々の痛みを感じにくい傾向
・ナルシシズム…自身に対する誇大感をもち，それを他者にも強要する傾向

なお，5因子モデルは各因子の頭文字を取ってOCEANモデルと，そして「正直さ−謙虚さ」を加えた6因子モデルはHEXACOモデルとも呼ばれている。

性格特性論について200字前後で述べなさい。

性格特性論とは，性格を複数の性格特性の集合体ととらえ，それらを測定することで個人の性格を把握する手法である。個人の全体像がとらえにくいという欠点をもつが，数量化するため量的差異で個人差をとらえることが可能で，現在では性格特性論が性格研究の主流となっている。いくつの性格特性を測定すべきかは研究者によって主張が異なるが，現在，5つの因子で性格をとらえるビッグ・ファイブが注目を集めている。（194字）

答え Bは性格類型論に関する内容であるため，誤り。A・C・Dはすべて正しい。とくにCは注意したい。ビッグ・ファイブの5因子は，内容こそほぼ同じでも，研究者や翻訳者によって命名が異なる場合がある。「調和性」は「協調性」と表現されることもあるし，「誠実性」は「勤勉性」と表現されることもある。意味で理解することを心がけよう。　【正解：B】

COLUMN

先輩からのメッセージ②

受験失敗から立ち直った３つのポイント

４月より大学院生になるＦさんの体験談を紹介します。

率直に申しますと，僕は１年目の大学院受験に失敗しました。そこから立て直し，２年目に第１志望校の合格を頂けました。１年目と２年目の何が違ったのか…３つの観点で比較しながら述べたいと思います。

①**研究と勉強の両立**…１年目は，研究を３～５日取り組んだら，勉強を３～５日と取り組むといった具合でした。一見両立できているように思われるかもしれません。しかし，逆に考えると「勉強を３～５日サボった後，研究を３～５日サボった」ことになります。それだけ空けたら以前したことを忘れます。そこで２年目は，１日のうち必ず勉強する時間と研究する時間を作りました。結果，忘却量が格段に少なくなり，効率がとても上がりました。

②**英語と心理学の比重**…１年目は，秋と冬に心理学に力を入れたため英語の勉強があまりできず，春と夏に英語を勉強しても間に合いませんでした。さらに，春と夏は英語に集中したため，心理学の知識を忘れることも多かったのです。そこで２年目は，秋と冬は思い切って英語に集中しました。その際は英語論文を読み，研究と勉強を同時に行う工夫もしました。そして，春と夏は英語論文の読み込みを少しずつ続け，心理学の勉強時間を増やし，徹底的に覚え込みました。心理学のまとめノートに関して，手書きではなく，すべてパソコンで打ち込み，PDF にしたものをスマホで眺められるような工夫もしました。その結果，上手くいきました。

③**遊ぶことに対する姿勢**…１年目は遊ぶことを禁じ，勉強と研究だけに集中していました。その結果，遊びたい欲求が高まってイライラしたり，頭を使ってばかりで疲れが蓄積してしまい，５月頃に燃え尽きてしまいました。そこで２年目は，遊ぶことを解禁しました。もちろん毎日遊ぶことはできません。疲れた時に好きなアイドルの画像を眺めたり，週１回動画サイトで放送されるアイドルの動画を視聴したり，時々カラオケでアイドルの曲を歌うなど，遊び心を忘れないよう意識しました。そうすると力が抜け，常にリラックスして勉強や研究ができるようになりました。

以上のような変化が，２年目の成功につながったと思います。皆さんは１年目で成功しますように。

第5章 神経・生理

Neurology, Physiology

……▶ 傾向と対策

神経・生理分野に対する2つの視点を提供しよう。まず1つめ。院試という視点で考えると，**この分野が出題される大学院はかなり限定される**。よって**この分野が理解できないから院試に合格できない，ということはまずない**。そこは安心しても大丈夫だ。

そして2つめ。「こころ」の専門家という視点で考えると，**この分野の最低限の知識はもっておく必要**がある。うつ病や統合失調症に対する薬物療法を理解するためには，脳の神経伝達物質を理解する必要があるし，不安やストレスを理解するためには，自律神経系に関する知識が必要だ。**我々の「こころ」が脳神経の働きによって形作られていることは疑いようもない事実であるにもかかわらず，脳神経の働きに関する基礎的な知識をもち合わせていないようでは，現代の「こころ」の専門家とはいえない。**

とはいえ，どこまで勉強すればよいのか。神経・生理系は非常に内容が深く，こだわりだすとキリがない。一般の心理学の概論書の多くは，「こころ」の生物学的基盤である脳や神経の働きを詳しく紹介するところからはじまるが，脳の図や大量の専門用語が出てくるうちに挫折したり，読み飛ばしたりしてしまった人は多いだろう。そこで，まずは**本書の5項目について，集中的に理解してみよう。**それだけでも，**「こころ」の専門家としての，かなり強固な下地になってくれる**に違いない。

NO	難易度	用語
46	★★★	シナプス
47	★★★	海馬と扁桃体
48	★★★	失語症
49	★★★	闘争か逃走反応
50	★★☆	ストレス

難易度は，用語内容の理解しやすさや論述における書きやすさの目安を表します。

46 シナプス

synapse

学習のポイント

- □ **神経細胞に関連するさまざまな用語を，絵やイメージとともにおさえよう。**
- □ **神経伝達物質の異常と精神疾患の関連をおさえよう。**

About this word

脳の神経細胞（ニューロン）から神経細胞へ，次々と情報が伝達されることによって，その流れが脳波となり，私たちの精神活動が生み出されている。この時，神経細胞から次の神経細胞に，どのような形で情報伝達が行われているのだろうか。その仕組みと，関連する用語について概観しよう。

まずは右ページの図１を見てほしい。神経細胞から１本伸びた太い枝のような部分があり，軸索という。ここから**情報が電気信号（インパルス）となって出力されていく**。軸索の末端は，次の神経細胞に接続している。この接続部分のことをシナプスとよぶ。このシナプス部分を拡大したものが図２だ。**軸索末端と次の神経細胞は完全に結合しておらず，わずかな隙間が空いている**。そのため，軸索を通ってきた電気信号は，この隙間を飛び越えることはできない。そこで電気信号がシナプスまで来ると，神経伝達物質という化学物質が隙間に放出される。この**神経伝達物質が次の神経細胞の受容体（レセプター）に結合することによって，情報が伝達**される。このように，神経細胞間の情報伝達に重要な役割をはたしているのが，神経伝達物質である。

4択問題 **次の文のうち，最も不適切な文はどれか。**

A 軸索の末端が別の神経細胞へ接続することでシナプスを形成し，電気信号によって神経細胞から神経細胞へと情報が伝達される。

B 樹状突起は，細胞体の表面積を増やすことで，シナプスを形成しやすくして，情報を受け取りやすくする働きをしている。

C 神経伝達物質の１つであるセロトニンは，うつ病との関連が指摘されており，このセロトニンに働きかける抗うつ薬が開発されている。

D 麻薬や覚醒剤は，神経伝達物質に働きかける向精神物質である。

■神経伝達物質

この神経伝達物質の異常が，心理的な異常をもたらすと推定されている。たとえば，神経伝達物質の１つであるセロトニンやノルアドレナリンは，気分との関連が指摘されている。うつ病の患者は健康な人と比べて**脳内のセロトニン量が少ない**ため，**SSRI** という抗うつ薬でセロトニンを適切に運用できるよう働きかける。また，神経伝達物質の１つであるドーパミンは，情緒，意欲，幻覚，妄想との関連が指摘されている。適度に働いていると，気分よく，活発に生活ができるが，**働きが強すぎると情緒が不安定になり，幻覚妄想状態が起こる。**この**ドーパミンの過剰放出が統合失調症の原因であるという説**もある。このように，シナプスと神経伝達物質の役割を知ることは，私たちの精神活動を理解する上で非常に重要といえよう。

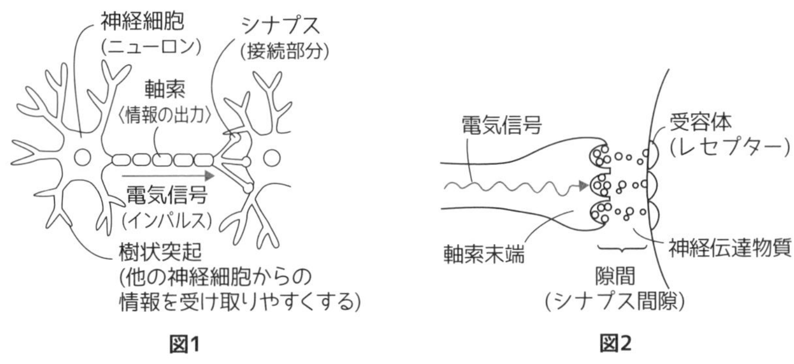

図1　図2

シナプスについて 200 字前後で述べなさい。

シナプスとは，神経細胞と神経細胞の接続部分のことで，完全に結合しているわけではなく，わずかな隙間が空いている。この隙間を電気信号が通ることはできないため，電気信号がシナプスに到達すると，神経伝達物質が放出される。この神経伝達物質を次の神経細胞が受け取ることで情報が伝達される。神経伝達物質はさまざまな精神活動に関連しており，適切に機能しないと，さまざまな精神的異常が生じる。(183 字)

答え　A についてシナプスでは，軸索末端と次の神経細胞の間にわずかな隙間が空いているため，電気信号による伝達ができない。そこで，軸索末端から神経伝達物質が放出され，それを次の神経細胞が受け取ることによって，情報伝達が成されている。B・C・D は正しい内容。D に関して，覚醒剤はとくにドーパミンに影響するといわれている。神経伝達物質は数多くあるため，まずは，セロトニン，ノルアドレナリン，ドーパミンの３つを優先的におさえよう。　【正解：A】

海馬と扁桃体

hippocampus / amygdala

学習のポイント

- □ 特定の脳部位の損傷が，どのような影響を与えるかおさえよう。
- □ 深く勉強しはじめるとキリがない。まずは本書の内容を最優先で理解。

About this word

脳科学・神経心理学の発展により，脳の領域ごとの機能が明らかになってきている。本項では，さまざまな脳領域ごとの機能を整理して紹介しよう。

脳は大脳皮質とよばれる2ミリ～4ミリの層で覆われており，その奥深くに**人間の本能行動や情動行動を推進する**大脳辺縁系がある。この大脳辺縁系の中でもとくに重要な構成要素が，これから紹介する海馬と扁桃体だ。

■海馬

海馬は**記憶痕跡の生成**（＝記銘。20参照）**にかかわる部位**である。手術の過程で海馬を除去することになったある患者は，食べた食事のメニューなど新しく経験した出来事を記憶できなくなってしまった（順向性健忘）。ただし自分の名前や生活歴など，過去の出来事の記憶痕跡は保持できていた。つまり，海馬は記銘を行い，保持は別の部位で行われていることになる。なお，海馬で作られた記憶痕跡は大脳皮質に保持されるという説が有力だが，まだ不明な点が多い。

4択問題 次の文のうち，最も不適切な文はどれか。

- **A** 扁桃体を損傷すると，過去の記憶を利用して危機を避けたり，快を得たりすることが困難となる。
- **B** 海馬を損傷すると，過去の記憶を保持し続けることが困難になり，逆向性健忘が生じる。
- **C** 小脳を損傷すると，直立したり小さい物を指でつまんだりといった微細な運動に困難が生じる。
- **D** 前頭葉を損傷すると，理性的な判断ができなくなり，本能的な行動や衝動的な行動が増加し，社会的な適応が困難になる。

■扁桃体

扁桃体は**情動の生成にかかわる部位**である。ヘビを怖がるサルに対して扁桃体の除去を行うと，そのサルはヘビを怖がらず，ヘビを手にとって食べようとする（結果，ヘビに噛まれる）。これは扁桃体の除去により恐怖を感じなくなったためと考えられる。扁桃体は，大脳皮質に保持された過去の記憶痕跡（かつてヘビに噛まれた）にアクセスして，過去の経験した危険と類似した環境にいる場合（またヘビに噛まれるかもしれない），恐怖などの情動を発生させることで，警告すると考えられている。

■脳領域ごとの主な機能

脳の他領域について，主な機能を以下の表に整理する（ただし，主な機能であって，各領域が下記の機能「だけ」を担当しているわけではない）。

領域		主な機能
脳幹		生命維持機能。脳幹の機能停止は脳死を意味する。脳幹の部位の１つ，視床下部は自律神経系の中枢で，ホメオスタシスにかかわる（43参照）。
小脳		姿勢の制御，運動の調整など無自覚的な身体運動。
大脳	前頭葉	意思決定。長期記憶の保持。脳の各部位の情報を統合し，指示を出す。
	頭頂葉	感覚情報の統合。前頭葉の運動野と対応して随意運動を制御。
	側頭葉	左半球に言語中枢のウェルニッケ言語野あり。全般的な聴覚機能。
	後頭葉	視覚野あり。全般的な視覚機能。

海馬と扁桃体について200字前後で述べなさい。

海馬と扁桃体は，人間の本能的な行動を推進する大脳辺縁系の一部である。海馬は記憶の記銘を担っており，海馬が損傷すると新たな記憶が生成できなくなる順向性健忘が生じる。扁桃体は情動の生成を担っており，扁桃体が損傷すると恐怖などの情動が生じなくなる。過去のさまざまな経験は海馬によって記憶痕跡となり，その記憶痕跡を扁桃体が参照することで，未来に起こる同種の危険を避けるサインとしての情動を発生させる。（194字）

答え　Bの海馬は記憶の記銘に関する部位であり，保持ではないため誤り。なお，過去を忘れることを逆向性健忘，新たな記憶を生成できず，起こった出来事をすぐ忘れてしまうことを順向性健忘という。逆向性健忘は現在から過去に向けて逆向的に忘却が進行し，順向性健忘は現在から未来に向けて順向的に忘却が進行すると考えるととらえやすい。海馬の損傷によって記銘ができなくなると「これからのこと」が覚えられないため，生じるのは順向性健忘。Dについて，フィニアス・ケージという人物の症例が有名。ケージはもともと理性的であったが，前頭葉の損傷によって暴言や非理性的な行動が多くなり，社会適応できなくなってしまった。　【正解：B】

第5章

48 失語症

aphasia

学習のポイント

- □ 失語症と類似した症状を区別できるようにしておこう。
- □ 認知症やアルツハイマー病についても，基礎知識をおさえよう。

About this word

失語症とは，**脳血管の障害や事故などにより，大脳の言語野が損傷され，言語活動が困難になる状態**を指す。同様に言語活動が困難になる状態に機能性神経学的症状症（変換症，83参照）による失声があるが，転換性障害は脳の障害が認められず，心理的な原因で生じている（心因）点で異なる。また失語症は，遺伝性（内因）などの生まれつきの障害や神経発達症（発達障害）でもない。**元々は困難なく言語を用いていたが，明らかな脳のダメージによって**（外因），**言語活動が困難になる場合**を指す。注意して区別したい（心因・内因・外因は78参照）。

失語症は，前頭葉のブローカ野の損傷によって生じる運動性失語と，側頭葉のウェルニッケ野の損傷によって生じる感覚性失語に大きく2分される。そして運動性失語は，**言語を理解しているが，発音や流暢さに困難を示す状態**で，感覚性失語は逆に，**発音や流暢さはよいが，言語理解に困難を示す状態**である。たとえば子どもの運動性失語の場合「えっと…月曜日…ママと…スーパー…えっと…買い物して…」といった様子だが，感覚性失語の場合，ミカンが食べたい時でも，

4択問題

次の文のうち，最も不適切な文はどれか。

A 失語症患者は，家では自然に話すことができるのだが，人前に出るなど特定の環境になると，自然に話すことができなくなる。

B ブローカ野の損傷に伴う運動性失語では，失声など，意図した通りに発声することに困難を示すようになる。

C アルツハイマー病患者の脳内は，老人斑というタンパク質の凝集体が大量に発生している。

D 認知症には，脳出血や脳梗塞によって生じる脳血管障害も含まれ，この場合は，記憶力よりも判断力に困難が生じる場合が多い。

「ママ，ミンカが食べたい」と言葉を言い間違えてしまったり，「ママ，バナナが食べたい」と別の食べ物と言い間違えたりする。

■高次脳機能障害

高次脳機能障害とは，外傷性脳損傷や脳血管障害など器質的な脳の病変により生じる認知機能の障害であり，本項の失語症は高次脳機能障害の１つである。失語症以外の代表的な高次脳機能障害として，記憶障害，遂行機能障害（実行機能障害），注意障害，社会的行動障害などが挙げられる。

・記憶障害…過去の記憶の障害である逆向性健忘と，新しい情報の記銘に困難を・示す前向性健忘（順向性健忘）に大別される。なお健忘とは，宣言的記憶が著しく障害されている状態のことである。また，アルコール依存症者に多い**コルサコフ症候群**は，記銘の困難さを特徴とする。

・遂行機能障害…計画を立て，それを実行することに困難さを示す障害。目標設定，プランニング，計画実行，効果的な行動選択といった要素から構成される。

・注意障害…外的・内的な事象へ注意を向けることへの困難を示す障害。代表的なものに半側空間無視が挙げられる。脳の右半球は空間認識に関係しているため，その損傷によって，網膜には映像が映っていても，左半分だけ注意を向けることができなくなる。

・社会的行動障害…欲求や感情の抑制，コミュニケーション能力や意欲が低下し，依存や退行，抑うつ，こだわり行動などが見られるようになる。

高次脳機能障害は認知症（113参照）と症状が類似しているが，違いは可逆性の有無である。認知症は進行性であるため，原則として失われた機能が回復することは困難だが，高次脳機能障害は認知リハビリテーションや生活訓練によって機能を回復させることができる場合が多い。

失語症について200字前後で述べなさい。

失語症とは，脳血管の障害や交通事故などにより，脳の言語中枢が損傷し，言語活動が困難になる症状を指す。言語中枢の損傷が原因であるため，神経発達症（発達障害）による言語の困難さや，心的外傷が原因となって起こる機能性神経学的症状症（変換症）の失声とは区別される。失語症は，ブローカ野の損傷に伴って語の流暢さが欠けてしまう運動性失語と，ウェルニッケ野の損傷に伴って語の理解が欠けてしまう感覚性失語に大きく二分される。(204字)

答え　Aは場面緘黙（かんもく）とよばれるもので，失語症とは異なる。失語症は言語中枢そのものが障害を受けているため，場面ごとの発声の違いは見られない。B～Dは本文中で詳しく説明できなかった内容ではあるが，すべて正しい内容。　【正解：A】

第5章

49 闘争か逃走反応

fight or flight response

学習のポイント

- □ 交感神経系と副交感神経系の目的と役割を，整理して理解しよう。
- □ 不安症・ストレスと関連づけておこう。

About this word

身体の内臓や内分泌系の働きを調整する神経は自律神経系とよばれている。自律神経系はホメオスタシスに関連しており，体内をモニタリングして体内環境を一定の状態に保とうとする（43 参照）。

自律神経系は交感神経系と副交感神経系の2系統の機能からなる。働きをまとめると下表のようになる。

交感神経系は主に危機的な状態で働く。危機的な状態では，闘うにしろ，逃走するにしろ，身体を活性化する必要がある。呼吸を多くし，多くの酸素を取り入れ，血液循環をよくして，その酸素を全身に行き渡らせ，活動に耐えうる身体状態をつくる。これを，闘争か逃走反応という。**心身は緊張しており，過敏に・活発に反応できる反面，消化器の機能が低**

	交感神経系	副交感神経系
目的	身体の活性化 （闘争か逃走反応）	休息と体力回復 （リラックス）
循環器の機能	向上	低下
消化器の機能	低下	向上
具体的な 身体反応	心拍・血圧の上昇 発汗，呼吸数増加 食欲減退，腹痛	心拍・血圧の低下 呼吸数の減少， 食欲亢進，空腹

4択問題 次の文のうち，最も適切な文はどれか。

A 交感神経系の働きにより，発汗，瞳孔の散大，血管の拡張，消化器官の抑制などが起こる。

B 闘争か逃走反応が起こるのは，交感神経系の働きによるものである。

C 副交感神経系は，体力を回復し全身に酸素を送るために，循環器の働きを活発化する。

D 自律神経系は交感神経系と副交感神経系からなり，自身の意思によるコントロールが可能な神経系である。

下しており，腹痛や食欲不振が起こりやすい。大事な場面で緊張して鼓動が止まらなかったり，トイレに行きたくなったりするのは，そのためだ。

対して副交感神経系は，主に休息の場面で働く。消化器の働きをよくしてエネルギーを吸収しやすくし，呼吸数・血液循環をおさえることで，休息に適した身体状態をつくる。休んでいるとお腹が減ってきたり，ご飯を食べると眠くなったりするのは，副交感神経系が働いているためである。

■自律神経系とさまざまな心理的異常の関連

交感神経系と副交感神経系がバランスよく働いている状態が理想的なのだが，そのバランスが崩れると，さまざまな心理的異常が起こる。たとえば，不安症は**危機的でない状態であっても闘争か逃走反応が起こり，呼吸の乱れや心拍数の増加，心身の緊張・不安が生じる**（81 参照）。他には，「働きすぎ」や「悩みすぎ」によって心身の活性化が継続し，交感神経系が一方的に働きすぎる状態が続くストレス状態があげられる。このストレス状態は，心身症（胃潰瘍など，心理的要因で生じる身体症状）の元となる（50 参照）。

このように，現代人の生活は交感神経系に偏ることが多い。そこで**自律神経系の適切なコントロールを目指す方法**が自律訓練法である。シュルツによって開発されたこの方法は，「気持ちが落ち着いている」「両腕両足が重たい」「両腕両足が温かい」などの四肢を弛緩させる言語公式を唱えながら，その内容に集中することで，緊張状態を鎮静状態に移行させる。ただし自律訓練法は，自我の弱い重度のうつ病や統合失調症患者には禁忌とされているので注意したい。

闘争か逃走反応について200字前後で述べなさい。

闘争か逃走反応とは，危機が迫った際に，闘うことも逃げることも可能とするため，交感神経系が働いて心身を活動的な状態に変化させることである。具体的には，呼吸数・心拍数の増加などの身体反応が起こり，全身に酸素が行き渡る。危機が去れば副交感神経系が働き，心身をリラックスする状態に移行できるが，危機が去らず，長時間この状態が持続するとストレス状態となり，緊張の持続から心身症などの症状が現れることがある。（198字）

答え　Aは血管の拡張が誤りで，正しくは血管の収縮。血管が拡張すると血液の流れは弱まり，血管が収縮すると血液の流れは強まる。つまり，交感神経系が働くと，血管は収縮する。Cは循環器の働きではなく，消化器の働きが強まる。Dは注意したい。自律神経系の「自律」は，意思とは独立して，内臓や血管が自動的に動く，という意味での自律である。　【正解：B】

50 ストレス

stress

学習のポイント

- □ ストレス≠不快感の蓄積　ストレス＝緊張状態
- □ 汎適応症候群の一連の変化を理解しよう。

About this word

ストレスとは，**心的負担となる出来事や状況により，その人の内部に生じる緊張状態**である。短時間で心的負担となる出来事が解決し，緊張状態が解除されれば問題ない。だが，心的負担となる出来事が長期間解決せず緊張状態が持続すると，不眠，胃潰瘍などさまざまな心身症を引き起こし，場合によっては，非常に危険な状態に陥ってしまう。「ストレスがたまる」と表現されるように，一般的には「不快感の蓄積」といったニュアンスで用いられるが，ストレスは緊張状態とその持続であるため，「ずっとピリピリしている」というニュアンスが近い。

ストレスという概念を提唱した生理学者セリエ（Selye, H.）は，ストレスによってもたらされる身体反応を，汎適応症候群とよんだ。汎適応症候群は，**心的負担に対し抵抗力を増す**警告反応期，**高い抵抗力で緊張を持続する**抵抗期，**緊張の持続に耐えられなくなり，抵抗力が急激に落ちる**疲労期の３段階からなる（図参照）。

4択問題　次のA～Dのうち，最も適切な記号はどれか。

中学３年生のＡ子は，学校の成績がよく，学校の先生の評判もよい優等生だった。また，家庭でも両親の話を素直に聞き，反抗期はなかった。だが７月のある日，学校の成績がよくないことを母親に指摘されると，今までは素直に謝っていたＡ子が，急に大声で叫びだして母親に反論した。その後は部屋に閉じこもり，出てこなくなってしまった。この事例を汎適応症候群で考えると７月以前は（　①　）であったが（　②　）となり，自分を制御できなくなってしまったと考えられる。部屋に閉じこもるのはＡ子なりの（　③　）であるが，より適応的なコーピングを獲得する必要がある。

- **A**　①　警告反応期　②　抵抗期　③　問題焦点型コーピング
- **B**　①　警告反応期　②　抵抗期　③　情動焦点型コーピング
- **C**　①　抵抗期　②　疲労期　③　問題焦点型コーピング
- **D**　①　抵抗期　②　疲労期　③　情動焦点型コーピング

最も危険なのは疲労期で，張り詰めた緊張の糸が切れてしまった状態だ。自己制御ができなくなって「キレる」行動を起こしたり，急激に無気力になったり重い病気になったりする。疲労期になる前の適切な介入が求められる。

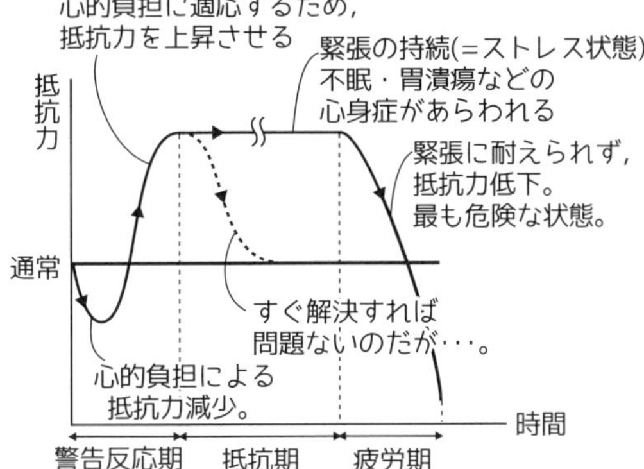

■**認知的評価モデルとストレス・コーピング**

ところで，同じ刺激であっても，それをストレスと感じる人もいれば，そう感じない人もいるのはなぜだろうか。ラザルス（Lazarus, R. S.）は，認知的評価モデルを発表し，ストレッサー（ストレスの原因となる刺激）の個人差について述べた。認知的評価モデルによれば，ストレッサーが個人にとって**脅威**であり，かつ**対処できない**場合，ストレスが生じる。これは，脅威であっても**うまく対処できれば，ストレスが生じない**ことを意味する。そのため，ストレスの対処法（＝ストレス・コーピング）に関する研究が発展した。なおコーピングには主に，**問題を直接解決する**問題焦点型コーピングと，**気晴らしや苦痛の軽減を目的とした**情動焦点型コーピングの２種類がある（コーピングの研究者や尺度によっては，２つ以上の種類を想定している場合もある）。

ストレスについて200字前後で述べなさい。

ストレスとは，セリエによって提唱された概念で，心的負担となる出来事や状況に対応するために生じる，心身の緊張状態のことである。適度なストレスは心的負担への適切な対応を促進するが，緊張状態が持続し続けると，胃潰瘍や不眠などの心身症が起こる。また，緊張に耐えられなくなると，自身を制御できなくなり危険な状態に陥る。そこで現在は，ストレスの対処法であるストレス・コーピングに注目が集まっている。(193字)

答え

「良い子」の中にはこの事例のように「がまんし続けてしまう子」「期待に応え続けてしまう子」がおり，緊張状態を維持し続ける抵抗期に相当する。また部屋に閉じこもるのは問題の直接解決にはなっておらず，情動焦点型と考えられる。ただし適応的ではないため，「友人と気晴らしをする」などの情動焦点型コーピングに移行できることが望ましい。　【正解：D】

〈参考資料〉

心理系大学院生の生活

①講義・ゼミ・実習・レポート提出　実習について公認心理師カリキュラムの場合，450時間以上というかなり長期間の実習になります。また90時間以上は，学外施設の要心理支援者に対して支援を実践し，指導を受けることが求められます。

②心理臨床相談室でのケース　学外の実習だけでなく，多くの心理系大学院は学内に大学院生の実習施設としての心理臨床相談室が併設されています（大学院生が担当する代わりに，値段が相場よりも安く設定されています）。早い大学院だと修士１年の夏休みあたりから，遅くとも修士２年になる頃には，大学院生がクライエントを担当し，心理面接の実習が行われることになります。

③修士論文　大学院入試で用いた研究計画書を再構築したり，新たな計画を立て直したりしながら，作成を進めていきます。多くは，修士２年の１月に提出，２月に口頭諮問という流れですが，公認心理師試験が２月にあるため，提出を前倒しにする大学院も出てきています。

④就職活動　職種により時期にかなりの差があります。公務員試験ならば４月から始まります。夏や秋に募集が始まるだけでなく，12月以降に始まるケースも，決して珍しいものではありません。

ここに公認心理師試験や臨床心理士試験に向けた**試験勉強**の時間も含まれる…と考えると，大学院生の生活はかなりの密度になると考えてよいでしょう。

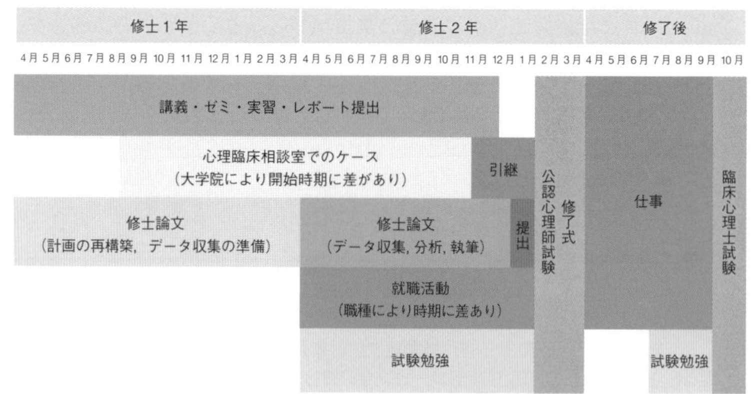

第6章 統計・測定・評価

Statistics, Measurement, Evaluation

……▶ 傾向と対策

なんといっても，心理系大学院入試の鍵を握るのが統計分野である。自分の志望校の入試問題に統計が出題されていれば，**統計は必ず差をつけるポイントになる**。苦手意識が高い人が多いため，きちんと得点できるようになれば，むしろ武器になる。

具体的な学習方法としては，統計を「理解」と「処理」に分解した場合，**徹底的に「理解」に焦点を当てた学習**をしよう。複雑な計算処理は，大学院入試ではほとんど見られない。あったとしても，限られた試験時間を計算処理に使うのは有効ではないため，実は**「処理」の問題ではさほど差がつかない**。差がつくのは「理解」，つまり**「統計用語を自分の言葉で説明できること」「与えられた情報に対してどんな分析を行うことが有効で，注意点が何かを述べられること」**である。計算は後回しでいい。参考書の数式は，ある程度無視してかまわない。とにかく「理解」してみよう。必ず道が開けるはずだ。陳腐な言葉だが，努力は裏切らない。がんばろう。

統計用語は51～57。58～60は知能に関する話題。**知能はどの大学院でも頻出分野**であるため，絶対に外せない。徹底的な理解を目指そう。

NO	難易度	用語
51	★★☆	尺度水準
52	★★☆	標準化
53	★★★	統計的仮説検定
54	★★★	第1種・第2種の誤り
55	★★★	*t* 検定と分散分析
56	★★☆	主効果と交互作用
57	★★★	多変量解析
58	★☆☆	知能の構造
59	★★☆	ビネー式知能検査
60	★★☆	ウェクスラー式知能検査

難易度は，用語内容の理解しやすさや論述における書きやすさの目安を表します。

51 尺度水準

level of measurement

学習のポイント

□ 4つの尺度水準を正しく分類できるようになろう。
□ 心理学において測定値が抱える問題を説明できるようにしておこう。

About this word

同じ1という数字でも，1cm，1℃，1位，1丁目はそれぞれ別の意味をもつように，数は用法によって意味や性質が異なる。スティーブンス（Stevens, S. S.）は，**測定された数の意味や性質に沿って，数を分類する基準**を作成し尺度水準とよんだ。以下の4つの尺度水準がある。院試でも頻出。必ずおさえよう。

■①比尺度（比例尺度）　**0の値がまったく何も存在しないことを示す**場合，その0を絶対原点とよぶ。このような**絶対原点をもつ数**を比尺度とよぶ。cmの長さ，kgの重さなど多くの物理的尺度はこの比尺度である。

■②間隔尺度　1℃・2℃といった温度の場合，0℃でも熱がまったく存在しないわけではないため（その証拠にさらに低い温度である−1℃，−2℃がある），0℃は絶対原点とはいえない。ただし，0℃と1℃の温度差，1℃と2℃の温度差は等しく，数値間は等間隔といえる。このように**絶対原点こそもたないが，等間隔性をもつ数**のことを間隔尺度とよぶ。

■③順序尺度　1位・2位といった順位の場合，1位と2位の間，2位と3位の間が等間隔であるという保証がない（ぶっちぎりの1位に対して2位と3位が僅差である，など）。ただし，1位・2位・3位といった序列・大小関係は存在する。このように，**等間隔性はないものの，序列・大小関係をもつ**

4択問題　**次の文のうち，最も適切な文はどれか。**

A　西暦年号は比尺度である。
B　月々のお小遣い金額は間隔尺度である。
C　配偶者の有無は順序尺度である。
D　郵便番号は名義尺度である。

数を順序尺度とよぶ。

■④名義尺度　住所の1丁目・2丁目といった分類は，序列や大小関係を表さない。同様に，東京都を1，神奈川県を2，千葉県を3…と割り振っても，その数は序列や大小関係を表すものではない。このように，**序列や大小関係をもたない，純粋な分類のみを表す数**を名義尺度とよぶ。

4つの尺度水準のうち，**比尺度が最も高次な統計的処理が可能だが，名義尺度に近づくほど統計的処理は困難**になる。

ところで，心理領域で用いられる「評定値」はどの尺度水準に相当するであろうか。たとえば，「人の心の動きに敏感である」という質問に，以下の5つで答える項目があったとしよう。

5	4	3	2	1
あてはまる	ややあてはまる	どちらともいえない	ややあてはまらない	あてはまらない

5と4の間，4と3の間など，評定値間が等間隔という保証はないため，序列のみを表す順序尺度といえる。だが，上記の質問に「無神経に」5を記録する人よりは，4や3をつける人の方が人の心の動きに敏感な可能性もある。そうなると順序すら怪しいため，名義尺度になってしまう。だが**現状では，これらの評定値を間隔尺度・比尺度と仮定した上でさまざまな分析が行われている。**評定値は，cmやkgと同列の強固な値であるとは考えず，脆弱さをもつデータであることを理解した上でさまざまな分析を行い，謙虚さをもって結果を語ることが必要であろう。

第6章

尺度水準について200字前後で述べなさい。

尺度水準とは，測定された数の意味や性質に沿って，数を分類する基準のことで，以下の4つがある。1つめは絶対原点をもつ比尺度で，最も高次な統計的処理が可能である。2つめは絶対原点をもたないが等間隔性をもつ間隔尺度，3つめは等間隔性をもたないが，大小関係をもつ順序尺度，4つめは大小関係をもたない分類のみを表す名義尺度である。尺度水準が名義尺度に近づくほど統計的処理は困難となる。（187字）

答え　Aについて西暦0年は，何も存在していない年ではないため，絶対原点とはいえない。西暦年号は間隔尺度。Bについて，お小遣いが0円であることは，お小遣いがないことを意味するので絶対原点で比尺度。Cは配偶者の有無は序列を表すものではないので，名義尺度。

【正解：D】

52 標準化

standardization

学習のポイント

- □ 標準偏差が，散らばりを表す値であることをしっかり理解しよう。
- □「比較するためには，標準化」この言葉を頭に叩きこもう。

About this word

得点の散らばり具合を表す値のことを標準偏差という。また，**平均値±標準偏差の範囲に全体の約68.3%が含まれる**といわれている。

（例1）数学テストが平均点50　標準偏差5だった場合，45点～55点に，受験者の約68.3%が含まれている。
（例2）理科テストが平均50　標準偏差20だった場合，30点～70点に，受験者の約68.3%が含まれている。

例1のように標準偏差が小さいと45点～55点という狭い範囲に受験者が集中し，例2のように標準偏差が大きいと受験者は30点～70点に広がっている。**標準偏差の大小が，得点の散らばりの大小を表す**ことがわかるだろう。

このように，同じ平均点でも標準偏差によって得点の分布は異なる。そのため，仮に例1の数学テストと例2の理科テストで同じ60点をとっても，評価が変わってくる。例1の60点は，45点～55点という全体の68.3%範囲を超え「平均から離れている」と評価できるが，例2の60点は，30点～70点という全体の68.3%

4択問題

標準化によって，A君のどの科目の得点が，平均点から最も離れていると評価されるか。A～Dから選べ。

	A君の得点	クラス内平均点	クラス内標準偏差
数学	60	40	10
英語	60	70	20
国語	70	40	20

A 数学　B 英語　C 国語　D 1科目に限定できない

範囲を超えられず「平均からさほど離れていない」という評価になる。平均値や標準偏差が異なれば，得点だけを単純比較することはできない。

■標準化と標準得点の算出法

本項のタイトルになっている標準化とは，**平均値と標準偏差が異なるデータを比較可能な状態にすること**である。具体的には，**平均値が0，標準偏差が1になるよう変換して，比較可能な標準得点（z得点）を算出すること**を指す。たとえば，例1・例2を標準化すると以下の通りになる。

例1　数学テスト	得点	40	45	50	55	60
平均50・標準偏差5	標準得点	−2	−1	0	＋1	＋2
例2　理科テスト	得点	10	30	50	70	90
平均50・標準偏差20	標準得点	−2	−1	0	＋1	＋2

標準得点は**（個人得点－平均値）÷標準偏差**で求めることができる（なお，**個人得点－平均値**のことを，偏差という）。

（例）例2の理科60点を標準得点に変換…（60－50）÷20＝＋0.5

計算すると数学の60点は標準得点で＋2，理科の60点は標準得点で＋0.5となり，数学テストの方が平均から離れていることがわかる。

統計に関する用語のうち「標準○○」という言葉が出たら，「平均値や標準偏差が異なるデータを，比較可能な状態に変換した上で行われたもの」，つまり分析の中で上記のような標準化が行われたと考えよう。とにかく**「比較」するためには「標準化」**。これをしっかり結びつけておきたい。

標準化について200字前後で述べなさい。

平均値や標準偏差が異なれば，それぞれの数値のもつ意味は異なってくるため得点を単純比較することができない。そこで，平均値や標準偏差が異なるデータを比較可能な状態にするために，平均値が0，標準偏差が1になるように変換する。このような変換を，標準化という。各得点を標準化するには，（各得点－平均点）÷標準偏差で求められる標準得点（z得点）を用いる。この標準得点ならば比較が可能である。（189字）

答え　A君の得点を標準得点に変換すると，以下の通りとなる。

数学…（60－40）÷10＝＋2　　　英語…（60－70）÷20＝－0.5

国語…（70－40）÷20＝＋1.5

以上のことから，数学が最も平均点から離れていることがわかる。　【正解：A】

第6章

53 統計的仮説検定

testing statistical hypothesis

学習のポイント

- □ まずはイメージをつかもう。その後，専門用語を用いた説明を。
- □ 偶然で起こる確率があまりに低い＝偶然で説明できない何かがある！

About this word

ある事柄が偶然か，そうでないかを統計的に判定することを，統計的仮説検定という。ここでは下記の例を用いて，紹介していこう。

> Ａ君とＢ君がじゃんけんを５回して，Ａ君が５連勝したとしよう。Ａ君の５連勝は偶然だろうか？　それとも，偶然以外の要因が働いているのだろうか？

そこで，じゃんけんで５連勝する確率を求めてみる。じゃんけんで勝つ確率は50%。５連勝する確率は以下の通り。

0.5×0.5×0.5×0.5×0.5＝0.03125 →（たったの）3.125%

じゃんけんで５連勝が起こる確率は，たったの約3%。**あまりにも低い確率**だ。ならば，Ａ君が偶然５連勝できたと片づけるよりは「Ａ君とＢ君の八百長（打ち合わせ）があったのでは？」とか「Ａ君はＢ君のクセを見抜いていたのでは？」というように，**偶然以外の理由を考えるのが妥当**だろう。つまり，統計的仮説検定によれば，「Ａ君の５連勝は偶然ではない」という判断になる。これが大まかな統

4択問題　次の文のうち，最も不適切な文はどれか。

- **A** 帰無仮説とは，棄却されることを目的とした，主として「差がない」状態を設定した仮説である。
- **B** 対立仮説とは，帰無仮説が棄却されることで採択される仮説であり，主として「差がある」状態を設定した仮説である。
- **C** 有意水準の設定は基本的に自由だが，主に5%か1%が使われる。
- **D** 帰無仮説の条件下で問題の事柄が起こる確率を求め，その確率が有意水準以上であった場合，帰無仮説は棄却される。

計的仮説検定の流れだ。

もう少し具体的に，帰無仮説，対立仮説，有意水準という専門用語を交えて解説しよう。帰無仮説とは**最終的に棄却されることを目的とした仮説**で，今回の場合は「A君とB君のじゃんけんの実力に差がない（5連勝は偶然）」と設定する。対立仮説は**帰無仮説が棄却されることにより採択される仮説**で，今回の場合は「A君の方がB君よりもじゃんけんが強い（5連勝は偶然ではない）」と設定する。有意水準とは，**帰無仮説を棄却する判断基準となる確率値のこと**だ。何％以下の確率を「低い」とみなすか，といってもいい。心理領域では多くの場合5％か1％に設定するが，その判断は研究者に一任されている。今回は5％と設定する。

その後，**帰無仮説の条件下で，問題の事柄が起こる確率を求め，その確率が有意水準以下ならば帰無仮説を棄却，対立仮説が採択される**，といった流れである。今回，偶然5連勝する確率は3.125％。有意水準5％以下であるため帰無仮説を棄却，対立仮説を採択する結果となった。A君の5連勝が偶然ではないことが，統計的に示されたのである（もちろん，この結論が100％正しい保証はない。詳しくは次項）。

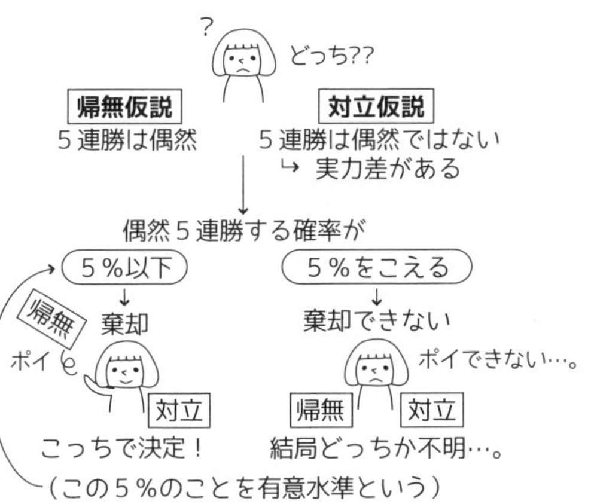

統計的仮説検定について200字前後で述べなさい。

統計的仮説検定とは，ある事柄が偶然か偶然ではないか，統計的に判断することである。まず，ある事柄は偶然であり，何ら差はないという帰無仮説と，ある事柄は偶然ではなく，何らかの差があるという対立仮説をそれぞれ設定する。その後，帰無仮説の状況下で対象の事柄が起こる確率を求める。その確率が，事前に設定した有意水準以下であれば帰無仮説は棄却。対立仮説が採択され，偶然ではないと判断される。（189字）

答え 有意水準以上ではなく，有意水準以下だった場合，帰無仮説は棄却される。他の文章はすべて正しい。Cの内容で「なぜ5%か1%が使われるのか」といった疑問をもった人もいるだろう。それについては，次項「第1種・第2種の誤り」で述べられているので，参照してほしい。

【正解：D】

54 第1種・第2種の誤り

type I / II error

学習のポイント

- □ 棄却する誤り＝第1種，棄却しない誤り＝第2種。まずこれを徹底。
- □ 院試頻出。しっかり理解しておきたい。

About this word

統計的仮説検定の検定結果は**必ず正しいとは限らない**。帰無仮説を棄却するにしても，棄却しないにしても，その判断が誤っている可能性がある。端的にいえば，**棄却する判断が誤り**だった場合を第1種の誤り，**棄却しない判断が誤り**だった場合を第2種の誤りという。

■第1種の誤り

前項の例を引き継ぐと，A君がじゃんけんで偶然5連勝する確率が3.125%とあまりに低いため，偶然の可能性（帰無仮説）を棄却した。この時のA君の5連勝は，3.125%のわずかな確率を「たまたま」引き当てただけで「特別な何かは，何もない」のかもしれない。つまり，帰無仮説を棄却するという判断は，3.125%の確率で誤りとなる。このように，**真である帰無仮説を棄却してしまう誤り**を第1種の誤りとよぶ。そして，**第1種の誤りを犯す確率は**有意水準（α）**と等しい**。有意水準を5%としたなら，5%以下の事象を「あまりに低い確率」と棄却するため，第1種の誤りを犯す可能性は5%となる。有意水準を1%と低くすれば，1%以下でなければ棄却しないため，第1種の誤りを犯す確率は1%となる。つまり，**有意水準を低くすればするほど，第1種の誤りが起こりにくくなる。**

4択問題　次の文のうち，最も適切な文はどれか。

- A　正しい対立仮説を棄却してしまう誤りを，第1種の誤りという。
- B　正しい帰無仮説を棄却してしまう誤りを，第2種の誤りという。
- C　有意水準が低くなればなるほど，第1種の誤りは起こりにくくなる。
- D　有意水準が高くなればなるほど，検出力は低下していく。

■第２種の誤り

有意水準が低すぎると，今度はどんな帰無仮説も「棄却しない」という判断になる。そうすると，本来きちんと棄却すべき帰無仮説まで，棄却できなくなってしまう。このように，**偽である帰無仮説を棄却しない誤り**を第２種の誤りとよび，βで表す。低すぎて厳しすぎる有意水準は，ほとんどの帰無仮説を「棄却しない」と判断してしまうため，**偽である帰無仮説を正しく棄却する**検出力（$1-\beta$）の低下を招く。

高すぎる有意水準は何でも棄却してしまうため，第１種の誤りを犯すリスクを上げる。逆に低すぎる有意水準はほとんど棄却できないため，第２種の誤りを犯すリスクを上げる。有意水準として5%や1%を用いることが多いのは，誤りのリスクを最小限におさえ，高い検出力を保つ「ほどよい」範囲だからだ。

第１種・第２種の誤りのイメージをつかもう

ずっと開けてない
ダンボール
捨てる？
捨てない？

捨てる！（棄却）　**捨てない！（棄却しない）**

捨てて
よかった！

捨てちゃダメな
ものが入ってた！
（第１種の誤り）

とっといて
よかった！！

あの時、捨てとけ
ばよかった…。
（第２種の誤り）

☆どちらの判断でも、誤りの可能性はある。

論述演習

第１種・第２種の誤りについて200字前後で述べなさい。

本来真である帰無仮説を棄却してしまう誤りを，第１種の誤りという。第１種の誤りを犯す確率は有意水準と等しい。有意水準が高いほど帰無仮説を棄却しやすくなる反面，第１種の誤りを犯しやすくなる。また，本来偽である帰無仮説を棄却しない誤りを，第２種の誤りという。有意水準が低いほど帰無仮説を棄却できなくなり，第２種の誤りを犯しやすくなる。有意水準は高すぎても低すぎても誤りのリスクを高めるため，5%や1%に設定することが多い。（208字）

答え　まずAについて，対立仮説を棄却することはない。統計的仮説検定は「帰無仮説を棄却するか否か」のみ判断し，対立仮説を棄却するか否かの判断を行うことはできない。帰無仮説が棄却された場合のみ対立仮説が採択され，帰無仮説が棄却されなかった場合は，帰無仮説と対立仮説のどちらを採択すべきか判断できず，明確な結論は述べられない。Bは第１種の誤り。Dは，有意水準が低くなるほど，検出力が低下する。検出力とは，誤った帰無仮説を正しく棄却する確率のこと。低すぎる有意水準は「棄却しない」判断に偏りがちになるため，本来棄却すべき帰無仮説を棄却できない事態が増加する。そのため，検出力が低下する。【正解：C】

55 *t* 検定と分散分析

t-test / analysis of variance (ANOVA)

学習のポイント

□ **2群の平均値の差の検定→ *t* 検定，3群以上→分散分析**
□ **帰無仮説を棄却するか否か判断した後，適切な解釈ができるように。**

About this word

たとえばある英語テストについて，A組の平均点が60点，B組が65点だったとする。この5点差は，B組の方が英語が得意ということを表す，意味をもつ差（有意差）なのか，それとも偶然生じた差（誤差）なのか，どちらだろうか？

2群の平均値の差が有意差かどうかを判定する統計的仮説検定を *t* 検定とよぶ。上記の例の場合，*t* 検定は以下の流れとなる。

①帰無仮説…A組とB組の平均点に差はない（5点は誤差）
　対立仮説…A組とB組の平均点に差はある（5点は有意差）
②有意水準を設定する（多くの場合，5%か1%）
③誤差だけで5点差が生じる確率を求める。
　→有意水準以下ならば帰無仮説を棄却。5点差は有意差。
　→有意水準を超えれば帰無仮説は棄却できない。
　　5点差は誤差か有意差か，判断できない。

4択問題　**次の文のうち，最も適切な文はどれか。**

A *t* 検定において，帰無仮説が棄却できなかった場合，2群の平均値が等しいことを意味する。

B *t* 検定において，低い有意水準で帰無仮説を棄却できるほど，2群の平均値の差が大きいことを意味する。

C 分散分析において，帰無仮説が棄却された場合，使用した群の平均値のどこかに有意差があることを意味する。

D 分散分析において，帰無仮説が棄却されなかった場合，多重比較という事後検定が必要になる。

帰無仮説を棄却できなかった時「5点差は誤差である」と述べられない点に注意しよう。統計的仮説検定で判断できるのは，帰無仮説を棄却するか否かだけである。そのため，帰無仮説を棄却できれば対立仮説を採択できるが，帰無仮説を棄却できない場合，帰無仮説と対立仮説のどちらを採択するか判断できない。結果**「誤差か有意差か，判断できない」というあいまいな結論**になってしまう。帰無仮説の棄却を目指すのが基本姿勢だ。

なお，2群の場合は t 検定だが，**3群以上の平均値の差の検定**は分散分析とよばれる手法を用いる。たとえば，A組60点，B組65点，C組62点という状況で平均値の差を検討する場合，分散分析になる。基本的な流れは t 検定と変わらないが，**対立仮説に注意が必要**となる。

帰無仮説…平均値に差はない　　対立仮説…**どこかに有意差がある**

たとえば，A組60点，B組65点，C組62点という状況で分散分析を行い，帰無仮説が棄却されたとしよう。そこで対立仮説が採択されたとしても，右図のように，まだ**有意差の数と場所が特定されていない**のである。そこで分散分析後には，多重比較という事後検定が必要になる。**多重比較によって有意差の数と場所が特定され，分散分析は終了**となる。多重比較にはさまざまな方法があるが，まず代表例としてテューキー法という名称だけでもおさえておこう。

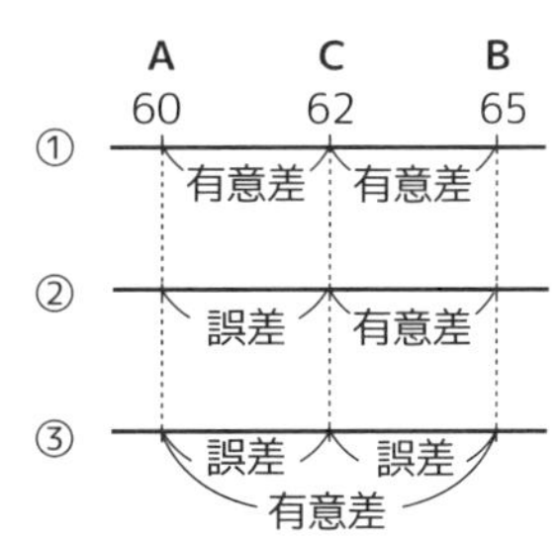

①〜③のどれか，判断できない！
→多重比較が必要。

t 検定と分散分析について200字前後で述べなさい。

t 検定とは，2群の平均値の差が誤差か有意差か判定する統計的仮説検定のことである。2群の平均値の差が誤差であるという帰無仮説を立て，それを棄却することで，有意差を示す。だが，帰無仮説を棄却できない場合は，誤差か有意差か判断できない。3群以上の場合は分散分析を行う。分散分析は帰無仮説を棄却しただけでは，有意差の数と場所が特定されていないため，それらを特定するための多重比較も必要となる。(193字)

答え　Aは注意すべき誤り。棄却できない場合は，明確な結論は述べられない。Bも注意すべき誤り。有意水準は差の大小ではなく，検定結果が正しいか誤りかの「精度」にかかわる。54も参照。Dの多重比較は，帰無仮説が棄却されなかった時ではなく，棄却された時に行う。
【正解：C】

56 主効果と交互作用

main effect / interaction

学習のポイント

- □ **要因計画にかかわるさまざまな用語を理解しよう。**
- □ **グラフから交互作用が読み取れるようになろう。**

About this word

本項の内容を説明するにあたり，以下の例を中心に扱っていく。

子どもを「ほめて伸ばす」「叱って伸ばす」どちらが有効だろうか。学業成績の変化を以下のように検討する。

指導法＼時期	ベースライン	1か月後	全体
ほめる	a_1	a_2	allA
しかる	b_1	b_2	allB
全体	all_1	all_2	

まず，いくつかの用語を確認しよう。**研究者が関心をもち，検討しようとしている事柄**を要因という。上記の例の場合「指導法」と「時期」が要因に相当する。また，**要因内の違い**のことを水準という。上記の例の場合，指導法の「ほめる」「叱る」，時期の「ベースライン」「1ヶ月後」が水準に相当する。また，**水準間で被験**

4択問題 **交互作用が認められるのは，どのグラフか。**

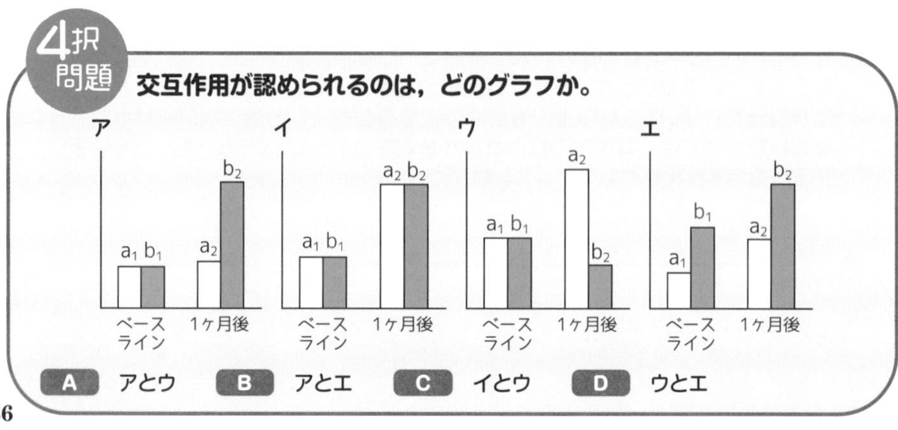

A アとウ　**B** アとエ　**C** イとウ　**D** ウとエ

者が異なる要因を被験者間要因，**水準間で被験者が同じ要因**を被験者内要因という。上記の例の場合，指導法は被験者間要因，時期は被験者内要因である。また，**2つの要因を組み合わせた研究計画**を要因計画とよび，さらに上記の例のように**被験者間要因と被験者内要因を組み合わせて実施する場合**は，混合計画とよぶ。

次に，それぞれの要因の効果について検討する。ほめる・叱るといった指導法に関係なく，1ヶ月後に学業成績が向上していれば（表の all_1 と all_2 に有意差があれば），時期の主効果があると表現する。同様に時期に関係なく，ほめると叱るの間に学業成績の差があれば（表の allA と allB に有意差があれば），指導法の主効果があると表現する。このように，主効果とは**単独の要因の効果**を指す。

次に要因を組み合わせた a_1，a_2，b_1，b_2 について検討する。この時注目するのが，交互作用である。交互作用とは**ある要因の効果が，もう片方の要因によって異なること**を指す。たとえば右図のようになった場合，「ほめる」の方が「叱る」よりも時期の効果が強く表れており，交互作用がある。そのため，どちらも学業成績には有効ではあるが，とくに「ほめる」方が有効であることが，この結果から示唆される。**要因計画の場合，この交互作用を狙って仮説を立てる**ことがのぞましい。

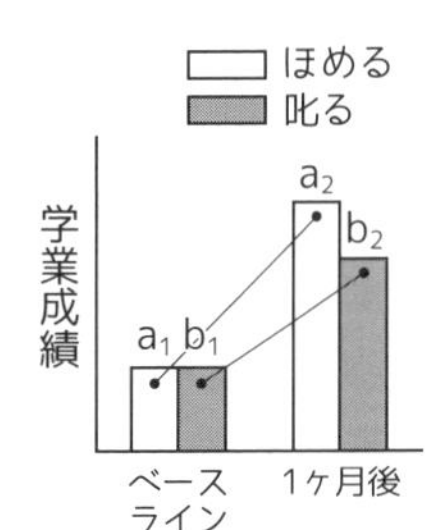

主効果と交互作用について200字前後で述べなさい。

2つの要因を組み合わせた研究計画を要因計画という。この要因計画において，ある要因の効果がもう片方の要因によって異なるという結果が現れた場合，それを交互作用と表現する。これは1つの要因が，もう片方の要因の影響とは関係なく，単独で効果をもたらす主効果と区別される。要因計画を実施する場合，主効果だけでは2つの要因を組み合わせている意味がないため，この交互作用を目指して仮説を立て，検証していく。（195字）

答え　アは，$b_1 \to b_2$ への変化が $a_1 \to a_2$ への変化よりも大きい。また，ウも $a_1 \to a_2$ が増加しているのに対し，$b_1 \to b_2$ は減少している。このように変化の仕方が異なる場合，交互作用といえる。イやエは，$a_1 \to a_2$ と $b_1 \to b_2$ が，同じような変化をしているため，交互作用とはいえない（なお，エのようにベースラインの a_1 と b_1 にすでに差がある状況は，統制が不十分であり，研究の設定として適切ではない。07も参照）。なおイは，時期の主効果のみが表れている。

【正解：A】

多変量解析

multivariate analysis

学習のポイント

- □ 計算処理はコンピュータが必須。分析の目的とイメージをつかもう。
- □ まずは重回帰分析と因子分析を重点的に理解しておこう。

About this word

■多変量解析とは

複数の変数を同時に解析することで，変数間の構造や特徴を探る手法の総称を多変量解析とよぶ。多変量解析は計算量が膨大であったが，20世紀後半のコンピュータの発展と統計ソフトの登場により，多変量解析が現実的なものとなった。つまり，コンピュータを用いることがない院試で，多変量解析ほどの複雑な計算処理が求められることはない。各分析の目的や理解を中心に学ぼう。

多変量解析は，**複数の独立変数の影響力を探り，従属変数の予測を行う**重回帰分析と，**測定変数の背後にある潜在変数（因子）を発見することで，測定変数の分類・整理を行う**因子分析の2種類がとくに多く用いられる。他の多変量解析は，**変数の合成**に用いられる主成分分析，**変数から導かれる因果モデルを構築しその適合度を探る**共分散構造分析などが存在する。

■重回帰分析とは

まず重回帰分析について，例示を交えて紹介する。たとえば，高校生の自尊心・統制感・積極性・絶望感・自己効力感を質問紙で測定し，前者4つを独立変数，自己効力感を従属変数として，重回帰分析を行ったとしよう。そして以下のような結果が得られたとする。

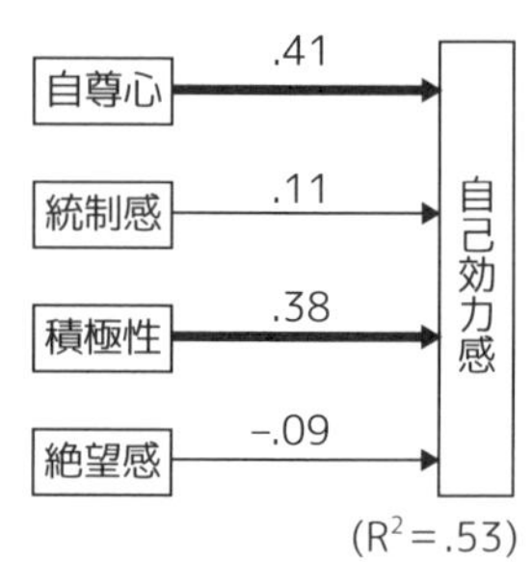

4択問題

重回帰分析において，各独立変数の影響力を比較するために用いる値を何というか。A～Dのうち，あてはまるものを選びなさい。

A 従属変数　B 標準偏回帰係数　C 因子負荷量　D 偏回帰係数

$$y = 0.41x_1 + 0.11x_2 + 0.38x_3 - 0.09x_4$$

（y＝自己効力感　x_1＝自尊心　x_2＝統制感　x_3＝積極性　x_4＝絶望感）

0.41 などの数字は標準偏回帰係数といい，これは**独立変数が従属変数に与える影響力**を表す。得られた標準偏回帰係数は，パス図とよばれる左ページの図のような形で表すことが多い。この例でいえば，自尊心と積極性が自己効力感に大きな影響を与えていることがわかる。このように，**重回帰分析は各独立変数が従属変数に与える影響力（標準偏回帰係数）を算出し，従属変数を予測する**ことを目指す。

重回帰分析では，多重共線性に注意すべきと考えられている。多重共線性とは，**独立変数間に強い相関関係がある場合，標準偏回帰係数が異常値を示す現象**である。理論的に考えられないほど標準偏回帰係数が高い値や低い値を示したり，正負が逆転したりする。独立変数間の相関係数は可能な限り低いことが望ましい。「独立」変数というからには，関連性があってはいけない，とおさえておくとよいだろう。

■因子分析とは

因子分析も同様に例示を交えて紹介する。たとえば，〈①温かい　②優しい　③親切　④まじめ　⑤集中力がある　⑥諦めない〉という6つの言葉について「5あてはまる」～「1あてはまらない」で評定値をつけたデータを複数人から得たとしよう。

このとき，①②③の背景には他者に対する「協調性」因子が推察される。つま

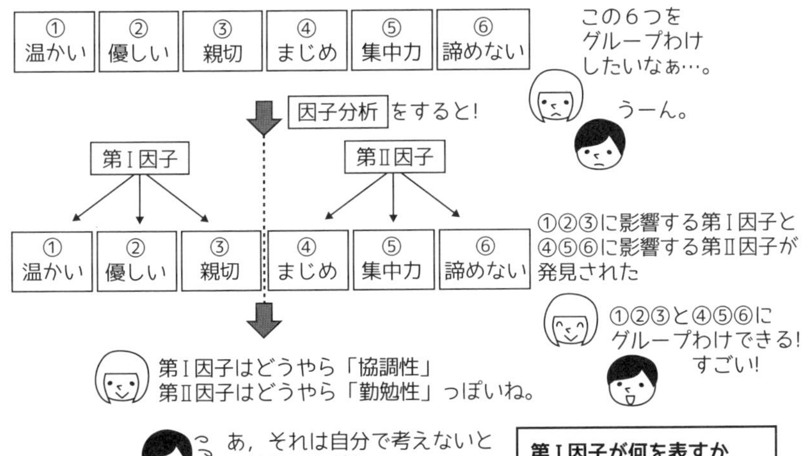

第6章

答え　比較する際には，標準偏回帰係数を用いる。なお，影響力の比較を行わない場合は，標準化を行わない「偏回帰係数」が用いられる。　【正解：B】

り「協調性」があるから，温かく，優しく，親切なのではないか。同様に④⑤⑥の背景には物事に対する「勤勉性」因子が推察される。「勤勉性」があるから，まじめで集中力があり，諦めないのではないか。この**2つの因子の存在が本物であるかを確かめる**のが，因子分析だ。また2つの因子が確認されれば，この6語は①②③と④⑤⑥の2つに分類・整理できる。このように**因子分析では，測定変数の背後にある因子を発見することで，測定変数の分類・整理**を目指す。

因子分析に関する諸用語のポイントを簡潔に説明する。

■因子負荷量　因子が各測定変数に与える影響の強さを表す値。

■直交回転　**因子間の相関がない**ように因子負荷量を再算出し，因子を解釈しやすい状態（単純構造）にすること。代表的な方法に**バリマックス回転**がある。

■斜交回転　**因子間の相関を認める**形で因子負荷量を再算出し，因子を解釈しやすい状態（単純構造）にすること。代表的な方法に**プロマックス回転**がある。

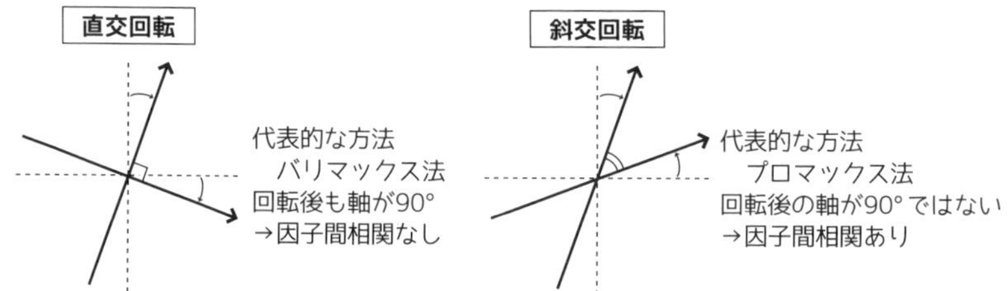

■**因子分析と性格特性論**

因子分析は，性格特性論（45参照）の発展に大きく寄与している。特性論の祖であるオールポートは，辞書から性格語を約18000語抽出し，その中から同じ意味をもつ語を排除して厳選しようとしたが，約4500までしか絞れなかった。

4500語もの性格語で性格を記述しようとしても，あまりにも量が膨大すぎて性格をとらえることができない。そこでキャッテルは，因子分析を用いてこの4500語を分類・整理することを目指した。その結果，4500語もの性格語を，心理検査としても実用可能な16の特性に絞り込むことに成功したのである。以後，主に心理測定の分野を中心に，心理学において因子分析が頻繁に使用されることになったのである。

多変量解析について200字前後で述べなさい。

多変量解析とは，複数の変数を同時に解析することで，変数間の構造や特徴を探る手法の総称である。代表的な手法に因子分析，重回帰分析が存在する。人間の心理・行動は単独の要因だけで決定されるほど単純ではなく，さまざまな要因が影響しあって起こる。多変量解析で複数の変数を同時に用いることによって，人間の心理・行動をより複合的な視点から精緻に説明することが可能となったといえよう。（182字）

知識の整理 01

こんな時にこんな統計用語・統計分析

本書で紹介した統計用語は，数ある用語の一部である。他の統計用語の補足とともに，どんな時にどんな分析を用いるか，代表的なものを以下に整理した。ぜひ参考にして欲しい。

どんな時	用語・分析
データの信頼性を測定したい。 （例：不安を測定する新たな質問紙を作成したので，その信頼性を検討したい）	α係数 →信頼性係数として最も用いられているのがα係数。
データを比較したい。 （例：ある生徒の，英語テストの結果と数学テストの結果のどちらが平均点から離れているか判断したい）	標準化 →平均値 0，標準偏差 1 に変換して，比較可能な状態に。
人数を二等分したい。 （例：100 名の被験者を，自尊心が高い群と低い群の 2 群に分けたい）	中央値 →中央値なら人数を完全に二等分できる。
全数調査が困難な対象に調査したい。 （例：大学生の友人関係について調査したい）	無作為抽出・推測統計法 →全数調査なら記述統計法。
2 群の平均値の差が有意差か検定したい。 （例：自尊心の高低で 50 名ずつ分けた 2 群で，それぞれ英語テストの平均点を算出し，得点差が有意差か検討したい）	t 検定 → 2 群の平均値の差が有意差か検定するなら，迷わず t 検定！
3 群以上の平均値の差を検定したい。 （例：文系 A 組の自尊心高群と低群と，理系 B 組の自尊心高群と低群で，それぞれ英語テストの平均点を算出し，得点差を検討したい）	分散分析＋多重比較 → 3 群以上なら，分散分析！左の例の場合，さらに交互作用を期待したい。
2 つの変数の関連の強さを知りたい。 （例：インターネットの利用頻度と，他人を見下す傾向の関連性を検討したい）	相関係数 → −1〜+1 の間で表される。1 に近いほど関連は強い。
人数分布の偏りがあるかどうかを知りたい。 （例：小学校高学年と中学生で，シャープペンを利用している人数と利用していない人数の割合に差があるといえるか知りたい）	χ^2 検定（カイ 2 乗） →人数を分析対象とする場合は，まず χ^2 検定を考えよう。
複数の項目を整理・分類したい。 （例：性格を表す形容詞がたくさんあるなかで，同じような意味合いをもつ形容詞を集めて，分類・整理したい）	因子分析 →新しい質問紙や心理尺度を作成する際には，この因子分析が欠かせない。
複数の独立変数の影響力を比較したい。 （例：ビッグ・ファイブの 5 特性のうち，他者への攻撃性に最も影響を与える特性は何かを知りたい）	重回帰分析 →影響力の比較といえば，重回帰分析。

第6章

58 知能の構造

structure of intellect

学習のポイント

- □ 人名の出題率が高い。必ず人名とセットでおさえること。
- □ 各理論の優劣はつけがたい。知能をとらえる複数の視点がもてればよい。

About this word

知能がどのような構造で成り立っているのかは，以下の４人の理論を，研究者の名前とともにおさえておきたい。

■①スピアマン（Spearman, C. E.）の２因子説

スピアマンは知能が，**個別の知的課題に特有**の特殊因子と，**すべての知的課題に共通する**一般因子の２つからなると考えた。一般因子が高い人は，知的課題において全般的によい成績をおさめるが，一般因子が低ければ，その逆となる。

①スピアマンの２因子説

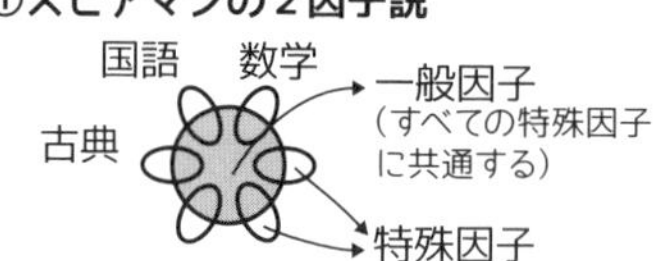

■②サーストン（Thurstone, L. L.）の多因子説

サーストンは知的課題の結果を因子分析（前項参照）によって分類・整理して，**７つの知能因子**（①言語　②語の流暢性　③空

②サーストンの多因子説

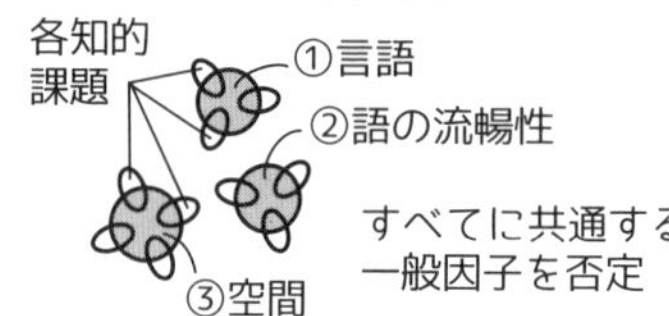

4択問題 **次の文のうち，最も適切な文はどれか。**

- **A** サーストンは，すべての知的課題に共通する一般因子を想定し，これを知能とよんだ。
- **B** キャッテルは，加齢とともに衰えていく拡散的思考と，加齢とともに衰えない収束的思考の２つを提唱した。
- **C** ギルフォードは，4×5×6＝120の情報処理プロセスを知能（知性）として定義した。
- **D** スピアマンは，個別の知的課題ごとの能力を示す特殊因子が無限に存在することから，知能の多因子説を述べた。

間　④数　⑤記憶　⑥帰納的推理　⑦知覚）を発見した。これら7つの因子は独立していると考えた。つまり「言語」の能力は高いが，「数」の能力は低い，ということが考えられる。このことから，**スピアマンの「すべての知的課題に共通する一般因子」という考え方を批判**した。

■③ギルフォード（Guilford, J. P.）の立体モデル

ギルフォードは情報処理プロセスに注目し，情報の内容4種類と，情報の操作5種類と，情報処理の結果（所産）6種類の，全部で4×5×6＝120通りの知能があると考えた。詳細は図を参照。ギルフォードはこの中でも，**可能性を広げていきアイデアを生み出していく**拡散的思考と，**可能性をまとめあげ1つの結論を導いていく**収束的思考の2つを，創造的な能力としてとくに重視した。

③ギルフォードの立体モデル

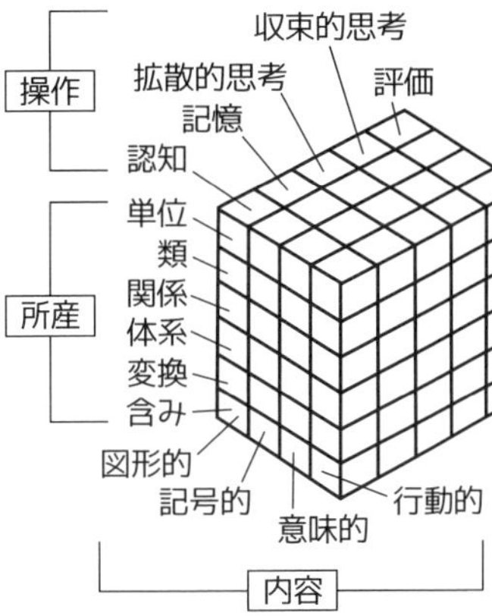

■④キャッテル（Cattel, R. B.）の流動性知能・結晶性知能

キャッテルは，因子分析によって知能因子を整理しなおし，**新たな場面への適応**に必要な知能である流動性知能と，**経験や学習によって獲得した知識や技術**で構成される結晶性知能の2因子を見出した。流動性知能は加齢とともに衰えていくが，結晶性知能は加齢とともに減少せず，むしろ上昇を続けると考えられている。

論述演習

知能の構造について200字前後で述べなさい。

知能の構造に関して，多くの研究者が明らかにしようと研究を重ねてきた。すべての知的課題に共通する一般因子を想定したスピアマンに対し，サーストンはそれを否定し7つの知能因子を提唱した。ギルフォードは情報処理プロセスに注目して120の知能を提唱し，キャッテルは加齢の影響を受ける流動性知能と受けない結晶性知能を提唱している。知能の定義は研究者の数だけあるといっても過言ではなく，明確な定義は困難である。（195字）

答え　Aはサーストンではなく，スピアマン。Bは拡散的思考・収束的思考ではなく，流動性知能・結晶性知能。Dは多因子説ではなく2因子説。「一般因子」と「特殊因子」の2つ，という意味で2因子説という名前がついているが，Dのように個別の知的課題の能力を示す特殊因子が無限に存在することを想定している。注意しよう。　【正解：C】

第6章

59 ビネー式知能検査

Binet intelligence scales

学習のポイント

- □ 院試頻出。細かい所まで述べられるようにしておきたい。
- □ 利点と欠点を自分の言葉で述べられるようにしておこう。

About this word

ビネー（Binet, A.）が開発し，ターマン（Terman, L.）によって実用化されたビネー式知能検査は以下の2つの特徴をもつ。

①精神年齢を測定

各年齢群の児童の50%～70%が正解できる項目をその年齢の標準問題として設定する（例：たとえば，8歳児の50%が正解する項目があれば8歳用の問題として採用。8歳児のほとんどが不正解だったり，ほぼ正解だったりする問題は8歳用の問題として不採用）。たとえばある児童が，8歳の標準問題は正解できたが，9歳の標準問題を正解できなかった場合，その児童の精神年齢が8歳と測定される。

②知能指数の算出

知能指数（IQ）はシュテルン（Stern, W.）によって発案された。**精神年齢÷生活年齢×100**で表される。たとえば生活年齢（実年齢）10歳の児童が精神年齢12歳だった場合は，12÷10×100で，IQ120となる。IQは100を標準とする。

■ビネー式知能検査の欠点

ビネー式知能検査は世界初の知能検査であり，広く普及する所となったがいく

次の文のうち，最も不適切な文はどれか。

- **A** ビネー式知能検査では，5歳になっていれば誰でも正解できる問題が，5歳用の標準問題として設定されている。
- **B** IQ70以下の場合は，知的発達症（知的能力障害）が疑われる。
- **C** かつてのビネー式知能検査では，知的能力の領域別の測定は困難で，全般的な知的発達度を測定するにすぎなかった。
- **D** 実年齢5歳，精神年齢4歳の場合，IQは80である。

つかの欠点をもっていた。

1つは**全般的な知的発達度はわかるが，知的能力ごとの違いはわからない点**である。たとえば精神年齢8歳と測定された児童の中には，言語的な能力が優れている児童もいれば，数の能力に優れた児童もいるはずである。だが，そのような知的能力ごとの違いはわからず，全体として8歳児レベルの知的発達度をもっている点のみ判明する。このことから，ビネー式知能検査を概観的知能検査とよぶこともある。

もう1つの欠点は，**児童のみを主な対象としている点**である。とくに**精神年齢は成人以降，意味をなさないことが多い**（精神年齢が20歳だろうと21歳であろうと，大きな違いはない。生活年齢20歳・精神年齢30歳の人を，30÷20×100＝IQ150の天才！　とよべるだろうか？）。そのため，かつてのビネー式知能検査は児童用に限定されていた。

■現在のビネー式知能検査

現在，日本で一般に用いられているビネー式知能検査の最新版・田中ビネーVでは，成人以降（14歳以上）の精神年齢を算出せず，**平均的な知的能力と比較してどの程度の知的能力をもっているか**を示す偏差知能指数（DIQ）を用いることで，成人も測定対象に含めている。また，全般的な知的能力だけでなく領域ごとの評価も導入されており，欠点の改善が図られている。

ビネー式知能検査について200字前後で述べなさい。

ビネーによって開発され，シュテルンの考案した知能指数の概念を取り入れ，ターマンによって修正・実用化された知能検査が，ビネー式知能検査である。全般的な知的発達度である精神年齢を測定し，それに基づいて知能指数を算出する。全般的な知的発達度を測るため，個別の知的能力の差はわからず，また成人に適用することも困難であった。だが，日本で多く用いられている最新版の田中ビネーVは偏差知能指数の導入により，成人の知能の測定も可能としている。（212字）

答え　Aは「誰でも正解できる」が不適切。該当年齢の約50%～70%の児童が正解できる問題が標準問題として設定される。Bは正しい内容。Cについて現在の田中ビネーVでは，結晶性領域・流動性領域・記憶領域・論理推理領域の4領域ごとの評価もなされる。ここでいう結晶性・流動性が前項58のキャッテルのものであることも関連づけるとよい。Dは，4÷5×100＝80となり，正しい。【正解：A】

ウェクスラー式知能検査

Wechsler intelligence scales

学習のポイント

- □ 年齢別の検査の名称を正しくおさえよう。
- □ 積極的な改訂は受験生にとっては悩みの種。最新情報を把握しておきたい。

About this word

■ウェクスラー式知能検査の特徴

ウェクスラー式知能検査は，1939年にニューヨークのベルビュー病院のウェクスラー（Wechsler, D.）によって発表された。時代の変化とともに積極的な改訂が進められているが，ウェクスラー式知能検査には，以下2つの変わらぬ特徴がある。

①年齢別の検査

児童が中心だったビネー式に対して，ウェクスラー式は年齢別に検査を分けることで対応している。具体的には以下の3つがある。

- 成人用（16歳～90歳）：WAIS（ウェイス：Wechsler Adult Intelligence Scale）
- 児童用（5歳～16歳）：WISC（ウィスク：Wechsler Intelligence Scale for Children）
- 幼児用（2歳6ヶ月～7歳3ヶ月）：WPPSI（ウィプシ：Wechsler Preschool and Primary Scale of Intelligence）

②知的能力別の測定

たとえばWISC-IVやWAIS-IVでは，「言語理解」「知覚推理」「ワーキングメモリー」「処理速度」という4つの指標得点を算出する。また，総合的な得点として「FSIQ（Full Scale IQ）」を算出する。これらの得点はすべて偏差知能指数（59参照）と

4択問題　ウェクスラー式知能検査に関する次の文のうち，最も適切な文はどれか。

- **A** 成人用のウェクスラー式知能検査はWPPSIとよばれる。
- **B** 年齢を積み重ねるごとに，各指標得点の値は上昇していく。
- **C** FSIQの値が著しく低い場合，ディスクレパンシーとよばれる。
- **D** WISC-Vでは，言語性IQ・動作性IQという表現は用いられていない。

いう形で表される。

【WISC-IVにおける下位検査と指標得点】

総合得点	FSIQ（Full Scale IQ）			
指標得点	言語理解（VCI）	知覚推理（PRI）	ワーキングメモリー（WMI）	処理速度（PSI）
下位検査	類似	積木模様	数唱	符号
	単語	絵の概念	語音整列	記号
	理解	行列推理		

これらの指標得点間に大きなばらつきがある場合をディスクレパンシーとよび，発達障害児に多く見られる。

■WISC-Vについて

2022年2月10日に，ウェクスラー式知能検査の最新版「WISC-V」日本版が発売された。主な変更点として，知覚推理がなくなり，視空間と流動性推理に置き換えられた点が挙げられる。なお，下位検査も削除されたり追加されたりなど，細かい修正が行われている。

【WISC-V下位検査の分類】

主要指標	言語理解（VCI）	視空間（VSI）	流動性推理（FRI）	ワーキングメモリー（WMI）	処理速度（PSI）
下位検査	類似 単語	積木模様 パズル	行列推理 バランス	数唱 絵のスパン	符号 記号探し

ウェクスラー式知能検査について200字前後で述べなさい。

ウェクスラー式知能検査は，1939年にニューヨークのベルビュー病院のウェクスラーによって発表された知能検査である。年齢別の検査が用意されており，成人用のWAIS，児童用のWISC，幼児用のWPPSIに分かれている。また知的能力別の測定をするため，例えばWISC-IVやWAIS-IVでは，言語理解・知覚推理・ワーキングメモリー・処理速度という4つの指標得点を，そして総合的な得点としてFSIQを算出することが可能である。これらの得点はすべて偏差知能指数という形で表される。（217字）

答え AについてはWAISが正しい。WAISのAはAdultのA，WISCのCはChildrenのC，WPPSIのPはPreschoolのPとおさえるとわかりやすい。Bについて，各年齢の平均を100としているため，年齢を積み重ねるごとに値が上昇するとは限らない。Cについて，ディスクレパンシーはFSIQの低さではなく，指標得点間のばらつきが大きいことを表す。正解はD。かつて用いられていた言語性IQ・動作性IQという表現は，妥当性が低いという問題があったため，現在では用いられていない。

【正解：D】

第6章

COLUMN

先輩からのメッセージ③

患者さんたちとともに過ごしていく日々

心理系大学院を修了したHさんに，今回は現在のお仕事について紹介して頂きます。

私は大学院を修了してから，単科の精神科病院に常勤で働くことになりました。主な業務は，患者さんに対して心理検査やカウンセリングを行うことです…が，心理専門職の仕事はこれだけではありません。むしろ，「これって心理専門職の仕事なの！？」と思うような仕事を任されることもあります。職域や病院によって業務内容は異なると思いますが，もしかすると私のような感じの方は多いのかもしれません。

また，大学院を出たらすぐにバリバリ働けるようになるかといわれるとそうでもありませんでした。私の場合は，大学院で基本的なことは学びましたが，それはあくまで本当に基本中の基本のことなので，現場に出てからは大学院では学べなかったイレギュラーな状況に陥ることもしょっちゅうです。そして，病院で働く上で，ドクターや看護師，PSW（精神保健福祉士）の方々と連携して仕事をする場面も多いため，他職種とのコミュニケーションを取る必要も出てきます。大学院生の時も周りの人と協力して行うという場面はありましたが，どちらかというと自分一人のことを考えるので精一杯でした。しかし，仕事を始めてからは自分のことだけを考えていればよいというわけにはいきません。

ここまでネガティブなことばかりを書きましたが，もちろんポジティブなこともあります。心理専門職の仕事なのか疑問に思う仕事を任されることもあると前述しましたが，そのような仕事をしている時は，たとえばカウンセリングや心理検査をしている時には見えない患者さんたちの姿を見て学ぶことができる貴重な機会でもあったりします。このような機会も無駄なことではなく，広い視野で患者さんたちを見ていく力を養うことにつながるのではないかと感じています。病院には毎日ものすごい数の患者さんがいらっしゃるので，毎日慌ただしい日々を過ごしていますが，患者さんたちとともに過ごしていく日々に充実感を感じながら仕事をしています。日々勉強なので大変な時もありますが，自分がどのような領域で働きたいかということを考える際の参考になれば幸いです。

第7章 臨床（原理）

Clinical Psychology (Principles)

NO	難易度	用語
61	★☆☆	臨床心理士
62	★★☆	コンサルテーション
63	★★☆	スクールカウンセラー
64	★★☆	児童虐待
65	★★☆	スーパービジョン
66	★☆☆	局所論と構造論
67	★★☆	エディプス・コンプレックス
68	★★☆	防衛機制
69	★★☆	集合的無意識
70	★★★	対象関係論

難易度は，用語内容の理解しやすさや論述における書きやすさの目安を表します。

……▶ 傾向と対策

本章から臨床心理学に入る。本章「原理」では，臨床心理実践の理論的基盤となる内容を中心に紹介している。

61では「臨床心理学とは何か？」を確認する。**臨床心理学とはどのような学問か，精神科医のアプローチとは何が違うのか**，といった出題は院試で非常に多く見られるため，確実に理解しておきたい。

62〜64では臨床心理学的地域援助にかかわる内容を確認する。**地域援助は近年注目が集まっており，院試の出題も増加傾向にある**。この分野はカタカナ語を中心に独特な用語が多いので，概念が混ざらないよう整理して理解したい。なお，65では臨床心理士の訓練と教育にかかわる話題を確認する。

そして66〜70では臨床心理学の基礎となった精神分析について諸概念を確認していく。他の心理療法の台頭から，精神分析療法は現在の主流とはいいがたい。だがそれでも，**精神分析の概念が臨床心理学の基盤**であることは間違いなく，クライエントの理解のために精神分析の用語が用いられることは多い。もちろん**院試での出題頻度も高い**。1つ1つをじっくり理解しながら先に進むことを心がけよう。

61 臨床心理士

clinical psychologist

学習のポイント

□ 4つの専門業務を理解すれば，「臨床心理学とは何か」を理解できる。
□ 4つの専門業務がそろって臨床心理学。1つに偏った理解を避けよう。

About this word

臨床心理士とは，公益財団法人日本臨床心理士資格認定協会が認定する資格およびその有資格者のことである。1988年から資格認定が開始された。日本臨床心理士資格認定協会によると臨床心理士には，臨床心理査定，臨床心理面接，臨床心理的地域援助，調査・研究活動という4つの専門業務が求められる。また，さらなる心理臨床能力の向上と専門性の研鑽のために，**5年**ごとの資格更新制度が定められている。なお，**公認心理師には資格更新制度がない**ため，この資格更新制度は臨床心理士ならではといえる。

■①臨床心理査定

アセスメントともよばれる。**心理検査や観察・面接を通じて，クライエント（来談者）の特徴を把握していく。**精神医学が薬の処方のために，疾患・問題点などネガティブな側面に焦点を当てて「診断」を行うことに対し，臨床心理学では健康的な面や生育歴・生活環境など，ネガティブな面もポジティブな面も包括した，クライエントの全体像を理解することを重視する。

4択問題　次の文のうち，最も適切な文はどれか。

A　臨床心理査定では，クライエントの心理的問題や抱える苦悩を抽出して，明確化することを最大の目的とする。

B　臨床心理面接では，薬物を処方しながら心理的問題の解決を図る。

C　臨床心理的地域援助では，地域社会に直接出向き，地域社会内で困難を抱える個人に積極的に援助していく。

D　調査・研究活動は，臨床心理士が調査・研究から得られたエビデンスを元に臨床実践を行うという点で，重要な活動である。

■②臨床心理面接

査定によって明らかになったクライエントの全体像を元に，最適な心理療法を検討し，クライエントを援助する。精神医学は主に薬の処方による疾患の改善を図るが，臨床心理士は薬を処方することはできず，主に心理療法を用いた介入を行う。だが，すべての心理的問題が心理療法で改善されるわけではない。そのため臨床心理士は，クライエントの心理的問題を直接改善するだけでなく，心理的問題とともに，よりよく生きていくための援助を行う場合もある。

■③臨床心理的地域援助

地域社会（学校・職場・家庭など）に働きかけて，心理的問題の予防や安全を図るための活動・実践のことである。かつての臨床心理学は対個人の査定・援助が中心であった。だが地域社会に効果的に働きかけ，教師や職場の上司，家庭の親などが，心理的問題に適切に対処することができれば，心理的問題の予防や，地域社会内での対処が可能となる。教師や福祉士，法律家，警察など他の専門家との連携も重要となる。

■④調査・研究活動

心理検査の開発や心理療法の効果研究などを行う。臨床心理学が他の民間のカウンセラー資格と大きく異なる点として，経験や感覚に基づいて査定・面接を行うのではなく，研究活動から得られた知見（エビデンス）に基づいて実践を行う点がある。臨床心理士資格は，自らの専門資質の維持・発展のため５年ごとの更新が義務化されており，資格更新には認定協会や臨床心理士会が主催する研修会やワークショップへの参加，学会での論文発表などが必要になる。

第7章

臨床心理士について200字前後で述べなさい。

臨床心理士とは日本臨床心理士資格認定協会が定めた資格および有資格者のことで，以下の４つの専門業務が定められている。第１に，クライエントの全体像を観察や面接，心理検査などを用いて把握する臨床心理査定，第２に，査定結果を元に適切な心理療法を行い援助していく臨床心理面接，第３に，地域に働きかけることで地域全体の心理的問題の予防や安全を図る臨床心理的地域援助，そして最後に，査定技法や心理療法の効果を検討していく調査・研究活動である。（216字）

答え　Aは誤り。心理的問題だけでなく，全体像の理解を目指す。Bは，薬物の処方が誤り。薬物を処方するのは精神科医。Cは対個人の援助となっている。対地域を表現する文章として適切ではない。【正解：D】

62 コンサルテーション

consultation

学習のポイント

□ 地域援助の主役。「援助しようとする専門家を，援助する」
□ 地域援助にかかわるさまざまなカタカナ語を，整理して理解しよう。

About this word

臨床心理学におけるコンサルテーションとは，**ある心理的問題を援助しようとしている他領域の専門家が効果的に援助できるよう，心理専門職がその専門家を援助すること**である。

たとえば，心理的問題を抱える生徒を援助したい教師がいた場合，その教師が効果的に生徒を援助できるよう，心理専門職が教師を援助していれば，それはコンサルテーションといえる。心理専門職が生徒に直接介入すればよいかもしれないが，それでは「心理専門職がいなければ援助できない状態」になってしまう。**教師へのコンサルテーションにより，教師自身が効果的に生徒を援助することが可能になれば，その学校の問題対処能力が高まったことになる**。このように，コンサルテーションは地域社会の問題対処能力を強化していく役割を果たしている。

なお，コンサルテーションにおいて援助する側をコンサルタント，援助される側のことをコンサルティという。上記の例ならば，心理専門職がコンサルタント，教師がコンサルティである。**コンサルタントとコンサルティは，専門領域が異なる専門家同士の関係であるため，上下関係ではない**点に注意しよう。コンサルティ

4択問題

臨床心理学のコンサルテーションに関する次の文のうち，最も不適切な文はどれか。

A コンサルタントは，コンサルティの担当するクライエントに，直接接触することは基本的にない。

B コンサルタントは，臨床心理学における専門家ではない。

C コンサルタントは，コンサルティの話を傾聴し，その専門性を尊重した上で，効果的な助言や方策を提言すべきである。

D コンサルタントは，コンサルティの個人的な葛藤や問題を扱い，援助することはない。

の専門性を尊重し，考慮すべきである。

コンサルテーション以外にも，地域援助にはさまざまな用語がある。カタカナ語が多いため混乱しやすいが，整理しておこう。

■リエゾン　複数の専門領域の連携が円滑に進むよう活動すること。たとえば，精神科医，看護師，福祉士などの医療スタッフと患者・家族の間，スタッフ間の関係を心理専門職が調整し，連携が効果的に働くようにする。

■セルフ・ヘルプ・グループ　自助グループともいう。共通の体験，悩み，障害をもつ人々が自主的に集まり，問題の解決や軽減を目指して活動するグループを指す。孤独感の緩和や抱える困難の共感，わかち合いなど，医療・心理療法では得られない独自の意義が存在する。

■エンパワーメント　対人援助場面において，クライエントが自分自身で問題解決する力を失い，専門家への依存や無力感を強化することがないよう，主体的な問題解決ができる力を獲得することを目指し援助すること。

■アカウンタビリティ　社会に向けた活動報告。説明責任とも訳される。臨床心理士の地位向上とともに，臨床相談や災害被害者支援，スクールカウンセラーなど，社会的な役割を果たすようになったことで，心理専門職にも，このアカウンタビリティの必要性が生じている。

■アドボカシー　権利を主張することが困難な社会的弱者の権利や意思を，援助者が代弁することで，社会的弱者の権利や意思を守ること。

コンサルテーションについて200字前後で述べなさい。

臨床心理学におけるコンサルテーションとは，心理的問題を抱えたクライエントをもつ臨床心理学外の専門家が効果的に援助できるよう，その専門家を臨床心理士が援助することである。そのため心理専門職は，クライエントを直接援助しない。しかし，臨床心理学外の専門家がクライエントを効果的に援助できるようになれば，それは地域の問題解決能力が高まったことを意味する。そのため，コンサルテーションは臨床心理的地域援助の主たる役割を果たしている。(211字)

答え　臨床心理学におけるコンサルテーションの場合，コンサルタントは臨床心理士が，コンサルティに臨床心理学外の専門家が相当する。よってBは不適切。A，C，Dはすべて正しい内容。とくにCやDは本文中で詳しく紹介できなかったが，コンサルテーション実施上の注意点として正しく理解しておきたい。【正解：B】

63 スクールカウンセラー

school counselor

学習のポイント

- □ 学校現場は柔軟かつ多面的な視点が重視される。
- □ いじめ・不登校に関して，公式の定義をおさえておこう。

About this word

平成７年に，不登校やいじめなどの学校に関する諸問題の対策として，各公立中学校に配置されたのがスクールカウンセラーだ。スクールカウンセラーは，**教師に対するコンサルテーション**（62 参照）と，**生徒・保護者に対するカウンセリング**を主な業務とする。

学校現場では，**守秘義務に対する柔軟性**が必要となる。通常であれば相談室以外での相談活動は自粛すべきだが，生徒が自主的に相談室に来談することは稀であるため，偶然すれちがった生徒に対して相談にのるなど，柔軟な対応が必要とされる。また，相談から得た生徒情報を，スクールカウンセラー個人で抱えるのではなく，教師も含めた学校全体で共有するチーム内守秘義務が重視される。これは，スクールカウンセラーが個人で問題を解決するのではなく，**教師や各関係機関の**リエゾン（62 参照）**によって，効果的な介入を進めていく**ことも意味する。

学校現場にかかわる諸用語について，以下に概観する。

■いじめ

いじめ防止対策推進法において，いじめは以下のように定義づけられている。

「児童等に対して，当該児童等が在籍する学校に在籍している等当該児童等と

4択問題 **次の文のうち，最も適切な文はどれか。**

A スクールカウンセラーは生徒や保護者と直接接するだけでなく，教師へのコンサルテーションも行う。

B 児童・生徒から得た情報は，守秘義務として他の教師に決して伝えてはならない。

C 不登校の児童・生徒が特別支援教室で教科指導を受けることで，通常の出席扱いとなる。

D 学校の外で起こった事態に対しては，学校側はいじめとして介入することはできない。

一定の人的関係にある他の児童等が行う心理的又は物理的な影響を与える行為（インターネットを通じて行われるものを含む）であって，**当該行為の対象となった児童等が心身の苦痛を感じているもの**」

上記の定義は，被害者の苦痛によっていじめが定義づけられることがポイントとなる。なお，いじめの発生は，中学校入学による環境変化から中学１年生が最も多く，中１ギャップとよばれている。またいじめは，被害者・加害者・観衆・傍観者の４層構造で成り立っている。観衆とは，いじめをはやし立てる者たちのことで，傍観者はいじめを見て見ぬふりをする者たちのことを指す。

■不登校

文部科学省は「何らかの心理的，情緒的，身体的あるいは社会的要因・背景により，登校しないあるいはしたくともできない状況にあるため年間30日以上欠席した者のうち，病気や経済的な理由による者を除いたもの」と定義づけている。現在は**登校拒否とは表現しない**ことに注意しよう。従来の不登校支援は復学支援が主であったが，2017年の教育機会確保法の施行により，無理な復学支援ではなくしっかり休養すること，フリースクールや教育支援センター（適応指導教室），不登校特例校など，学校以外の多様な学習活動を認めるなど，不登校支援の方向性が変化している。

第7章

■特別支援教育

発達障害児や，視覚・聴覚などの障害をもつ者に対し，学習・生活上の困難を克服し自立を図るために，一人一人の状況にあわせて行われる教育のこと。以前の特殊学級からの変化は，**発達障害児も対象とするよう明記された**点にある。

スクールカウンセラーについて200字前後で述べなさい。

各中学校に配置され，教師に対するコンサルテーションと，生徒・保護者に対するカウンセリングを主に行うのが，スクールカウンセラーである。スクールカウンセラーだけで生徒の問題を解決しようとするのではなく，学校教員や関係機関と連携して問題にあたる必要がある。そのため生徒から得た情報を学校全体で守秘するチーム内守秘義務が重視され，リエゾンによって連携を強化して，効果的な介入を図ることが求められる。（195字）

答え 現状のスクールカウンセラーは，１つの学校につき週１回の勤務や月２・３回の勤務がほとんど。そのため，教師へのコンサルテーションによって教師自身が介入できるよう働きかけることが必要。よってAは正しい。Bはチーム内守秘義務で考える。Cは特別支援教室ではなく適応指導教室。なお，適応指導教室は不登校の児童生徒に対して学校以外の場所を用いて教科指導を行う場所であり，通常の出席扱いとなる。Dは文部科学省のいじめの定義を参照。【正解：A】

64 児童虐待

child abuse

学習のポイント

- □ **児童虐待の４分類を正しくおさえよう。**
- □ **児童虐待の疑いがある場合は，守秘義務より通告義務が優先。**

About this word

児童虐待とは，**親あるいは代理の保護者の行為によって，児童の心身が危機にさらされること**を指す。児童虐待は大きく以下の４つに分類できる。

①身体的虐待　身体に外傷が残る，あるいは残るおそれがある，生命の危険を伴う暴力行為。

②心理的虐待　児童に対する暴言，拒絶的な対応など，児童に強い不安やうつ状態などを引き起こさせる言動。

③性的虐待　児童にわいせつな行為をすること。また，児童にわいせつな行為をさせること。

④ネグレクト　児童の心身の発達を損なう衣食住環境や医療環境を，長時間放置しておくこと。保護者としての責任を放棄している状態。

原因については，**児童の頃虐待を受けると，親になった時に自分の子どもに虐待をしてしまう可能性**が指摘されている（世代間伝達）。

虐待による児童の心身の危険があるため，児童虐待では早期発見と早期介入が重視される。児童虐待を受けたと思われる児童を発見した場合は，児童相談所に

4択問題　**次の文のうち，最も適切な文はどれか。**

A　過去に虐待を経験したことがあると，親になった時に子どもに虐待をしてしまう恐れがあり，世代間伝達といわれている。

B　虐待の情報を入手しても，守秘義務は必ず守らなければならない。

C　子どもに対して暴言を浴びせたり，心理的に追い詰めたりして，極度の不安を与えることを指してネグレクトという。

D　DVは，共依存の状態から生じている。

通告しなければならない。この時の**通告義務は，守秘義務より優先されることが，児童虐待禁止法に規定されている。**

児童虐待の影響として愛着障害が挙げられる。愛着障害は，養育者からの支援を求めなかったり，反応しなかったりする反応性アタッチメント症と，初対面の大人に警戒感なく過度に馴れ馴れしい態度をとる脱抑制型対人交流症の2つに大別される。

なお，愛着障害は**発達障害との類似**が指摘されている（反応性アタッチメント症は自閉スペクトラム症（ASD）との類似，脱抑制型対人交流症は注意欠如多動症（ADHD）との類似）。しかし愛着障害は，虐待・養育者の剥奪や度重なる交代など，極端に不遇な養育（マルトリートメント）に由来する点で異なる。

虐待に関しては児童虐待以外にも，配偶者への虐待であるDV（ドメスティック・バイオレンス）や，子どもから親への家庭内暴力の問題もあげられる。これらの問題は，共依存という不健全な対人関係が形成されていることが多い。共依存とは，**過度に保護的な人物にパートナーが依存するだけでなく，保護的な人物が「パートナーに必要とされている」という状況に依存する状態**である。共依存を自覚することは困難なので，第3者の介入による対応が必要とされる。

児童虐待について200字前後で述べなさい。

児童虐待とは保護者の行為によって，児童の心身が危機にさらされることで，身体的虐待，心理的虐待，性的虐待，ネグレクトの4つに分類される。児童虐待の原因は，世代間伝達や，社会環境の変化による育児の困難さ，児童自身のパーソナリティ上の問題など多様であり，一義的に特定することはできない。そのため，原因を探ることより，児童虐待の早期発見と早期介入が重視されており，児童虐待の通告義務は守秘義務より優先されている。(202字)

答え AとDを対比させてみよう。Aは世代間伝達の「可能性」を示唆するにすぎないが，DはDV=共依存と決めつけている。確かにDVの家庭は共依存が多いが100%ではない。むしろこういう決めつけこそが，この種の問題において最も危険となる。Bは通告義務が優先。Cは心理的虐待。ネグレクトは，児童の心身の健康を損なう育児放棄のこと。【正解：A】

65 スーパービジョン

supervision

学習のポイント

□ スーパービジョンが，ただの教育指導ではない点に注意しよう。
□ 心理専門職の教育と訓練にかかわる用語を，整理して理解しよう。

About this word

心理専門職は，その専門性の向上のために，多くの経験をもつ臨床心理士に指導を受ける必要がある。この指導をスーパービジョンという。また，指導を受ける側をスーパーバイジー，指導をする側をスーパーバイザーとよぶ。

スーパーバイジーは，クライエントへの面接と並行して，スーパーバイザーの面接をくり返し受け，自分のクライエントの経過を報告し，指導・助言を受ける。一般的に50分の治療面接ごとに約1時間のスーパービジョンを受けることが必要とされる。また**心理専門職のような対人援助職は，クライエントとの適切な距離，仕事とプライベートとの適切な距離を取れず，健康を害しやすい**といわれている。そのためスーパービジョンでは，クライエントの経過に対する指導や助言だけでなく，援助者自身の精神的安定の確保も行われる。つまり図のように，**スーパービジョンは心理専門職**

4択問題 **次の文のうち，最も適切な文はどれか。**

- **A** 臨床心理士の資格を得れば，スーパービジョンを受ける必要はない。
- **B** スーパービジョンは，スーパーバイザーから専門的な指導を受けるだけでなく，スーパーバイジー自身の精神的安定を保つ役割を果たす。
- **C** エンカウンター・グループは，精神分析の訓練課程として開発されたグループ体験のことである。
- **D** マイクロカウンセリング技法の1つに「はい」「いいえ」で答えられる「開かれた質問」があげられる。

自らがクライエントの立場を追体験するという意味ももつ。

スーパービジョン以外にも，心理専門職の教育と訓練に関するさまざまな用語がある。代表的な用語を概観しよう。

■エンカウンター・グループ

ロジャースがクライエント中心療法（93 参照）**の訓練課程として開発したグループ体験**。初対面同士である10名前後の小集団で数日間の合宿生活を行い，自由な話し合いを行っていく。参加者の間に自由な感情の交流が生じることで，新たな自分への気づきを得ることを目的とする。

■教育分析

精神分析の訓練課程において，自らがクライエントとなって精神分析を受けること。かつては精神分析家の逆転移（89 参照）を防ぐために，分析家自身の内的葛藤を事前に解決しておく必要があると考えられており，教育分析が実施されていた。現在は，治療過程を経験することで，クライエントの内的変化への共感を得ることも重要視されている。

■マイクロカウンセリング

アイヴィの開発した，カウンセリング技法とその訓練プログラムを指す。技法には，クライエントの話に適切なタイミングで相槌を打ったり，続きをうながしたりする「**はげまし**」や，はい，いいえで答えられるため，緊張が強いクライエントでも答えやすい「**閉ざされた質問**」（逆に自由回答は「**開かれた質問**」とよばれる），クライエントが話す内容に表現されている感情表現に援助者が気づき，それを反射して返すことで，クライエントの自己理解を援助する「**感情の反映**」などがあげられる。

スーパービジョンについて200字前後で述べなさい。

スーパービジョンとは，心理専門職がその専門性の向上のために，経験を多く積んだ心理専門職に指導・助言を受けることである。また，スーパービジョンは，ただの専門性の向上だけでなく，心理専門職自身の精神的安定を図る目的もある。これにより，心理専門職のバーンアウトを防止できるだけでなく，クライエントの立場を追体験することも可能となり，よりクライエントに共感できるようになる。（183字）

答え スーパービジョンにはBの文章のような役割もあるため，Aの文章は適切ではない。Cは精神分析ではなく，クライエント中心療法。Dは「開かれた質問」ではなく「閉ざされた質問」である。

【正解：B】

66 局所論と構造論

topography / structural theory

学習のポイント

- □ 局所論と構造論は逆になりやすい。意識して区別しよう。
- □ 精神分析の基礎用語が満載なので，赤字はすべて理解しておこう。

About this word

ここから先の項は臨床心理学の基礎となった精神分析の諸概念を解説する。

フロイト（Freud, S.）は**人の精神が意識・前意識・無意識の3つの領域から構成されている**と述べた。これを局所論という。

①意識　記憶や感情，思考や認知など，心の現象として経験できる領域。自身でコントロールすることが可能である。

②前意識　普段は意識にはないが，思い出そうと注意を向ければ意識に思い出せる領域。たとえば前日の食事の内容は，普段意識になくても，思い出そうとすれば思い出せるだろうから，前意識にあることがわかる。

③無意識　心の現象として経験できず，自身でコントロールすることので

心的外傷体験が意識上にあるのは，非常につらい・・・。

無意識に抑圧すれば，心的外傷を意識しないで済む。

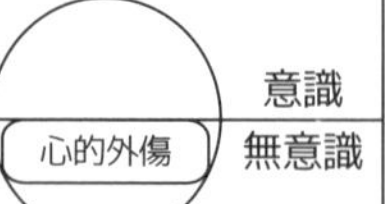

しかし，無意識の心的外傷が勝手に行動を起こす。
→ヒステリー症状
→反社会的行動

そこで，ヒステリーの改善には，心的外傷体験の意識化が必要となる。

4択問題　次の文のうち，最も適切な文はどれか。

- **A** フロイトは，イド・自我・超自我の3つからなる局所論を考えた。
- **B** 超自我は現実原則に基づいて，善悪の判断を行う。
- **C** 精神分析では問題行動の原因を，無意識に抑圧された心的外傷と考えている。
- **D** 前意識とは意識の前段階のことで，未だ意味処理が行われていない。

きない領域。前意識のように思い出そうとしても思い出せない。

フロイトは，虐待などで生じる心的外傷（トラウマ）を**意識から締め出し，無意識に閉じ込める**と考えた。このことを抑圧という。抑圧された心的外傷はコントロールすることができず，不適応行動を引き起こす。これがヒステリー（神経症）の原因であると考えた（左ページの図参照）。

また，フロイトは人の**パーソナリティ構造が，イド・超自我・自我の3つで構成**されていると述べた。これを構造論という。

①イド（エス）　人間の生命エネルギー・性的なエネルギーであるリビドーが備蓄されており，快楽原則に基づいて活動しようとする。

②超自我　親や社会によって形成された価値観・倫理観に基づいて，イドを監視・検閲する。道徳原則に基づき，行動の善悪を判断する。

③自我　イドが強すぎると，快楽に流されて社会的な適応が困難になり，超自我が強すぎると，道徳に縛られすぎて自分を追い込んでしまう。自我は現実原則に基づいて，**イドと超自我をうまく調整**する役割を果たす。自我が脆弱だとイドや超自我に振り回されるので，精神分析では，この自我の強化が目的の1つとしてあげられている。

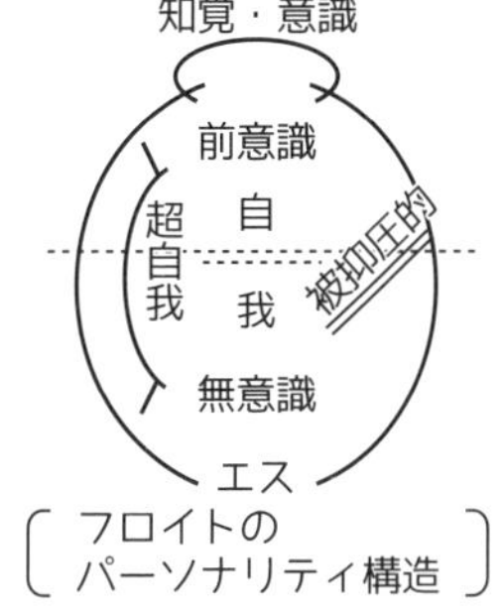

フロイトは局所論と構造論を右図のようにまとめた。イドのすべては無意識に，超自我と自我の一部は，意識あるいは前意識にある。

論述演習

局所論と構造論について200字前後で述べなさい。

局所論とは，人の精神が意識・前意識・無意識の3領域からなるとするフロイトの論である。フロイトは，無意識に抑圧された心的外傷がヒステリー行動などを引き起こすと考えた。構造論とは，人のパーソナリティがイド・自我・超自我の3領域からなるという論である。快楽原則に基づいて快楽を満たそうとするイドを，道徳原則に基づいて超自我が検閲する。イドと超自我のバランスをとるのが自我であり，この自我の強化が精神分析の課題とされる。（206字）

答え

Aは局所論ではなく構造論。局所論と構造論は何かと逆になりやすいので，注意しよう。Bは現実原則ではなく，道徳原則。現実原則は自我の働き。Dは「前意識」という言葉だけで意味をとらえようとする人に多く見られる誤り。前意識とは，意識しようと思えば意識できる領域のこと。Cは正しい内容。とくに幼児期の心的外傷を重視することが多い。【正解：C】

67 エディプス・コンプレックス

Oedipus complex

学習のポイント

- □「異性の親への性愛と，同性の親への敵意」が基本構造。
- □ エディプス・コンプレックスの発達的意味をおさえておきたい。

About this word

フロイト（Freud, S.）の発達理論（27 参照）の男根期において，4 歳～6 歳の幼児が感じる心理的葛藤がエディプス・コンプレックスである。ギリシア神話で，父親を殺し母親を妻にしたエディプスという青年の物語から名づけられた。男児のエディプス・コンプレックスは以下のようになる。

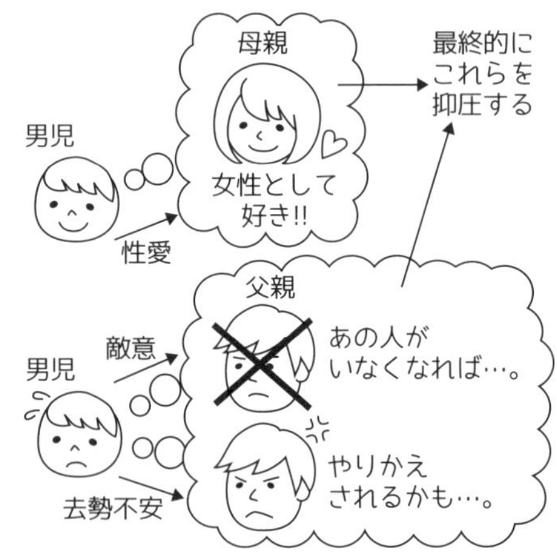

①ペニスの存在から自身が男性であることを意識しはじめる。②男児は，最も身近な女性である**母親に性愛感情**を抱く。③母親への性愛感情を実現するため，**父親に敵意を抱き，排除**を考える。④同時に父親の報復を恐れる。とくに罰として**男性の象徴であるペニスを奪われると考える**（去勢不安）。⑤最終的に，**母親への**

4択問題

次の文のうち，最も適切な文はどれか。

A エディプス・コンプレックスとは，男根期に幼児が感じる大人への劣等感のことである。

B 男根期においてエディプス・コンプレックスが適切に解消できないと，性役割の混乱が生じる可能性がある。

C フロイトは，女児が父親に抱く性愛と母親への敵意が入り混じった状態をエレクトラ・コンプレックスとよび，区別した。

D 女児のエレクトラ・コンプレックスは去勢不安がないため，母親を敵視することに対して不安を感じることはない。

性愛感情と父親への敵意を抑圧する。（潜伏期への移行）⑥同時に**父親への同一視**が起こり，父親のように母親を愛したいと思うようになる。

エディプス・コンプレックスは，発達的に以下のような意味をもつ。

①超自我の形成　母親への性愛を抑圧することは，「母親への性愛を実現してはならない」と思うことであり，世界に道徳や規律があることを知ることにつながる。そのため，この経験を通じて**道徳原則に基づく超自我**（66参照）**が形成される**と考えられている。

②性役割の獲得　父親への同一視が起こることは，父親のもっている男性らしさを自身の中に取り入れることでもある。そのため，この経験を通じて**男らしさ，男性的な価値観・態度といった性役割が獲得される**。

男児を例にあげたが，女児も基本的には同じである。つまり，①ペニスがないことから，自身が女性であることを意識しはじめる。②女児は，最も身近な男性である父親に性愛を抱く。③父親への性愛を実現するため，母親に敵意を抱き，排除を考える。④同時に母親の報復を恐れる。⑤最終的に，父親への性愛と母親への敵意を抑圧する（潜伏期への移行）。⑥同時に母親への同一視が起こり，母親のように父親を愛したいと思うようになる。

女児の違いは，去勢不安がないことである。また，自身にペニスがないことに気づいた女児は劣等感を感じ，ペニスを与えなかった母親を憎み，父親への憧れを抱くと考えられている。そのため，男児と区別するために，ユング（Jung, C. G.）は女児の心理的葛藤をエレクトラ・コンプレックスとよんだ。

第7章

エディプス・コンプレックスについて200字前後で述べなさい。

エディプス・コンプレックスとは，フロイトの発達理論における，4歳～6歳の男根期の心理的葛藤のことである。自分の性を意識しはじめた幼児は，異性の親に性愛感情を抱き，同性の親に敵意を抱くようになる。最終的に，異性の親への性愛感情と同性の親への敵意を抑圧することで，エディプス・コンプレックスは終結する。この経験を通じて幼児は「してはいけないこと」を知り，超自我の形成がはじまる。また，同性の親への同一視が起こり，性役割の獲得につながる。（215字）

答え　Aは誤り。日本語の「コンプレックス」は劣等感という意味で使われるが，ここでは両親への「複合的な（complex）」感情という意味で用いる。Cはフロイトではなく，ユング。フロイトは男女関係なく，エディプス・コンプレックスとよんだ。Dについては，確かに去勢不安はないため男児ほどの強い不安はないが，女児も母親を敵視することによって，適切な養育が受けられなくなる不安を感じる。

【正解：B】

68 防衛機制

defense mechanism

学習のポイント

□ 院試頻出。例とともに，確実に理解しておきたい。
□ 大量にあるため，まず本書の9個（＋抑圧）を優先的に理解しよう。

About this word

防衛機制とは，**不快な欲求・体験から自我を守るさまざまな手段**のことである。最も基本となる防衛機制は，不快な欲求や体験を無意識におさえこむ抑圧である。フロイトの娘であり精神分析家でもあるアンナ・フロイト（Freud, A.）は，抑圧以外のさまざまな防衛機制を体系化した。代表的なものを以下に紹介する。

①反動形成　**抑圧した欲望や想いが言動として現れるのを防ぐために，正反対の言動をとること**（例：アルコールを飲みたい人が，酒を飲むことに強く反対する。飲みたい欲求が表に出てくるのを阻止している）
②投影（投射）　**自分の受け入れがたい感情や考えを，他者が自分に向けてきた感情・考えととらえること**（例：母親に敵意をもつ人が，母親が自分に敵意を向けていると考える）
③同一化（同一視）　**受け入れがたい現実やかなえられない現実を満たすために，誰かの真似をすること**（例：エディプス・コンプレックスにおいて，母親を

4択問題　**次の文のうち，最も適切な文はどれか。**

A 仕事で失敗した時に，部下の働きが悪いからだと考えることは，防衛機制の知性化に相当する。

B 重度の病気の宣告を受けた際，その事実を受け入れられず，話を信じようとしないことは，防衛機制の退行に相当する。

C 日常生活で自分の思い通りに進まない不満感を，カラオケで熱唱して発散することは，防衛機制の昇華に相当する。

D 母親を失った娘が，その悲しみから逃れるために母親のようにふるまうことは，防衛機制の投射に相当する。

異性として愛することはできないと知った男児は，父親のようになりたいと思うようになる。67 参照）

④合理化　**自分の行動に合理的な理由を見つけ出すこと**（例：高いところにあるブドウを取れなかったキツネは「あのブドウは酸っぱくてまずい」といって去るという，イソップ童話の物語）

⑤知性化　**不安を起こす感情を意識化しないために，その感情と距離を置いて知的に判断しようとすること**（例：重い病気を宣告された人が，病気の不安から逃れるために，病気に関する医学的知識を求める）

⑥退行　**過去のより未成熟な行動様式に戻ること**（例：一人で着替えていた兄が，弟が生まれて母の関心が弟に向けられるようになったため，一人で着替えなくなり，親に着替えさせてほしいと要求する）

⑦否認（否定）　**不快な現実の知覚を拒否することで，自我を守ること**（例：息子が戦死したと聞かされた親が，その事実を認めようとしない）

⑧昇華　**社会的に容認されない欲望を，社会的に容認される形で表出すること**（例：性的な欲望をスポーツなどで発散させる。また芸術家ダ・ビンチの同性愛衝動は「モナ・リザ」として昇華されたと，フロイトが解釈したことは有名）

⑨補償　アドラーの概念。**劣等感をカバーするために，他の望ましい特性を強調すること**（例：勉強が苦手な子が，運動でがんばる）

第7章

防衛機制は大学院入試の用語論述で頻出。まずは抑圧と上記の9個，計10個を自身の言葉で説明できるようにしておこう。

防衛機制について200字前後で述べなさい。

外部環境から危険が迫った時や，自身の内的な衝動を満足できない時に，人は何とか自我を守ろうとする。この自我を守るためのさまざまな手段のことを防衛機制という。最も基本的な防衛機制はフロイトが述べた抑圧で，不快な衝動や体験が意識されないよう，無意識下に閉じ込めておくことである。その後，抑圧以外にも反動形成，投射，合理化，知性化，同一化，昇華などさまざまな防衛機制が，フロイトの娘アンナ・フロイトによって体系化された。（202字）

答え　Aは合理化。合理化と知性化は混同されやすい。合理化が都合のよいように歪んで認知することに対し，知性化は現実を正しく認知しようとする点で異なる。Bは否認。Dは同一化。同一化と投射も混同されやすい。同一化が相手の性質を自身に取り入れようとするのに対し，投射が自身の性質を相手に押しつけようとする点で異なる。しっかり区別したい。【正解：C】

69 集合的無意識

collective unconscious

学習のポイント

- □ 集合的無意識における，代表的な元型をおさえよう。
- □ フロイト以降の精神分析学派を，人名とともに整理しておこう。

About this word

フロイトの弟子の１人であったユング（Jung, C. G.）は，フロイトが性的な衝動に重点を置きすぎることに反発し，独自の理論を展開した。とくに夢分析を重視したことから，その理論は分析心理学とよばれている。

分析心理学における中心的な概念が，集合的無意識だ。集合的無意識とは**人類が普遍的にもつ無意識のこと**を指し，個人が独自にもつ個人的無意識の，さらに深層にあるとされている。ユングは，世界各地の神話に共通する内容があり，それは集合的無意識が存在するためと考えた。集合的無意識に存在する心的イメージは元型（アーキタイプ）とよばれており，代表的なものに以下があげられる。

元型	内容
アニマ	男性の中に存在する女性的性質をもつもの。
アニムス	女性の中に存在する男性的性質をもつもの。
老賢人	父なるもの，権威・倫理・秩序を表す偉大な存在。
グレートマザー	母なるもの，愛情・成長・豊穣を表す慈悲の存在。
ペルソナ	仮面。社会に表出している適応的な側面。
シャドウ	影。社会に表出していない否定的な側面。

4択問題 **次の文のうち，最も適切な文はどれか。**

A 集合的無意識における元型として，女性の中にある男性的性質はアニマとよばれている。

B 集合的無意識は，同時代に生きる者が共有する無意識のことである。

C フロイトの汎性欲説に反発して，独自の展開を遂げたユングの精神分析は，分析心理学とよばれた。

D 自己愛に注目したコフートらの精神分析は，新フロイト派とよばれている。

また分析心理学では，心の機能によるパーソナリティの分類が行われており，ユングの機能類型とよばれている（詳細は44）。

以下に，他のフロイト以降の精神分析学派を概観する。

■個人心理学　アドラーによる理論体系。アドラーもユングと同様，性的な衝動に重点を置くフロイトに反発した。人は劣等感を感じるが，それを乗り越えようとする意思があり，補償（68参照）が働くと考えた。このアドラーの「人間が自らの劣等感を克服し，未来へ向かって成長し続ける存在である」という主張は，のちの人間性心理学の基礎となる。

■自我心理学　アンナ・フロイトやエリクソンらの精神分析学派で，自我を中心に人間を理解しようとする流れである。とくにアンナ・フロイトは自我を守る手段としての防衛機制を体系化し（68参照），エリクソンは青年期における自我同一性の重要性を述べた（28参照）。

■対象関係論　クラインらの精神分析学派。次項70で詳細を説明。

■自己心理学　コフートらの精神分析学派。とくにコフートは自己愛に注目し，独自の理論を展開した。自己愛は，認められたい欲求である**映し返し**と，理想的な目標に同一化したい欲求である**理想化**から成るとした。

■新フロイト派　社会的・文化的要因を重視した精神分析学派。治療における患者と治療者の関係性を重視し「関与しながらの観察」を提唱したサリヴァンや「自由からの逃走」を著したフロムが代表的。

第7章

集合的無意識について200字前後で述べなさい。

集合的無意識とは，ユングの分析心理学における中心概念で，人類に時代や場所を超えて共通する普遍的な無意識のことである。集合的無意識の存在は，世界各地の神話に共通する内容が存在することから考えられ，その共通する内容が元型とよばれている。代表的な元型に，権威を表す老賢人，慈悲を表すグレートマザー，適応的で外部に表出しているペルソナ，否定的な側面で外部に表出しないシャドウなどがあげられる。（192字）

答え　Aはアニマではなくアニムス。なお本問では出題されていないが，母なるグレートマザーに対して父なる老賢人を「グレートファーザー」と論述するのは，かなり恥ずかしい間違い（！）なので，注意しよう。Bは「同時代に生きる者が～」が誤り。集合的無意識は，場所や時代を超えて神話に共通するテーマが存在することから考えられたため，同時代に限定されない。Dは自己心理学。新フロイト派は，サリヴァンやフロムなど。

【正解：C】

70 対象関係論

object relations theory

学習のポイント

□ 理解が難しい概念の１つ。まずは，しっかりイメージをつかもう。
□「乳児が心に描く母親像の変化を追う」が理解の軸となる。

About this word

対象関係論とは，**生後すぐの乳児が，どのようにして母親との関係性を構築していくのかを示した論**である。ただし，対象関係論は非常に抽象的で理解するのは困難だ。そこで本書では，対象関係論を理解するためのポイントを列挙する。

■対象関係論の要点

①**最早期の乳児**に関するクライン（Klein, M.）の理論。
②対象関係論の「対象」とは，乳児の内的な世界における母親像。**乳児が内的な世界に思い浮かべる母親の姿**（表象）**との関係性に注目**している。
③乳児は妄想分裂ポジションと抑うつポジションを揺れ動く。
・妄想分裂ポジション　自分に満足（母乳など）を与えてくれる時は良い乳房，満足を与えてくれない時は悪い乳房というように，**母親の表象が分裂しており統合されていない**（部分対象）。良い乳房には愛情を，悪い乳房には攻撃的な感情をもつ。

4択問題　**次の文のうち，最も不適切な文はどれか。**

A　対象関係論では，母子間のスキンシップを中心とした関係性が重視され，その対象関係の変化を探っていく。

B　妄想分裂ポジションでは，良い乳房・悪い乳房というように１つの対象が部分対象に分裂していることが多い。

C　アンナは男根期以前の乳児に対する精神分析的な解釈は意味がないと考え，親への教育面接を重視した。

D　ウィニコットはクラインの視点を取り入れながらも，環境要因に注目し「ほどよい母親」と「移行対象」という概念を提唱した。

・抑うつポジション　良い乳房も悪い乳房も同じ母親であると理解する。部分対象が統合され，全体対象となる。**攻撃的な感情を向けていた悪い乳房も，愛する母親であったことを知り，罪悪感から抑うつ的な気分に至る。また，完全な良い乳房が失われたことによる喪失感や，見捨てられ不安を抱く。**

④乳児の防衛機制は未熟で，原始的防衛機制として区別される。妄想分裂ポジションで主に見られる。代表的な原始的防衛機制は以下のとおり。

・分裂　良い対象と悪い対象という部分対象に分けることで，対象のもつ両価的性質を避ける。

・投影性同一視　分裂させた部分対象に自分の悪い部分を投影し，その悪い部分を対象がもっているかのようにふるまう。

⑤乳児は成長とともに，原始的防衛機制ではなく抑圧などの防衛機制を用いるようになり，抑うつポジションの罪悪感や喪失感などを抑圧する。ただし，成長後も原始的防衛機制を用い続けると，ボーダーラインパーソナリティ症（境界性パーソナリティ障害）など，不適応になる可能性がある（86 参照）。

また，対象関係論とともに語られることが多い，**アンナ・フロイトとクラインの対立**もおさえておきたい。

■アンナの主張　男根期にエディプス・コンプレックスの葛藤を通じて，親との関係性が構築される（67 参照）。裏を返せば，**男根期以前の乳児は親との対象関係が構築されておらず，精神分析的解釈は意味をなさない。**

■クラインの主張　**男根期以前の乳児も母親との対象関係を構築する力があると考え，精神分析的解釈が可能**と考えた。クラインは多くの児童臨床の経験を通し，子どもの遊びに寄り添って共感的に解釈することには治療的な価値があると報告し，**児童分析の有効性**を述べた。

第7章

対象関係論について 200 字前後で述べなさい。

対象関係論とは，最早期の乳児が，内的な世界に思い浮かべる母親の表象との関係性に注目した，クラインによる理論である。アンナ・フロイトは，エディプス・コンプレックスの葛藤を経るまでは，親との対象関係が築かれておらず，精神分析的解釈は意味を成さないと主張した。それに対しクラインは，最早期の乳児も親との対象関係を築くことを対象関係論で説明し，子どもの遊びに対する精神分析的解釈が，児童分析に有効であることを主張した。（199 字）

答え　対象関係論は，乳児が心の中に抱く母親像（表象）に関する理論であり，スキンシップを重視する愛着理論（31 参照）とは区別される。よってAは不適切。Dは本文中で触れられなかったが正しい内容で，母親の内的の表象に注目したクラインに対し，ウィニコットは環境要因としての母親に注目している。【正解：A】

COLUMN

先輩からのメッセージ④

心理専門職が認められるために

最後のコラムとして，心理系大学院を修了し，現在単科の精神科病院に勤務するTさんに，現在の仕事と魅力を紹介して頂きます。

主な業務として，ロールシャッハ・テストや描画テストを中心とした投影法の心理検査や，精神分析的心理療法を行っています。医療現場で働く心理専門職の業務は，心理検査の施行が最も多いかと思います。最近はようやく検査の施行に慣れ，患者さんとの出会いを楽しめるようになってきました。「自分を知るだけじゃなくて自分を知ってもらえてよかった」「検査だけじゃなくてカウンセリングも受けたい」と言っていただく機会もあり，日々励みとなっています。継続的にお会いする方も多いため，次回の来院に対する動機づけを高めるよう留意しています。退院された方が，外来で「入院中はお世話になりました」「元気にやっています」と声をかけてくださると私も嬉しく感じます。

私の職場は心理専門職の認知度が低く，特に心理療法について理解の得られにくさがあります。以前病棟の患者さんが，心理療法の終了直後にホールで大声を上げて壁を蹴る出来事がありました。「カウンセリングってすっきりするものじゃないの？」と嫌な顔をされるスタッフもいましたが，行動化の意味を伝えると「なるほど。そういうことなんですね」と看護師さんが心理療法後のフォローをしてくださるようになりました。最近はカルテの記事を読まれた若い看護師さんから「○○（心理療法の用語）ってどういう意味ですか？」「こういう行動をするのはどういう心理状態だからですか？」と尋ねられるようになり，少しずつ心理療法に関心を寄せてくださる方が出てきたように感じています。医師とは，心理検査の勉強会の依頼を受けて共同開催したり，患者さんの治療方針について「どういう支援がいいかな？」「いい方向に進んでほしいね」とやりとりする機会が増えてきました。このような質問を受けるからには，私も患者さんの全体像をしっかりととらえ，見立てや方針を伝えられるようこころがけています。

このように患者さんや医療スタッフとのやりとりを通じて，心理専門職としての技術以上に“人－人との関係性”が大切であると日々感じています。これからも向上心を忘れず，心理専門職としても人間としても成長できるよう，研鑽を積んでいきたいです。

第８章 臨床（査定）

Clinical Psychology (Assessment)

……▶ 傾向と対策

本章では主に心理査定（アセスメント）とそのツールである心理検査を扱う。**院試における出題率はトップクラスの「超」頻出分野**である。項目数こそ少ないように見えるが，各項目にかなりの情報量が詰まっているので，隅々まで目を通して理解を深めてほしい。

なぜここまで心理検査は院試で出題されるのだろうか。クライエントがどんな状態で，どんな問題を抱えているかを正しく把握してはじめて，適切な介入が可能となる。だが，この「把握」が容易ではない。心理学を学べば学ぶほど「人の心を知る」ことが，いかに困難であるかを思い知らされるだろう。だからこそ，**「人の心を知る」困難さを知っているか，その困難さを克服するために先人たちが積み上げてきたさまざまな努力と知恵を手にしているかが，試験で試される**のだ。

心理検査に関する理解を深めることは「人の心を知る」ための視点を得ることにつながる。左ページのコラムでも述べられているように病院に勤務する心理専門職に最も期待される技能は，心理検査によるクライエントの査定であるという話もある。ぜひ腰をすえて，本書だけでなく他の参考書も開きながら，あわてず１つ１つを丁寧に理解していこう。

NO	難易度	用語
71	★★☆	インテーク面接
72	★★☆	アセスメント
73	★★☆	質問紙法
74	★★☆	投影法（投映法）
75	★★☆	描画法（描画投影法）
76	★★☆	作業検査法

難易度は，用語内容の理解しやすさや論述における書きやすさの目安を表します。

71 インテーク面接

intake interview

学習のポイント

- □ **インテーク面接＝初回面接・受理面接**
- □ **誰でも「初めて」は不安。その視点に立てば何が必要か見えてくる。**

About this word

インテーク面接とは，相談機関にやってきたクライエントに対して行う**初回面接**のことである。クライエントを受理するかを判断するため，受理面接とよばれることもある。以下の２つを主な目的とする。

■①主訴の確認とリファーの判断

クライエントが何を求めて相談機関にやってきたのか（主訴）を明らかにするため，情報収集を行う。「困っていることは何か」だけでなく「どうなりたいか」も聴くことで，面接の目標を共有することが望ましい。

情報収集の結果（あるいはアセスメントの結果），クライエントに援助が必要であり，その援助を心理専門職が実施可能であるならば，**援助方針をわかりやすく伝え，同意を得た上で契約を結ぶ**。このような説明と同意をインフォームド・コンセントという。

しかし，インテーク面接の結果（あるいはアセスメントの結果），心理専門職による援助が不適切であると考えられる場合がある。援助者の主たる心理療法が有効ではない場合は，最も適した専門家に紹介すべきだろう。自らの援助能力の

4択問題

次の文のうち，最も不適切な文はどれか。

- **A** インテーク面接は１回で終了するとは限らない。
- **B** 治療契約を結ぶためには，治療方針の十分な説明と同意が必要とされる。
- **C** クライエントが安心してインテーク面接に臨めるよう，援助者は権威ある態度で接するべきである。
- **D** 初回面接の段階ではクライエントはまだ，援助者が適切に援助してくれるか不安を抱いていることが多い。

限界を超えるクライエントを受理すべきではない。このような場合，**他の適切な治療機関にクライエントを紹介する。**このことをリファーという。たとえば統合失調症などの精神病レベルのクライエントの場合は精神科を紹介する。

■②ラポールの形成

ラポールとは，**援助者とクライエントとの信頼関係**である。クライエントは初めて相談機関に訪れる際，二重の不安を抱くといわれている。

1. 自身の問題に対する不安
2. 相談機関に対する不安

自分の抱える問題に対する不安だけでなく，初めて訪れる相談機関に対する不安も抱いている。情報収集を急ぎすぎたり，高圧的な態度で接したりすると，クライエントが安心して自分のことを語ることができなくなる。**援助者は，清潔な身だしなみと安心できる雰囲気で，クライエントを尊重し，共感的に傾聴する姿勢が求められる。**またリファーする際にも，ラポールは必要である。**冷淡な態度でリファーを行うと，クライエントは見捨てられたと思う可能性がある。**丁寧なインフォームド・コンセントを行い，見捨てられた感を抱かせないようにする必要がある。

インテーク面接について200字前後で述べなさい。

インテーク面接とはクライエントと援助者の初回面接のことである。クライエントの主訴を聞き取り問題状況を把握する。援助が必要で可能ならば，援助方法を十分に説明し，同意を得て契約に至る。ただし援助が困難である場合は，別の機関にリファーすることが必要となる。初めて相談機関に訪れたクライエントは，自身の問題に対する不安と相談機関への不安という二重の不安を抱えているため，クライエントが安心できるようラポールを形成する必要がある。(210字)

答え 援助者の自信のなさはクライエントの不安を煽ることになるが，だからといって権威ある態度で上下関係があるように接する必要もない。二重の不安を解消しラポールを形成するために，対等な関係性を意識して，クライエントの話を傾聴する姿勢が求められる。よってCは不適切。Aは本文中では触れられなかったが，正しい内容。複数回行う場合もある。Bはインフォームド・コンセントに関する内容。Dは二重の不安の1つ。 【正解：C】

72 アセスメント

assessment

学習のポイント

□ **医学的診断との区別を問う問題は頻出。しっかり区別を。**
□ **テスト・バッテリーの必要性，利点・欠点をおさえよう。**

About this word

病状によって適切な薬が異なるように，クライエントの性質や抱える問題によって適切な援助方法は異なる。そのため，適切な援助を行うためには，クライエントの性質や抱える問題を，できるだけ多角的な視点で把握することが必要になる。このような**クライエントの全体像を理解するための作業**をアセスメント（査定）という。

医学的な診断では，病気の原因となる患部を発見することに重点を置くが，**臨床心理学的なアセスメントでは，クライエントのパーソナリティ・能力・生活環境など，問題点に限らず健康的な面も含めて，全体像を把握することに重点を置く。**

アセスメントの方法は，大きく分けて以下の３つがある。

■①面接法

言語的・非言語的やりとりから，クライエントを理解しようとする。面接法には，あらかじめ質問内容を設定しておく構造化面接，設定しない非構造化面接，設定するが面接者の裁量で柔軟に質問方法や順番を変更することができる半構造化面接がある。調査・研究などデータを取る面接では構造化面接を行うことが多いが，

4択問題 **次の文のうち，最も適切な文はどれか。**

A　アセスメントは，大きく観察・面接・質問紙の３つにわかれている。

B　できるだけ多くの心理検査を組み合わせる方が，クライエントの理解と援助を促進する。

C　アセスメントの場面では，クライエントの全体像を正しく把握するために，非言語的な情報はできるだけ排除する。

D　テスト・バッテリーを適切に実施するためには，各心理検査の目的・長所・短所を正しく理解しておく必要がある。

アセスメントの場面では半構造化面接を行うことが多い。

■②観察法

表情や態度からクライエントを理解しようとする。ありのままの対象の姿を観察する自然観察法や，観察者が意図的に設定した場面に対してどう行動するかを観察する実験的観察法などがある。実験的観察法の例としては，愛着測定のストレンジ・シチュエーション法（31 参照）が代表的である。

また，心理面接における観察においては，**関与しながらの観察**に関する理解が重要となる。詳細は p.188 コラムを参照。

■③心理検査法

心理検査には**性格検査**や**知能検査**などがあり，性格検査はさらに質問紙法，投影法，作業検査法に分類できる（73～76 参照）。他にも，抑うつや不安などの精神症状の評価を行う**症状評価尺度**や（106 参照），記憶や言語，注意などの認知能力の評価を行う**神経心理学的検査**，子どもの心身の発達の程度を評価する**発達検査**などが挙げられる。1 つの心理検査からはパーソナリティの一側面しかわからないため，1 つの心理検査の結果をもとに，クライエントの特徴を決めつけてしまうことは大変危険である。そこで，できるだけ複合的な視点でクライエントを理解するために，**心理検査を複数組み合わせる**ことが多い。これをテスト・バッテリーという。テスト・バッテリーでは，質問紙と投影法で各検査の限界や欠点を補いあうように設定したり，性格検査と知能検査でクライエントを総合的に理解できるよう設定したりする。ただし，やみくもに検査を増やすことは，クライエントの負担につながることを決して忘れてはならない。

アセスメントについて 200 字前後で述べなさい。

アセスメントとは，観察・面接・心理検査を用いてクライエントの全体像を理解する作業のことである。医学的診断は薬物の処方のために問題点を重視するが，アセスメントでは問題点だけでなく，豊かで健康的な面も重視していく。それにより，問題を直接解決できなくとも，問題とともによりよく生きる方法を援助していくことができる。このように，アセスメントは適切な援助の方針を立てるために必要な作業である。（195 字）

答え Dの内容は正しい。だからこそ，各心理検査に関する知識をしっかりと学ぶ必要があるし，院試における心理検査の出題も多い。A は質問紙ではなく，心理検査。質問紙は心理検査のうちの一手法にすぎない。B は，クライエントの負担を考慮していない。C は，非言語的情報の排除が誤り。とくに観察や面接では，視線の動きや，声色，表情など，心理検査では検出されないクライエントの豊かな情報が得られるため，非言語的情報も積極的に収集していく。【正解：D】

73 質問紙法

questionnaire method

学習のポイント

- □ 質問紙を使うことによる利点と欠点を整理しておさえよう。
- □ MMPIとYG性格検査はとくに頻出。最優先でおさえておきたい。

About this word

質問紙法とは，あらかじめ用意された各質問項目に回答者が「あてはまる－あてはまらない」などを回答することにより，性格特徴を把握しようとする検査である。

■質問紙法の利点

①統計的処理による客観的解釈　たとえば各質問項目の回答について「はい」を2，「どちらともいえない」を1，「いいえ」を0とするなどして，数量化が可能である。数量化によって統計的な処理が可能となり，客観的なデータが得られる。検査者の主観は入りにくい。

②集団実施が可能　必要に応じて多人数に質問紙を配布し，同時に実施することが可能である。

③検査者の熟練に左右されにくい　実施方法はマニュアル化されており，検査者の熟練によって結果が左右されにくい。

図1

図2

■質問紙法の欠点

①無意識的側面がとらえられない　自分が「自分のことをどう思っているか」をもとに回答するため，自分の知らない自分，つまり無意識的な側面は回答に反映されにくい（図1）。意識している自分の姿が反映される（そしてその「意識している自

分の姿」が，現実の自分の姿と完全に合致している保証もない）。

②回答のバイアスが生じやすい　自分をよく見せようとしたり，社会的に望ましい回答を選んでしまったりなど，回答の歪み（バイアス）が生じる可能性がある（図2）。

③言語能力に依存　質問項目を正しく読みとることができなければ，適切な回答をすることができない。そのため，一定の言語能力を必要とする。

代表的な質問紙検査を以下に紹介する。MMPIとYG性格検査はとくに院試で頻出なので，詳細まで徹底的に理解を。

■MMPI（ミネソタ多面的人格目録）

・開発者はハザウェイとマッキンレイ。
・**健常者と精神疾患をもつ者で有意差があった質問項目で構成**。臨床場面で多く活用されている。
・**妥当性尺度をもつ**。自分をよく見せようとしていないか調べる質問や，めったに「はい」と答えることがない質問に「はい」と答えているかなどを調べ，回答の歪みや虚偽・脚色，精神的な混乱などがないかをチェックする。
・「はい」「いいえ」「どちらでもない」の3件法。ただし「どちらでもない」は10個以下にするよう教示される。
・**550の質問項目，10の臨床尺度と4の妥当性尺度**で構成。質問項目が多く，実施に時間がかかる。

■YG性格検査（矢田部ーギルフォード性格検査）

・ギルフォードの性格検査を矢田部達郎が日本人用に標準化したもの。**日本で最も多く使われている**。
・「はい」「いいえ」「どちらでもない」の3件法。
・**120の質問項目で12の性格特性**を測定。また測定結果で5つの類型に分類することも可能。
・MMPIのように妥当性尺度がないため，**回答の歪みを判断できない。妥当性に問題がある**。

他にも多くの質問紙検査が存在するが，ここでは代表的なもの（かつ院試での出題がみられるもの）を概観する。

■MPI（モーズレイ人格目録）

・アイゼンクが開発（モーズレイは病院名）。
・80の質問項目，3件法。
・情緒安定性である「**神経症傾向**」と社会性である「**外向性ー内向性**」の2つの性格特性を測定。
・**回答の歪みを判断する虚偽尺度**がある。

■ EPPS
・エドワーズが開発。
・同程度の社会的望ましさをもつ文章が2つ提示され，**どちらかを強制的に選択することで，回答者の欲求を明らかにする。**

例）A・他の人がびっくりするような大胆なことをしたい。
B・他人の考えることを分析してみたい。
→AかBのどちらかを選ばなければならない。

・上記の強制選択法で，**社会的望ましさによる回答の歪みを統制**する。

■ MAS（顕在性不安検査）
・テイラーが開発。
・**MMPIから不安に関する質問項目を抽出**して作成された検査。
・日本版は不安尺度50項目と虚偽尺度15項目。

■ STAI（状態－特性不安検査）
・スピルバーガーが開発。
・生活条件により変化する一時的な不安である**状態不安**と，生活条件に関係なく存在する**特性不安**を分けて測定。
・状態不安と特性不安20項目ずつ，計40項目。

■ BDI（ベック抑うつ質問紙）
・ベックが開発。
・21の質問項目。
・**抑うつの程度を測定するための質問紙**。抑うつ質問紙には他に**SDS，CES–D，GSD**がある。

4択問題 **次の文のうち，最も適切な文はどれか。**

A 質問紙は，回答者の自己に対する主観的な認知が反映されるため，回答の歪みが生じやすい。

B 質問紙は，回答に対して分析者が主観的な解釈を行うため，解釈の歪みが生じやすい。

C MMPIには臨床尺度だけでなく，回答の歪みを調べるための信頼性尺度が含まれている。

D YG性格検査は，矢田部とギルフォードが開発した性格検査で，10の性格特性を測定する。

＜参考資料＞

MMPI	YG 性格検査
10の臨床尺度	**12の性格特性**
Hs　心気症	D　抑うつ性
D　抑うつ症	C　回帰的傾向
Hy　ヒステリー症	I　劣等感
Pd　精神病質的偏倚	N　神経質
Mf　男性性・女性性	O　客観性
Pa　偏執性（パラノイア）	Co　協調性
Pt　精神衰弱	Ag　攻撃性
Sc　統合失調症	G　活動性
Ma　軽躁性	R　のんきさ
Si　社会的内向性	T　思考的外向
	A　支配性
	S　社会的外向
4の妥当性尺度	**5の性格類型**
?尺度	A型　平均型
L尺度	B型　不安定積極型
F尺度	C型　安定消極型
K尺度	D型　安定積極型
	E型　不安定消極型

?尺度　「どちらでもない」と答えた数。規定数を超えると妥当性に問題ありと判断される。

L尺度　社会的・理想的には望ましいが，実際にそのように行動することはめったにない項目。自分を社会的によく見せようとする態度を測定する。

F尺度　標準化集団で10%以下の回答率となるような，めったに「はい」とは答えない項目。不注意，無理解，非協力的態度を測定する。

K尺度　心理的弱点に対する防衛傾向を問う項目。防衛傾向や歪曲傾向を測定する。

質問紙法について200字前後で述べなさい。

質問紙法とは，あらかじめ定められた質問項目に回答してもらうことにより，データを得る方法のことである。質問紙による性格検査は実施しやすく，得られた結果は統計的な解釈がしやすいため，客観性が高い。反面，回答者の自己内省に基づいて回答が行われるため，回答者の無意識面をとらえることが困難である。また，自分をよくみせようとするなど，回答の歪みが生じる可能性がある。代表的な質問紙性格検査にMMPIやYG性格検査があげられる。(207字)

答え　AとBはしっかり区別しよう。質問紙は回答者の自己内省に頼る部分が大きいので，回答者側のバイアスが主な問題となる。統計的な解釈が可能であるため，分析者側のバイアスは大きな問題になりにくい。Cは信頼性ではなく妥当性。質問紙性格検査には，信頼性と妥当性（09，10参照）の両方が必要だが，とくに妥当性が問題となることが多い。Dは10ではなく12の性格特性。また矢田部が開発したというより，ギルフォードが開発した検査を，矢田部が日本向けに標準化した，と説明する方がより適切になる。　【正解：A】

74 投影法（投映法）

projective technique

学習のポイント

- □ 投影法の定義を正しくおさえよう。
- □ 利点と欠点を質問紙法と対比させて理解しよう。

About this word

投影法とは，**曖昧で多義的な刺激に対する被検査者の自由な反応を得て，それを分析することで被検査者の性格特徴を把握しようとする性格検査の総称**である。代表的な例として，インクのしみ（曖昧な刺激）が何に見えるか答えてもらい（被検査者の自由な反応），その反応内容を分析するロールシャッハ・テストがあげられる。

■投影法の利点

①無意識的側面がとらえられる　投影法では，被検査者の自由な反応に無意識的な側面が反映されていると考える。そのため，質問紙法では明らかにならない無意識面の性格特徴が明らかになることがある。

②回答のバイアスが生じにくい　検査の意図が読みとられにくいため，自分をよく見せようとしたり，虚偽や誇張をしたりすることが困難で，回答のバイアスが生じにくい。

■投影法の欠点

①検査者の主観的解釈　解釈に検査者の主観が入るため，検査者による解釈の違いが生じやすい。主観を廃するための判定基準に関しても，判定の根拠が薄弱なものが多い。

②集団実施が困難　基本的に検査者と被検査者の１対１で行うことが多い。（検査により例外あり）

③検査者の熟練が必要　投影法の実施・結果の解釈には熟練が必要とされる。検査者の熟練によって検査結果が左右される可能性がある。

④被検査者の負担　被検査者は何を測られているかわからないため，不安を抱きやすい。選択肢ではなく自由な回答を求められるため，心理的な負担も大き

い。場合によっては中断せざるを得ない場合もある。ロールシャッハ・テストの場合，よくわからないインクの染みを何枚も見せられて，自分の回答がどう判定されるかもわからないまま，何に見えるか答え続ける…と考えれば，その負担の大きさがわかるだろう。

⑤言語能力に依存　反応として言語報告をするものが多いため，投影法でも被検査者に一定の言語能力が必要となる。ただし，描画法を用いることでこの欠点をカバーすることができる。描画法については次項参照。

代表的な投影法検査について，院試での出題頻度が高いものを優先的に紹介していく。

■①ロールシャッハ・テスト

・ロールシャッハが開発。
・左右対称のインクの染みが何に見えるか答えてもらい，その反応内容を分析する。
・図版は**白黒５枚，カラー５枚。**
・判定方式としては**包括システム**が普及しているが，日本では伝統的に**片口法**という判定方式が用いられることも多い。

①ロールシャッハ・テスト

何にみえるか？
チョウ？
何かを
守ろうと
している人？
(イメージ)

■② TAT（主題統覚検査）

・マレーとモーガンが開発。
・**絵から自由に物語を創作してもらう。**
・創作された物語の主人公の行動に被検査者の欲求が，主人公の周囲で起きる出来事に被検査者が環境から受ける圧力が，それぞれ反映されていると考える（欲求－圧力理論）。

②ＴＡＴ

どんな物語を作る？
誰を主人公にする？
どんな展開が起こる？
(イメージ)

・図版 30 枚と白紙 1 枚の計 31 枚からなり，被検査者によって図版を使い分ける。
・子ども用の CAT，高齢者用の SAT が存在する。
・ロールシャッハ・テストと比較して，判定方法に関する研究が少なく，判定方法が確立しているとは言い難い。

■③ P-F スタディ

・ローゼンツァイクが開発。
・**欲求不満場面が描かれたマンガのような絵の吹き出しに，自由にセリフを書き**

入れてもらい，それを分析する。

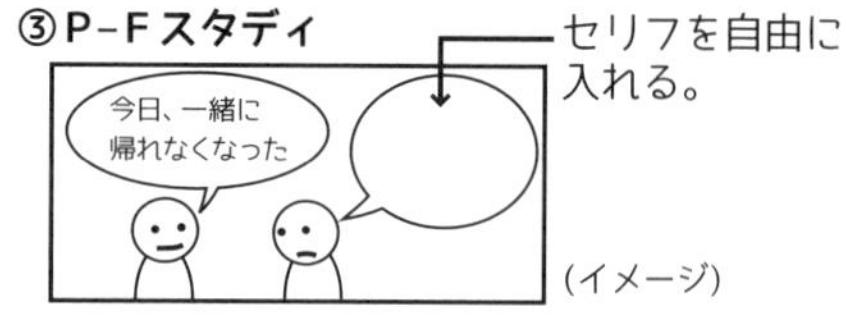

今日、一緒に帰れなくなった
セリフを自由に入れる。

・P は picture，F は frustration を表す。その名の通り，絵を用いて**欲求不満耐性を測定する**検査である。

・絵は 24 枚。欲求不満場面が描かれた絵は，他者の行為によって自身に欲求不満が生じている**自我阻害場面**と，自身の行為によって他者から責められ不満が生じている**超自我阻害場面**に大別できる。吹き出しのセリフを書き直すときは，消しゴムで消さずに線を引いて修正する。

・他の投影法と比較して，回答の自由度が低め。

■④ SCT（文章完成法）

・**不完全な文章が提示され，その文章の続きを完成させる。**

例）私は子どもの頃・・・（この続きを自由に書く）

・投影法ではあるが，**意識的な側面が反映されやすい**。また**回答の歪みが生じやすい。**

例）私は子どもの頃「いつもニコニコしていた」

→ただし，本人がそう意識しているだけで，真実は異なる可能性がある。また，事実と歪めて回答している可能性も否定できない。

・以上のように，投影法ではあるが**質問紙法的な特徴**をもつ。

・SCT 単独で用いることは少なく，テスト・バッテリーの一貫として用いられることが多い。

④SCT（文章完成法）

書けた！
これ全部本当なの？
・私は子どもの頃…
両親の言うことを素直に聞く子でした。
・私の母は…
とてもやさしくて，素敵な人でした。
不完全な文章の続きを自由に書く
↓
その文章に性格が反映されている

4択問題　**次の文のうち，最も適切な文はどれか。**

A 投影法とは，インクの染みを見せてそれが何に見えるか答えてもらう性格検査のことである。

B 投影法は解釈が難しく，また解釈において検査者の主観を取り除くことが困難である。

C 投影法は曖昧な刺激に対して，自由に回答することが許されているため，回答者の負担は少ない。

D 投影法は言語能力に欠ける対象にも実施することが可能である。

質問紙法と投影法は，互いに欠点を補い合う関係にあるため，テスト・バッテリーとして用いられることが多い。以下にそれぞれの特徴を整理するので，ぜひしっかり理解しておこう。

	質問紙法	投影法
客観性	統計的処理による客観的解釈が可能。検査者間で解釈がずれることはない。	検査者の主観的解釈により，検査者間で解釈のずれが生じる可能性がある。
集団実施	可能	基本的に個人検査
検査者の熟練	手続きが厳密に標準化されているため，熟練は不要。	実施・分析ともに熟練を必要とする。
所要時間	比較的短時間	比較的長時間（負担が大きい）
測定水準	意識水準を測定。「自分が意識している自分」が測定される。	無意識水準まで測定。「自分が意識していない自分」まで測定される。
回答操作	検査の意図が推測されやすいため，社会的望ましさや防衛的態度による回答の歪みが生じやすい。	検査の意図が推測されにくいため，回答の歪みが生じにくい（だが，この点が被検査者の負担をより大きくしている）。

第8章

投影法について200字前後で述べなさい。

投影法とは，曖昧で多義的な刺激を被検査者に与え，それに対する自由な反応を得ることで，反応に反映された被検査者の性格特徴を把握しようとする方法である。刺激が曖昧でわかりにくいため回答の歪みが生じにくく，回答には無意識的な側面が反映されやすい。反面，解釈には熟練が必要で，検査者の主観が含まれやすい。統計的な分析も困難である。代表的な投影法検査にはロールシャッハ・テストやTATがあげられる。（193字）

答え　Aは投影法の説明というより，ロールシャッハ・テストの説明になっている。だが，投影法に関する論述を求めると，意外なほどAのような論述をする者が多い。投影法の定義は意外と答えにくいようだ。正しく定義をおさえておこう。Bは正しい（だが，可能な限り解釈の主観性を廃するよう，投影法のマニュアルは研究されている）。Cは誤り。自由に答えるということは，質問紙のように選択肢を選ぶことよりも，明らかに負担が大きい。Dも誤り。次項で紹介する描画投影法は言語をあまり必要としないが，投影法全般は言語報告を必要とするものが多い。

【正解：B】

描画法（描画投影法）

drawing test

学習のポイント

- □ 言語表出が困難な対象に実施できることが最大のメリット。
- □ 投影法の一種であるという視点を忘れずに。

About this word

描画法は，被検査者に絵を描いてもらい，その絵を分析することで性格特徴を把握しようとする投影法の一種である。とくに，**言語表出が困難な年齢や症状をもつ対象に対して実施可能な点**が大きな利点としてあげられる。また，絵を描く行為そのものが自己表現につながり，治療的な効果をもたらす場合もある。

だが投影法の一種であるため，解釈が困難であることや，検査者の主観が解釈に混入することなど，**投影法の欠点の多くは描画法にも当てはまる。**

以下に代表的な描画法を概観する。

■①バウムテスト

- コッホが開発。
- A4 用紙に「**実のなる木**を１本描いてください」と教示する。
- 描かれた木の大きさ，形，バランスなどから被検査者の特徴を推測する。
- あくまで補助的な理解にすぎず，性格特徴や発達的側面のすべてがわかることはない（テスト・バッテリーの１つとして用いる）。

4択問題　次の文のうち，最も適切な文はどれか。

- **A** バウムテストを開発したのはバックである。
- **B** HTP テストでは，家と木と人をそれぞれ別の用紙に描いてもらい，分析対象とする。
- **C** 動的家族画では家族成員の絵を１人ずつ，年齢順に描いてもらう。
- **D** 風景構成法では，１つの風景を構成するために必要な要素を自由に書き込んで絵を完成させる。

■②HTPテスト

・バックが開発。

・**家，木，人**（House, Tree, Person ＝ HTP）の順に，それぞれ別のB5の画用紙に描く。

・家には家庭環境が，木には無意識的な自己像が，人には現実に認識している自己像が，それぞれ反映されやすい。

・描画終了後，描いた絵について64の質問を行う。この質問をPDI（Post-Drawing-Interrogation）という。描画という非言語的な側面と，PDIによる言語的側面の両面からアプローチが可能。

■③動的家族画

・バーンズが開発。

・A4用紙に「**家族が何かをしているところ**」を描く。

・家族画には，個人のパーソナリティだけでなく，家族間の関係性や対人関係の態度が投影されると考える。家族成員同士で画を見せ合うことで，家族集団全体の力動性を知ることも可能。

■④風景構成法

・中井久夫が開発。

・統合失調症者との言語的交流を補うために創案された。

・A4用紙に「川，山，田，道，家，木，人，花，動物，石」を順番に描いてもらい，1つの風景を完成させる。

・統合失調症者は，風景構成が瓦解し描けなくなることが多いが，回復過程で描けるようになっていく。このように，風景全体の構成に注目する。

第8章

描画法について200字前後で述べなさい。

描画法とは，被検査者に絵を描いてもらい，その絵を分析することで，被検査者の性格特徴を把握しようとする投影法の一種である。代表的な描画法にバウムテストやHTPテストがある。言語能力に依存しないため，言語表出が困難な対象に有効である。ただし描かれた絵の分析には熟練が必要で，また分析者の主観的解釈が含まれるため，単独で使用するのではなくテスト・バッテリーの1つとして使用していくことが望ましい。（195字）

答え

Aはバックではなく，コッホ。Bは正しい。HTPはHouse Tree Person。Cは年齢順といった制限が誤り。記念撮影的な立ち姿ではなく「家族が何かをしているところ」すなわち「動的」な家族画を描く。そして，その画の中には，家族成員が全員含まれているとは限らない。Dは必要な要素を自由に描くのではなく，定められた順番に描き入れていくため誤り。

【正解：B】

76 作業検査法

performance test

学習のポイント

- □ 質問紙法・投影法同様，利点・欠点を整理して理解しておこう。
- □ まずはクレペリン検査とベンダー・ゲシュタルト・テストの2つを。

About this word

作業検査法とは，**被検査者に簡単な作業を行わせて，その作業結果から性格特徴をとらえる方法**である。

■作業検査法の利点

①集団実施が可能　一度に多人数に実施することが可能である。

②回答のバイアスが生じにくい　性格検査と気づかれにくく，意図的な回答の歪みを排除することができる。

③言語能力に依存しない　作業が中心であるため，言語が困難な対象に対しても実施可能。

■作業検査法の欠点

①情報量の少なさ　1つの作業検査法から得られる情報量はさほど多くない。表面的で限られたパーソナリティの側面しか判明しない。

②内容の単調さ　作業が単調かつ時間がかかるため，被検査者に負担がかかる。

4択問題

次の文のうち，最も適切な文はどれか。

A 作業検査法は，質問紙性格検査と比較して回答のバイアスが少ない。

B クレペリン検査の定型曲線では，前半15分より後半15分の方が，全体的な作業量が少ない。

C 作業検査法では，作業結果を統計的に処理できず，検査結果の客観性が低い。

D ベンダー・ゲシュタルト・テストでは，さまざまな図形を自由に用紙に書いてもらう検査である。

代表的な作業検査法は以下の２つ。作業検査法は，まずこの２つをおさえておけば大丈夫だ。

■内田クレペリン精神作業検査

・クレペリンが考案した作業を，内田勇三郎が検査として改良したもの。
・ランダム数字が，上下２段に17行ずつ印刷された検査用紙を用いる。
・作業と分析の手順は図の通り。
・健常者の作業曲線は定型曲線とよばれており，以下のような特徴をもつ。
  1. 最初の１分の作業量が最も多い（**初頭努力**）
  2. 最後の行（15分目）が次に多い（**終末努力**）
  3. 前半よりも後半の方が作業量が多い（**休憩効果**）

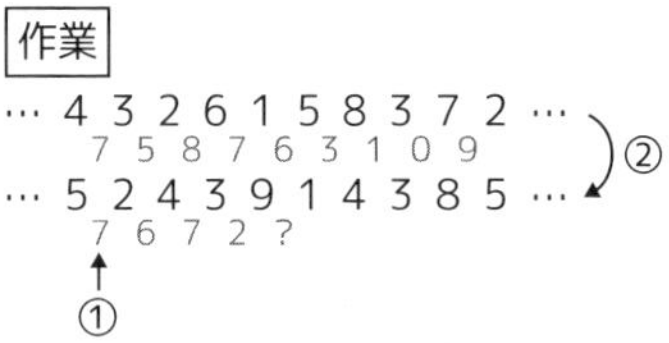

作業

… 4 3 2 6 1 5 8 3 7 2 …
7 5 8 7 6 3 1 0 9
… 5 2 4 3 9 1 4 3 8 5 … ②
7 6 7 2 ?
①

①となりあう数をたし算し，答えの一の位のみを記入していく。
（？は 9+1=10→0 を記入）
②1 分たったら次の行へ。
③15 分作業→5 分休憩→再び 15 分作業。

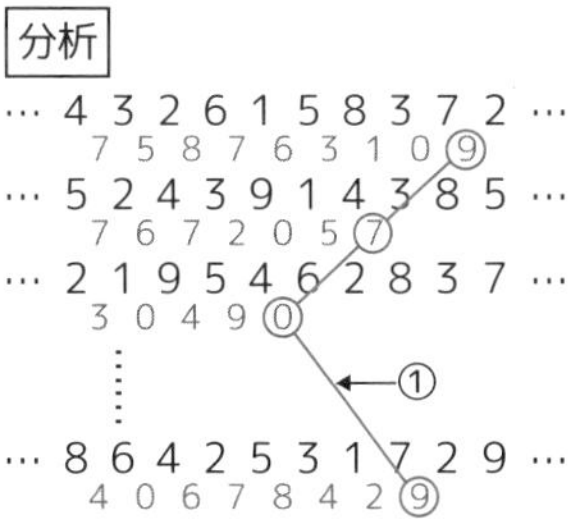

分析

… 4 3 2 6 1 5 8 3 7 2 …
7 5 8 7 6 3 1 0 ⑨
… 5 2 4 3 9 1 4 3 8 5 …
7 6 7 2 0 5 ⑦
… 2 1 9 5 4 6 2 8 3 7 …
3 0 4 9 ⓪
⋮ ←①
… 8 6 4 2 5 3 1 7 2 9 …
4 0 6 7 8 4 2 ⑨

①各行の最終到達点を結んで作業曲線を作成
②作業曲線の形，作業量，誤答数から性格傾向を分析する

■ベンダー・ゲシュタルト・テスト

・ベンダーが開発。
・**図形９つを１つずつ提示し，時間制限を設けずに模写させる。**
・図形はゲシュタルト心理学の創始者，ウェルトハイマーによるもの。
・描写の正確さ，線の乱れなどに注目し，脳機能の障害を査定する。
・人格の成熟度，知的側面の遅れなどを判断することもある。

論述演習

作業検査法について200字前後で述べなさい。

作業検査法とは，特定の単純な作業を被検査者に実施してもらい，その作業結果を分析することで被検査者の特徴を把握しようとする検査の総称である。代表的な作業検査法に内田クレペリン精神作業検査がある。作業検査法は言語能力への依存が少なく，回答の歪みも生じにくいが，得られる情報はさほど多くなく，被検査者の一側面を把握するにすぎない。そのため，テスト・バッテリーの１つとして用いることが有効である。（194字）

答え

Bは休憩効果があるため，後半の方が作業量が多い。Cについては，統計的処理が可能。結果に分析者の主観は混入しにくい。Dは，自由に描いてもらうのではなく，特定の図形の模写を求める。

【正解：A】

第8章

知っておきたいマメ知識②

関与しながらの観察

新フロイト派のサリヴァンは，面接を**関与しながらの観察**（participant observation）とした。関与しながらの観察とは，セラピストが自らの存在を道具としてクライエントと関わり，クライエントとの関係性を手がかりにクライエントの理解を深め，次の関わりを紡ぎ出していくという，**関与と観察の不可分性**を指したものである。

つまり，セラピストによるクライエントの観察は，ビデオカメラを用いた客観的な観察とは本質的に異なり，自らの存在が与える影響を排除することはできない。サリヴァンが「面接への自らの関与に気づかず，それを意識しない程度がひどいほど，目の前で起こっていることに無知である度合いも大きくなる」と述べているように，セラピストの働きかけだけでなく，セラピストの存在そのものがクライエントに影響を与えていることを含めて観察・理解するべきである。また上記の事実は，セラピスト自身もクライエントから関与を受けていることでもある。そのような点でも，客観的な観察とは区別する必要がある。

しかし，客観的な観察からはわからないことが，関与しながらの観察からわかることがある。映像でしか見たことがない相手に対して，直接出会い，会話して，関わり合いの中で理解を深めることができた体験は，多くの人が経験しているのではないだろうか。お互いの存在が影響し合うからこそ得られたその理解は，まさに関与しながらの観察によるものといえるだろう。

第9章 臨床（症状）

Clinical Psychology (Symptoms)

……▶ 傾向と対策

本項ではさまざまな精神障害を紹介する。学問としては精神医学に分類される。理解する内容が多く，多くの受験生が対策に苦しむところだ。

そこで，各障害について**「症状」「原因」「援助」の3点に分けて理解する**ことをオススメしたい。たとえば統合失調症について「どんな症状か」「原因は何か」「どんな援助が求められるか」を述べれば，統合失調症の論述として十分なレベルになる。正直，「原因」は不明であるものがほとんどだが，**可能性として考えられていること**（脳の神経伝達物質の異常ではないかなど），**否定されていること**（神経発達症〔発達障害〕は親の厳しい養育態度が原因ではないことなど）を述べればよい。本書をもとに自分なりに整理してみよう。また，**実際のケースなどを読む**ことで，理解した内容をエピソードと関連づけて定着させることも有効だ。

2023年6月に精神疾患の診断・統計マニュアルの最新版となるDSM-5-TR（日本版）が発売され，原則として病名を「障害」ではなく「症」と訳す方針が示された。本書ではDSM-5-TRに基づいた表記がなされているが，院試においては，現在過渡期であるため「障害」「症」どちらの表記でも出題される可能性がある。柔軟に対応できるようにしておきたい（p.218も参照）。

NO	難易度	用語
77	★★☆	病態水準
78	★★☆	DSM
79	★★☆	統合失調症
80	★★☆	うつ病・双極症
81	★★☆	不安症・強迫症
82	★★☆	PTSD
83	★★★	身体症状症および関連症群
84	★★★	解離症
85	★☆☆	摂食症
86	★★★	パーソナリティ症
87	★★★	自閉スペクトラム症
88	★★☆	限局性学習症，注意欠如多動症

難易度は，用語内容の理解しやすさや論述における書きやすさの目安を表します。

77 病態水準

level of psychopathology

学習のポイント

- □ 神経症・精神病は，特定の症状を指すわけではない。
- □ 重篤さに注目した「分類」であることを，意識しよう。

About this word

カーンバーグ（Kernberg, O.）は精神分析理論に基づき，さまざまな**精神症状の重篤さ**を以下の３水準（レベル）に分類した。この分類は，病態水準による分類とよばれている。

病態水準	神経症レベル	境界例レベル	精神病レベル
現実検討能力	高	⇔	低
同一性統制度	高	⇔	低
防衛操作	高	⇔	低

現実検討能力　現実を正しく認識する能力。現実検討能力が低い場合，妄想や幻覚がみられる。
同一性統制度　自己の記憶・認知・思考などの一貫性を保てるか。低い場合，一貫性を保つことができない（人格の解体）。
防衛操作　欲求不満や不快な衝動に対して適切な防衛機制（68 参照）を用いることができるか。低い場合，原始的防衛機制（70 参照）が用いられやすい。

それぞれの段階の詳細を以下に述べる。

①神経症レベル　比較的重篤ではない精神症状を指す。さまざまな症状こそ訴えているが，現実検討能力や同一性は保たれている。また，脳に特定の病理所

4択問題　**次の文のうち，最も適切な文はどれか。**

A 神経症とは，脳神経の異常による正常な認知の困難を指す。

B カーンバーグは現実検討能力・妄想幻覚の有無・防衛操作の３点に注目し精神症状を分類した。

C 解離性障害は，精神病レベルの障害である。

D カーンバーグによる分類は，精神分析理論に基づくものである。

見もないと考えられている。代表的な症状に，**不安症や強迫症**があげられる。

②境界例レベル　神経症レベルのように見えるが，精神病レベルの行動を見せる場合もあり，安定していない。欲求不満や不快な衝動に対し，原始的防衛機制を用いることがある。言葉通り，神経症レベルと精神病レベルの境界に相当する重篤さを表す。代表的な症状に，**ボーダーラインパーソナリティ症（境界性パーソナリティ障害）**があげられる。

③精神病レベル　比較的重篤な精神症状を指す。妄想や幻覚が出現し，現実検討能力が侵されている。人格の解体がみられ，原始的防衛機制が頻繁に用いられる。脳に特定の病理所見がみられることが多い。代表的な症状に**統合失調症**があげられる。

■病態水準に関する注意点

・神経症，精神病という名称は，特定の精神症状を指す用語ではなく，精神症状の重篤さを示す用語である。とくに**「神経症」という名称から，脳神経の障害と間違える人が多い**ので注意したい。

・病態水準の分類基準である「現実検討能力」「同一性統制度」「防衛操作」は，いずれも正確に測定することが困難で，分類には不確定さが伴う。そのため**病態水準による分類は，現在積極的に用いられていない。**現在では症状の重篤さを指す用語として，慣習的に用いられている。（精神疾患の分類マニュアルDSMの最新版では，完全に表記が削除されている）

・論述において神経症を「軽い症状」と表現するのは神経症患者に失礼だろう。本項では「重篤ではない」という表現を用いた。

第9章

病態水準について200字前後で述べなさい。

病態水準とは，現実検討能力，同一性統制度，防衛操作の3点を基準とした，カーンバーグによる精神症状の重篤さの分類である。比較的重篤ではない症状は神経症レベル，重篤な症状は精神病レベルとよばれ，その中間は境界例レベルとよばれる。ただし分類基準となる現実検討能力，同一性統制度，防衛操作はいずれも正確に測定することが困難で，適切に症状ごとの重篤さを分類することは難しい。そのため，現在ではこの分類は積極的に用いられていない。（200字）

答え　Aは注意すべき誤り。むしろ神経症では，脳の障害がない場合が多い。Bは現実検討能力と妄想幻覚の有無が重複しており，代わりに同一性統制度が相当する。Cについて，解離性障害は同一性統制度こそ高くはないが，現実検討能力・防衛操作が高いため，神経症レベルと考えられている。だが曖昧さは隠せない。ここにも病態水準の分類の不確定さが現れているといえよう。

【正解：D】

78 DSM（精神疾患の診断と統計のマニュアル）

Diagnostic and Statistical Manual of Mental Disorders

学習のポイント

□ 病因論と症候論を区別しよう。
□ DSM-5-TR の病名変更の方針をおさえておこう。

About this word

精神科医クレペリンは，病因論に基づいて精神症状の分類を行った。病因論とは**精神症状の原因に注目すること**で，大きく外因性・内因性・心因性の３つに分類できる。

①外因性　外部環境から加えられた身体要因（脳の損傷や服薬による影響）により生じた症状。

②内因性　外部環境ではなく，遺伝的な身体要因によって生じた症状。

③心因性　身体要因ではなく，心理的な要因によって生じた症状。

ただし精神症状は，**病因を完全に特定することが困難**である。また内因性でもあり心因性でもあるなど，病因が複数にまたがる可能性がある。そのため病因論による厳密な分類は困難で，現在は前項の**病態水準と同様，言葉のみが残っている状態**である。

そこで生まれたのが，アメリカ精神医学会が発表したDSMである。DSM は「精神疾患の分類と診断の手引き」のことで，症候論に基づく分類が特徴とされている。症候論とは，**観察される症状によって精神疾患を分類すること**である。病因や理論には触れられていない。

4択問題　**次の文のうち，最も適切な文はどれか。**

A　DSM は症候論ではなく，病因論に基づいて精神疾患の分類・診断を行っている。

B　クレペリンは心理的な問題が原因となって生じる精神疾患を，内因性とよんだ。

C　現在の DSM は，客観的に観察される症状のみに注目し，防衛機制など観察できない内的要因には注目しない。

D　現在の DSM は，精神疾患だけでなく身体症状も含めたさまざまな疾病・死因の分類がなされている。

■ DSMによる診断

DSMによる診断は，定められた各症状をチェックし，該当する症状が規定数以上あれば，その精神疾患が診断される，といった仕組みである。このことを操作的診断基準という。症候論に基づいた操作的診断基準により，統一された手続きで診断が行われるようになり，診断者による食い違いとそれに伴う混乱は減少した。

最新版は2023年6月に日本版が発売されたDSM-5-TR（text revision）で，原則として病名を「障害」ではなく「症」と訳していく方針が示された。

具体的には「双極性障害」は「双極症」に，「心的外傷後ストレス障害」は「心的外傷後ストレス症」に，といった変更がなされている（現在移行期であるため，院試においては，どちらの表記でもかまわない）。

（参考）神経性やせ症のDSM-5-TR診断基準
A. 有意に低い体重
B. 体重増加や肥満に対する強い恐怖
C. 体重および体型についての体験および意味のゆがみ

■ ICD

DSM以外の精神疾患の分類マニュアルには，世界保健機構（WHO）の発表したICDがある。ICDとは「国際疾病分類」で，精神疾患だけを対象とした分類ではないが，第5章に「精神および行動の異常」という記載がある。また，ICDは病因にも触れられている。最新版のICD-11では，複雑性PTSD，ゲーム障害などが新たに定義され，また性同一性障害という表記がなくなった点が主に注目されている。

第9章

DSMについて200字前後で述べなさい。

DSMとはアメリカ精神医学会の発表した精神疾患の診断・統計マニュアルのことである。特定困難な病因ではなく，客観的に観察が可能な症状に注目することが大きな特徴である。特定の症状をいくつか満たせば診断を下すという操作的診断基準によって，統一した診断を可能にすることを目指している。現在では第5版が発表されており，とくに多軸診断を廃止したこと，広汎性発達障害を自閉スペクトラム症として整理したことが注目を集めている。（204字）

答え　Cは正しい。DSM-III以降，精神分析の概念を中心に，科学的根拠の欠ける概念は削除された。Aは症候論と病因論が逆。Bは内因性ではなく心因性。混同しやすいので注意したい。内因性も外因性と同様，身体要因であることを強く意識しておこう。DはDSMではなくICD。

【正解：C】

79 統合失調症

schizophrenia

学習のポイント

□ **陽性・陰性・解体の3つの症状を優先しておさえよう。**
□ **援助における臨床心理士の役割を確認しよう。**

About this word

■症状

統合失調症は，思考，感情，行動の大きな混乱を特徴とする精神障害である。すなわち，考えは論理的につながらなくなり，知覚や注意に欠陥が生じて，動作は奇妙になり，感情は平板になるか適切さを欠くようになる。患者は，人や現実から離れ，妄想や幻覚のファンタジーの世界へとひきこもる。生涯罹患率は**1%程度で男女差はない**。児童期に発症することもあるが，ほとんどが**10代後半から30代前半**に発症する。

・陽性症状と陰性症状と解体症状の3つがある。

①陽性症状

・機能の過剰と歪みを主な特徴とする。
・**妄想，幻覚，顕著な思考過程，奇異な行動**など。
・発症初期の急性期に多くみられる。

②陰性症状

・活動性の欠如と行動欠損を主な特徴とする。
・**意欲喪失，感情の平板化，無論理的思考**など。
・急性期後に訪れる慢性期に多くみられる。

4択問題 **次の文のうち，最も適切な文はどれか。**

A 統合失調症の症状のうち，幻覚や妄想など，思考や認知が過剰に機能している状態を陽性症状という。

B 統合失調症の症状のうち，解体した会話や奇異な行動などを陰性症状という。

C 統合失調症の原因の1つとして，神経伝達物質のドーパミンの不足が指摘されている。

D 妄想や幻覚の軽減のために，心理専門職による心理療法が有効である。

③解体症状
・**まとまりのない会話（解体した会話）と行動**を主な特徴とする。
・聞き手が理解できるように話すことが困難になる。

■原因
・特定されていない。複数の因子が関与。
・二重拘束説　逃れられない矛盾するメッセージを突きつけられることにより，統合失調症が発症するという説。ベイトソンによるもの。
・脆弱性ストレスモデル　遺伝的にもつ中枢神経の脆弱性に過度のストレスが加わることにより，統合失調症が発症するという仮説。
・ドーパミン仮説　神経伝達物質のドーパミンの過剰分泌によって統合失調症が発症しているという仮説。

■援助
症状の急性期は陽性症状により不安定な状態にあるため，抗精神病薬による薬物療法が治療の柱となり，症状の速やかな改善と，社会的機能の低下を最小限に食い止めることが求められる。症状が回復してきたら，ストレスを最小限に留めて状態を安定化しつつ，社会復帰に向けた準備を始める。具体的には，心理教育，認知行動療法，生活技能訓練（SST）などが行われる。認知行動療法は，妄想や幻覚そのものを消去するのではなく，症状に伴う患者の苦痛の軽減が目的である。あとは，抗精神病薬を徐々に減量し，必要最小限の用量で維持していく。このとき，副作用に注意しながらも，服薬を継続することが再発防止に非常に重要である。

第9章

統合失調症について200字前後で述べなさい。

統合失調症とは，妄想や幻覚などの陽性症状，意欲の喪失や感情の平板化といった陰性症状，解体した会話や行動など解体症状の3つを主な症状とする精神障害である。原因は未だ特定されておらず，さまざまな要因が絡み合って発症に至ると考えられている。陽性症状が中心となる急性期は薬物や入院による鎮静を重視し，陰性症状が中心となる慢性期はSSTや家族への心理教育を重視して，患者の社会復帰を援助していく。（191字）

答え　Aは正しいのに対し，Bは誤り。Bは陰性症状ではなく解体症状。イメージとしては，エネルギーが暴走気味の陽性症状に対し，エネルギーが枯渇している状態が陰性症状。そのため，陰性症状では感情の平板化や意欲の喪失が主にみられる。Cは不足ではなく過剰分泌。Dについて，心理療法での妄想・幻覚の軽減は困難。心理専門職の役割は家族への心理教育や，SSTなどを用いた社会復帰に向けた社会的リハビリが中心となる。　【正解：A】

80 うつ病・双極症

major depressive disorder / bipolar disorder

学習のポイント

- □「うつ病」の知名度に対し，知られていないことは意外と多い。
- □援助の注意点は，とくにしっかりおさえておこう。

About this word

本項は内容が多岐に渡るため，それぞれの内容について箇条書きで列挙する。

■概要

・両者ともに，持続的な気分の変調によって困難が生じる病態である。

・男女比は約1：2で，女性の方が多い。

・罹患率は約10%で，特別な病気ではない。

・気分の変調には，気分の著しい低下である抑うつエピソードと，気分の著しい高揚である躁エピソードの2種類がある。

・抑うつエピソードと躁エピソードを反復する双極症と，抑うつエピソードのみを経験するうつ病がある（なお，DSM-5以前では，この2つの障害は「気分障害」と総称されていた）。

■症状

①抑うつエピソード

・**精神症状**　抑うつ気分，関心・興味の減退を主とする。

・**身体症状**　睡眠障害，食欲の変化，疲労感など。

・**活動できない自分に対する自責感**から，未来に希望がもてず，自分を追いつめ，死んでしまいたいという自殺念慮を抱くことがある。患者の10%前後が，実際に自殺を企てる。

・うつ病の者は，以下の3つの妄想をもちやすい。①貧困妄想（経済面の強い不安や思い込み），②罪業妄想（自分は罪深い存在だという思い込み），③心気妄想（健康面の強い不安や思い込み）。なお，3つまとめて微小妄想とよぶ。

②躁エピソード

・**精神症状**　過活動，観念奔走，誇大妄想，易刺激性など。

・**身体症状**　睡眠障害，食欲や性欲の増加など。

・躁エピソードがみられる場合は双極症Ⅰ型，躁の程度が重篤ではなく（軽躁エピソード），抑うつエピソードとの反復がみられる場合は双極症Ⅱ型として区別される。

- 観念奔走とは，次々とアイデアが浮かび，話が脇道にそれるため全体としてのまとまりがなくなること。
- 易刺激性とは，些細なことで怒ったり興奮したりすること。
- 自分の異常に気づかず，**病識がないことが多い**。

■**原因**

- はっきりとは特定されていない。
- 統合失調症同様，脆弱性ストレスモデルが想定されている（79参照）。
- モノアミン仮説　うつ病の原因を神経伝達物質（セロトニンなど）の分泌異常と考える仮説。
- うつ病になりやすい病前性格として代表的なものに以下の3つがある。
  ①循環気質　クレッチマーによるもの。肥満型の体型で，社交的，陽気，活発（44参照）。
  ②執着気質　下田光造によるもの。律儀で責任感が強く，物事にのめり込んでしまう「堅物」。
  ③メランコリー親和型性格　テレンバッハによるもの。仕事面では几帳面で責任感が強く，対人関係では他人の為に尽くし，秩序と道徳を重んじる性格。

■**援助**

- 躁エピソードは，**薬物による鎮静**が主となる。
- 抑うつエピソードは，**休養と薬物療法と認知行動療法**が主となる。
- 休養によって気力・体力を回復させる。ただし，**真面目な患者ほど休養への抵抗が強いため，十分な説明が必要**になる。
- うつ病の場合，薬物療法は抗うつ薬（SSRIなど）が中心で，セロトニンの神経伝達を促進するものが主となる。睡眠障害の程度によって睡眠薬が処方される場合もある。なお，双極症の場合は気分安定薬が主体となる。
- うつ病患者は，自己評価の低下により，自分の状態や周囲の環境，今後の行く末など，**すべてを悲観的に考えてしまう認知の歪みをもっている**可能性が高い。そこで認知と行動の柔軟性の獲得をめざす認知行動療法が有効とされている。
- 自殺**が最大の注意点**である。自殺念慮が強い場合は，入院による対応も必要になる。
- 支持的な対応を心がける。根気よく治療を続けていけば必ず改善に向かうことを伝えていく。
- **励ましは禁物**とされている。「がんばりたくてもがんばれない自分」を自覚しているうつ病患者は「がんばれ」といわれることで「がんばれない自分」をより強く意識し，場合によっては自身を自殺に追い込む可能性もある。
- **気晴らしも有効ではない**。さまざまな興味が喪失しているため，気晴らしをしようとしても「楽しめる場面で楽しめない自分」を自覚し，逆効果になる。

・**家族への心理教育**が重要となる。患者の状態を家族に説明し，励ましや気晴らしではなく，十分に休養を取り回復を待つことが最も重要と理解してもらう。
・他の治療法に，**電気けいれん療法**がある。

■さまざまなうつ病

うつ病には，以下のようにさまざまな種類が提唱されている。

・新型うつ病…従来型のうつ病が，メランコリー型といわれる真面目で几帳面，自罰的な性格の者が多かったことに対して，責任感があるとはいえず仕事や役割を放棄することに対する罪悪感の少ない他罰的な特徴（ディスチミア型）を示すうつ病が，通称，新型うつ病といわれている。（正式な病気の概念ではないため，注意したい。診断基準では，後述する非定型うつ病に含まれることが多い）
・季節型うつ病…抑うつエピソードの発症と１年のうち特定の時期との間に規則的な時間的関係がある場合，季節型うつ病とよばれる。多くの場合，秋または冬にはじまり，春に寛解する。高緯度地方で増加する傾向があることなど，日照時間や外出との関連も指摘されている。
・非定型うつ病…うつ病の多くが食欲低下したり，不眠になったりするが，非定型うつ病においては，食欲増加や過眠を主な特徴とする。手足が重く鉛のような感覚になったり，対人関係に敏感であるなどの特徴もある。また，定型のうつ病とは異なり，良いことが起こると反応して明るい気分になることができるため，「うつ病なのに楽しそうにしている」と誤解を受けることもある。
・周産期うつ病（産前・産後うつ病）…３～６%の女性が，妊娠中または産後数週～数か月の間に抑うつエピソードを発症する。心理的には母親になった喜びを自覚する一方，育児中心の生活に当惑する。このような，分娩後の身体的および情動的な要因によって，産後うつ病は起こる。マタニティ・ブルーは産後数日後，一時的に現われてすぐに消える軽い気分の変化であることに対し，産後うつ病は中等度から重度の症状が２週間以上認められる点で異なる。

2015～16 年の２年間に妊娠中や産後１年未満に自殺した女性は全国で 102 人おり，妊産婦死亡原因の１位となったこともあり，早期発見・早期支援が求められる。代表的なスクリーニングテストとして，エジンバラ産後うつ病質問票（EPDS）が挙げられる。

4択問題　**次の文のうち，最も適切な文はどれか。**

A　自殺未遂を起こすほどの強いうつ症状を大うつ病エピソードといい，他のうつ病の症状と区別する。

B　双極症では，陽性症状と陰性症状の両方を経験する。

C　抑うつエピソードの援助の基本は回復を待つことであり，十分な休養と安静が必要となる。

D　うつ病に対しては，薬物療法を極力避け，精神分析による自己内省を中心に治療を進める。

抑うつエピソードの援助

意欲・興味の減退	セロトニンの欠如	否定的な認知の歪み
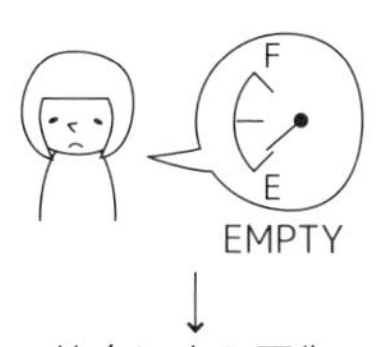		 
F / E / EMPTY	伝わってこない…。	どうせ…。 結局…。
↓	↓	↓
休息による回復	薬物療法（SSRIなど）	認知行動療法
Z z z	 きちんと飲む！	 しなやかな認知や行動をめざす

〈参考〉SSRIの仕組み

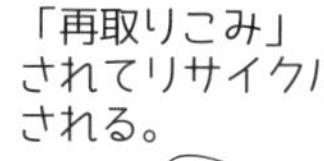

セロトニンの全てが次のニューロンには行かず，一部…。	「再取りこみ」されてリサイクルされる。	SSRIはこの「再取りこみ」をブロック！	結果としてセロトニンの伝達量が増える！
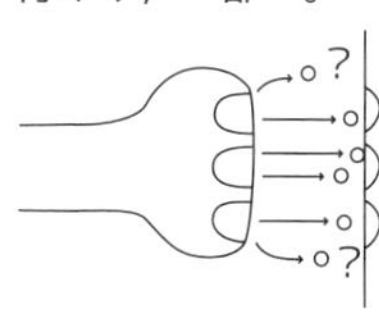	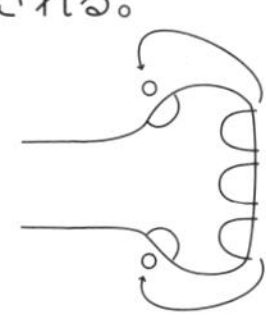	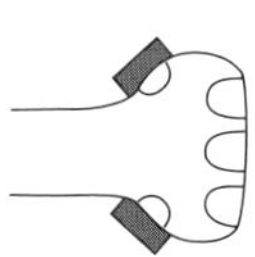	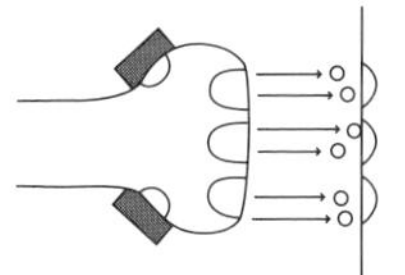

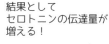

うつ病・双極症について200字前後で述べなさい。

気分の変調は，気分の低下を示す抑うつエピソードと，気分の高揚を示す躁エピソードに二分され，抑うつエピソードのみを示すうつ病と，両方のエピソードを示す双極症の2つがある。躁エピソードの時は主に薬物による鎮静を，抑うつエピソードの時は主に休養と薬物療法，認知行動療法を組み合わせて援助していく。最大の注意点は自殺であり，患者を追いこまないよう支持的な対応が重要となる。(182字)

答え Aについて，大うつ病エピソードは「うつ病の重症例」ではないことに注意。一般的なうつ病の症状を指して「大うつ病エピソード」という（DSM-5以降は抑うつエピソード）。

Bの陽性症状と陰性症状は統合失調症の文脈。双極性はうつと躁の両方を示す症状。Dは精神分析ではなく認知行動療法。とくに，うつに対する認知行動療法の高い効果が認められている。また薬物の安易な処方と服薬は問題だが，頑固に服薬を避けることも有益とは言い難い。神経伝達物質（セロトニンなど）の分泌を整えることで，うつ症状の改善が報告されており，薬物療法の併用は効果が高い。ただし薬物に対する不安と抵抗感をもつ者も多いため，それを解消するために，十分な説明と同意（インフォームド・コンセント）を得る必要がある。 【正解：C】

81 不安症・強迫症

anxiety disorder / obsessive compulsive disorder

学習のポイント

□ 社交不安症・パニック症・強迫症は出題率が高く，特に優先的におさえたい。
□「広場恐怖」は論述ミスが起こりやすいので注意。

About this word

■不安症

不安を主症状とする病態の総称を不安症とよぶ。多くの者にとって危機的ではない状況でも，交感神経が活性化して動悸や発汗・震えなどの不安症状が生じる。主に行動療法（特にエクスポージャー法）による支援が行われることが多い。以下に代表的な不安症を概観する。

①分離不安症…幼児が愛着をもった人と離れることに著しい不安をもち，その不安が社会的・学業的な機能の障害を引き起こしていること。

②場面緘黙（かんもく）（選択性緘黙）…言語能力に遅れがないにもかかわらず，ある限られた状況で話せなくなること。たとえば，家族や親しい人の前では普通に話せるが，見知らぬ人の前や学校では始終黙っているという場合が当てはまる。

③限局性恐怖症…特定の対象や状況の存在および予期によって引き起こされる著しい恐怖感があり，その恐怖が著しい苦痛や社会的・職業的な障害を生じさせている場合に該当する。恐怖の対象は主に，血液，傷，注射，閉所，動物，高所等である。

4択問題　次の文のうち，最も適切な文はどれか。

A パニック症では，パニック発作が起こる状況が予想できても発作を止められず，強い不安を感じる。

B 強迫症では，自身が抱く思考が非合理的であることを認識できず，非合理的な行動をくり返してしまう。

C 広場恐怖とは，広い空間に一人だけ取り残される孤独に対する強い恐怖を抱くことである。

D 社交不安症の者は，自身の行動が否定的に評価されることを恐れる傾向がある。

④社交不安症…他者から観察される可能性のある状況に対して，顕著な恐怖や不安を感じ，その恐怖や不安が著しい苦痛や社会的・職業的な障害を生じさせていること。他者から観察される可能性のある状況とは，たとえば会議，人前での行動，パーティ会場，スピーチなどの状況が当てはまる。そして，**自身の行動に対する否定的な評価への恐れ**を抱きやすいことも中心的な特徴である。自身の行動に対する他者の印象も，実際に他者が抱いている印象よりも否定的であることが多い。

⑤パニック症…理由もなく突然に生じるパニック発作の反復を主症状とする。パニック発作とは，周囲の状況とはまったく無関係に生じる**動悸**，**発汗**，**震え**，**息苦しさ**，**めまい**，**胸腹部の不快感**などのことである。このような発作が予期せず反復するため，患者は常に発作の再発を恐れるようになる（予期不安）。その結果，外出を恐れるようになり，広場恐怖症を併発することが多い。

⑥広場恐怖症…公共の場所に出ることに対する一連の恐怖のこと。「広場」とあるものの，駐車場やデパート，橋などの単なる「広い場所」のみならず，駅や商店，映画館，雑踏などの人々が集う場所から，自動車・バス・電車・飛行機・船の中など，閉じ込められ逃げ出すことが困難な状況なども含まれる。

⑦全般性不安症…多数の出来事または活動に対して過剰な不安がある。

■強迫症

非合理的な思考である強迫観念と，強迫観念によって引き起こされる強迫行為を繰り返すことを主症状とする。例えば，自分の手が非常に汚いという強迫観念のために，手を何度も何度も洗うという強迫行為を繰り返してしまう。本人は強迫観念が非合理的だとわかっているが，強迫行為をやめることができず，疲弊してしまうことが多い。

第9章

不安症・強迫症について200字前後で述べなさい。

不安症とは不安を主症状とする病態のことで，代表的なものに分離不安症，場面緘黙，限局性恐怖症，社交不安症，パニック症，広場恐怖症，全般性不安症が挙げられる。強迫症とは，非合理的な思考である強迫観念と，その強迫観念によって引き起こされる強迫行為をくり返す病態である。両者はともに主に行動療法，なかでもエクスポージャー法による支援が行われることが多い。（193字）

答え　Aはパニック発作が予想できる点が誤り。予想できないから，予期不安を抱く。Bは非合理的であることを認識できず，という点が誤り。非合理的と認識できているが，止められない。Cは注意すべき誤り。広場恐怖は，広場に限定せず，外出することや人混みに紛れること全般に恐怖を抱くことである。間違えやすいので，正しくおさえておこう。　【正解：D】

82 PTSD（心的外傷後ストレス症）

post traumatic stress disorder

学習のポイント

□ PTSDを引き起こすものは何かをおさえよう。
□ PTSDの4つの症状は必ず述べられるように。

About this word

■概要

PTSDとは心的外傷後ストレス症のことで，**生命を脅かすほどの恐怖と無力感を経験したり目撃したりすることで，さまざまな身体的・精神的な症状が現れること**である。なお，症状の持続期間が1ヶ月を越える場合がPTSDとよばれ，**1ヶ月以内の場合は**急性ストレス症とよばれ，区別される。また，PTSDではないものの，明確なストレスによってうつ的な症状が生じている場合，適応反応症（適応障害）と呼ばれる。また，親しい者の死から，1年以上悲嘆反応が続き，日常生活における苦痛や困難となっている場合は，遷延性悲嘆症と呼ばれる。

■症状

PTSDの症状は主に以下の4つである。

①再体験症状（フラッシュバック）　心的外傷体験が自らの意志とは無関係に想起され，夢に見たり，現実に起こっているかのように行動したりしてしまうこと。
②回避症状　心的外傷体験に関係する思考や感情，場所や人物を避けて，心的外傷から目をそむけること。周囲への関心が薄くなり，肯定的感情が少なくなる。
③認知・気分の否定的変化　外傷となった出来事の重要な局面を思い出せない一

4択問題　次の文のうち，最も適切な文はどれか。

A　PTSDはフラッシュバック，回避と反応性の低下，過覚醒の3つの症状からなる。
B　PTSDの援助として，来談者中心療法が有効とされている。
C　PTSDと同様の症状だが3ヶ月以内で治癒する場合はASDとよばれ区別される。
D　PTSDの症状の1つに，心的外傷体験を無意識に想起してしまう過覚醒症状がある。

時的健忘，興味や感心の喪失，罪悪感などの感情の持続，配偶者・恋人・家族との関係疎遠などが挙げられる。

④過覚醒症状　緊張のために睡眠困難になったり，警戒心が強くなって強い不安を抱いたりする。怒りを爆発させたり，集中が困難になったりする。

近年では，長期間にわたる虐待や拷問，監禁など，外傷体験が長期間にわたる場合について複雑性PTSDという概念が提唱されている。複雑性PTSDはPTSDの症状に加えて感情制御の困難さや解離症状（自分が自分ではなくなる感覚），希死念慮が特徴とされている。

■援助

PTSDの援助は，症状や経過に対する適切な心理教育がまずあげられる。どんな症状が予期されるか患者自身が知り，改善への期待を育成することが重要である。

他には，恐怖の対象となる刺激へのエクスポージャーを行うことが多い。特にPTSDに対して用いられるものは持続性エクスポージャーとよばれている。また，PTSDを対象とした技法であるEMDR（Eye Movement Desensitization of Reprocessing）が用いられることがある。EMDRは心的外傷体験を想起しながら，治療者の指の運動を目で追うことで，弛緩状態を作り出す方法である。

また，PTSDの予防的介入としては，サイコロジカル・ファーストエイドが基本となる。具体的には「見る」「聴く」「つなぐ」の3つを基本原則とし，被害者の様子を観察し，話を丁寧に聴いてニーズを把握し，適切なサービスへとつなぐことが求められる。かつては心理的デブリーフィングとよばれる，外傷体験の系統的な報告とその時の感情体験の表出が有効とされていたが，現在ではその**有効性がない**ことが確認されている。

第9章

PTSDについて200字前後で述べなさい。

PTSDとは，自身の生命を脅かすほどの強烈な危機を経験したり目撃したりすることで，さまざまな身体的・精神的な症状が現れることである。症状は，フラッシュバックに代表される再体験症状，危機的体験に関連する情報を避けようとする回避症状，興味関心の低下などの認知・気分の否定的変化，不眠・緊張・集中困難などの過覚醒の4つが代表的である。これらの症状が1ヶ月以上持続的に続いている場合，PTSDと診断される。（193字）

答え　Aの表現は本文の表現と異なるが，意味は同じ。用語の機械的な暗記ではなく，意味で理解したい。Bは適切ではない。来談者中心療法は時間を要するため，PTSDが生じるような急激な危機に対する介入法として適切でないことが多い。早期の心理教育や，認知行動療法が有効とされている。Cは3ヶ月ではなく，1ヶ月。Dは過覚醒ではなく再体験症状。過覚醒は不眠や緊張，集中困難などの症状。

【正解：A】

身体症状症および関連症群

somatic symptom and related disorders

学習のポイント

- □ 身体的なとらわれを主な特徴とする「心理的障害」として理解しよう。
- □ 心身症と区別できるようにしておこう。

About this word

■身体症状症および関連症群とは

身体的なとらわれを主な特徴とする病態の総称である。かつてこのカテゴリーは，医学的な説明が困難な身体症状をもつこと（不定愁訴）が強調されていたが，DSM-5からは，**身体症状に対する異常な思考**，**感情**，**および行動**に基づく診断が強調されるようになった。以下に代表的な3つを紹介する。

①身体症状症

身体症状症とは，苦痛を伴う頭痛，疲労感，アレルギー，腹痛，頻尿などの**身体症状**があり，かつその**症状に対する強いとらわれを表現する症状**である。認知的な特徴として，身体症状だけに向けられた注意や，正常な身体感覚を異常な身体症状へと結びつける傾向があり，医学的なケアだけでその心配が和らげられることは少ない。心身症とは異なり，身体症状に対する強いとらわれが主であるため，**あくまで心理的障害（精神疾患）である**点に注意したい。

②病気不安症

病気不安症は，自分が深刻な疾患に罹患しているのではないかという恐怖感にとらわれ，**医学的に問題がないにもかかわらず，いつまでも疾患にこだわってし**

4択問題　**次の文のうち，最も不適切な文はどれか。**

- **A** 機能性神経学的症状症（変換症）は，葛藤やストレスが頭痛や腹痛など複数の身体症状に転換する症状を特徴とする。
- **B** 病気不安症は，わずかな身体の変調が重大な病気ではないかというとらわれを特徴とする。
- **C** アレキシサイミアとは，自身の感情や葛藤を言語化することが困難な性格傾向を指す。
- **D** 心身症とは，身体疾患の中でその発症や経過に心理社会的因子が密接に関与する病態を指す。

まう症状である。かつて心気症とよばれていた。病気不安症の患者は，通常の身体感覚やわずかな身体的変調を破滅的に解釈してしまう。成人期前期に発症するのが典型であり，慢性の経過をたどる傾向がある。

③機能性神経学的症状症（変換症）

機能性神経学的症状症（変換症）は，身体的気質や神経系は正常であるにもかかわらず，視力の喪失や感覚の麻痺といった**感覚症状**あるいは**運動症状**が突如として発現する。転換性障害における心理的特徴は，強度のストレス下において症状が突然現れ，その症状のおかげで患者はある行為を回避できたり，何らかの責任を負わなくてもよくなったり，あるいは望み通りに他者の注目を受けられるようになったりする（疾病利得）。

機能性神経学的症状症（変換症）は，かつて精神分析においてヒステリーとよばれた病態とほぼ同じである。フロイトは，抑圧された本能エネルギーが感覚運動チャンネルに向かうことで，その正常機能が妨害されると論じた。そのため，不安や心理的葛藤が身体症状に転換されると考えた。

■心身症との区別

心身症とは，発症や経過に心理社会的要因が関与する**身体疾患**のこと。代表的な心身症に，過敏性腸症候群，片頭痛，２型糖尿病，心因性発熱などが挙げられ，心療内科が主な治療機関となる。心身症になりやすい性格傾向として，シフネオスらの提唱した概念であるアレキシサイミアが挙げられる。アレキシサイミアの者は，身体症状や事実関係は述べられるが，自身の内的な感情や葛藤を表現することが困難である。そのため，内的な感情や葛藤が身体症状となって現れやすい。

身体症状症は，身体症状に対するとらわれを主とする精神疾患であることに対し，心身症は，心理社会的要因が関与する身体疾患のことを指す点で区別される。しっかり区別しておきたい。

身体症状症および関連症群について200字前後で述べなさい。

身体症状症および関連症群とは，身体的なとらわれを主な特徴とする病態の総称である。かつては，身体症状に対して医学的な説明ができないことが強調されていたが，DSM-5からは，身体症状に対する異常な思考，感情，および行動に基づく診断が強調されるようになった。なお，類似した概念に心身症がある。しかし身体症状症および関連症群は，身体に対するとらわれを主とする精神疾患であることに対し，心身症は心理社会的要因が関与する身体疾患である点で区別される。(216字)

答え Aは誤り。機能性神経学的症状症（変換症）は運動麻痺や知覚麻痺など，神経学的な問題が疑われる症状を表す。葛藤やストレスが身体症状となって表現されるのは心身症である。

【正解：A】

84 解離症

dissociative disorder

学習のポイント

□ まず，解離とは何かを正しくおさえよう。
□ 明らかになっていることは少ない。本書の内容で理解は十分。

About this word

■概要・援助

意識・記憶・自我同一性など通常は統合されている機能が破綻し，個人の連続性が失われることを解離といい，解離を主症状とする病態を解離症（解離性障害）という。解離症は全般的に薬物療法の効果が期待できず，精神分析療法が主となる。有効な治療法がなく，自然治癒を待つ場合も少なくない。

■症状

解離症の下位カテゴリーとして，以下の４つがあげられる。

①解離性健忘　心的外傷体験の後，**重要な個人的情報を突然思い出せなくなってしまう**。だが，脳の器質的な問題は認められず，心因性と考えられている。自分の名前や職業など，生活史全般を忘れてしまう場合もあるが，物質の名称など，自身の生活史に関係しない知識の多くは保持されている。話したり読んだり考えたりする能力は失われていないため，日常生活に大きな支障は生じない。発症も回復も突然起こる場合が多い。

4択問題　**次の文のうち，最も適切な文はどれか。**

A 解離とは，精神が身体から分離して，自分を外部から眺めているように感じることである。

B 解離は誰もが起こるものだが，解離が重篤で，苦痛や困難を生む場合に解離症と診断される。

C 解離性同一症とは，反対の性への強烈で持続的な同一感と，自己の性への不快感を特徴とする。

D 解離性健忘とは，脳への外傷によって一時的にこれまでの記憶が失われてしまうことを指す。

②解離性遁走　突然仕事や家庭を放り出して，**日常生活から離れて放浪し，新しい自我同一性を身につけてしまう。**新しい名前を名乗り，新しい家や仕事をもち，性格さえ変わってしまうこともある。過去の記憶は想起できない（なお，DSM-5より解離性遁走は解離性健忘に統合された）。

③解離性同一症（解離性同一性障害）　1人の人間に少なくとも2つ以上の分離した自我状態が存在し，それらが異なる時に出現し，記憶・感情・行動などを支配する。かつては**多重人格障害**とよばれていたもの。人格間の交流はないため，ある人格の間に生じた出来事は，別の人格は記憶していない。

解離性同一症は，その特徴ゆえに世間の注目を集める「流行病」の側面がある。**安易に複数の人格の識別をすることは，人格の統合ではなく解体を助長することにつながり，害となる。**反面，治療者が冷淡な姿勢で患者の「主観的な人格交代の体験」を否定することは，患者の治療者への不信を招き，本質的な問題を悪化させる可能性もある。解離性同一症が非常に稀な障害であることを前提に，**慎重な診断と適切な情報提供（心理教育）**が求められる。

④離人感・現実感消失症（離人感・現実感消失障害）　**自分が自分の身体から抜け出て，離れた所から自分を眺めているように感じる体験**（離人感）や，自分の手足の大きさが急激に変化したように感じるなど，自分の身体が自分のものではなくなってしまう感覚が生じること。一般的に，特に説明がなく「解離症状」と書かれている場合は，上記の離人感のことを指すことが多い。

解離症について200字前後で述べなさい。

解離症とは，意識・記憶・同一性または知覚についての通常は統合されている機能が破綻している解離症状を主とする病態である。解離症には，生活史を忘れてしまう解離性健忘，新たな同一性を獲得する解離性遁走，複数の人格を有する解離性同一症，自分の身体が自分のもののように感じられなくなる離人感・現実感消失症の4つの下位カテゴリーが存在する。いずれも薬物療法はあまり有効ではなく，精神分析療法が主に用いられている。(200字)

答え　Aは解離ではなく離人。Cは解離性同一症ではなく，性別違和（性同一性障害）。性同一性障害は，DSM-5から、性別違和とよぶようになった点に注意したい。Cの文章の「解離」を除けば性別違和の正しい定義文になるので，おさえておこう。Dは脳への外傷が誤り。外因性ではなく心因性と考えられている。Bは正しい。宗教体験や文化体験の中には解離症状をもたらすものがあるが，解離症に診断されるべきではない。　【正解：B】

85 摂食症

eating disorder

学習のポイント

- □ 摂食症は無食欲だけでなく過食も含む点に注意しよう。
- □ 歪んだボディイメージをもっていることが，理解と援助の鍵となる。

About this word

■概要

摂食症は**ボディ・イメージの障害と食行動の異常を有する病態**で，10 代後半から 20 代前半の女性にとくに多く見られる。

■原因

肥満に嫌悪感を示す社会的風潮や女性のダイエット願望，進学・就職・結婚などの環境の変化によるストレス，アイデンティティの拡散などが主な原因と考えられている。複数の要因が関係しており，1 つに特定することはできない。

■症状

摂食症の症状は，神経性やせ症と神経性過食症に二分される。

①神経性やせ症　①有意に低い体重，②肥満恐怖，③ボディ・イメージの障害の3つを主な症状とする。体重増加や肥満に対する恐怖（肥満恐怖）が強く標準体重の 85%以下（有意に低い体重）であっても，自分が痩せていると認識できず（ボディ・イメージの障害），もっと痩せたいという願望をもつ。そのため**病識は薄く，集中力の低下や疲れやすさ，低血圧や月経周期の異常な**

4択問題　**次の文のうち，最も適切な文はどれか。**

A　摂食症では，精神的な苦痛が身体に影響し，身体の不調が精神的な苦痛につながる，といった悪循環に陥りやすい。

B　摂食症では，標準以下の体重であっても自分がそうであると認識できず，食事を制限する。

C　摂食症では，体重減少とともに集中力が乱れ，抑うつや低血圧，無月経などが起こる。

D　摂食症では，低体重でも過度の運動をしたりなど，非常に活動的であることも特徴の1つである。

どは，体重減少が原因であることに気づけないことが多い。

節食・絶食により大食を伴わない摂食制限型と，隠れ食いや大食をして下剤や嘔吐で低体重を維持しようとするむちゃ食い・排出型に分類される。なお，自己誘発性嘔吐や下剤の使用，絶食や過剰な運動などで体重増加を防ごうとする行為を代償行動という。

②神経性過食症　①むちゃ食いエピソード，②代償行動，③体重・体型の影響を過度に受ける自己評価の3つを主な症状とする。一度食べたら止まらなくなり，食べることをコントロールできない（むちゃ食いエピソード）。神経性やせ症の排出型と同様，隠れ食いや大食後の下剤の使用や嘔吐（代償行動）が見られるが，体重の減少を伴わない点で異なる。

コントロールできない自分（失統制感）に対する自己嫌悪感や抑うつといった精神症状だけでなく，**便秘，月経異常などの身体症状**も生じることが多い。自傷行為や自殺企図がみられることもある。なお，むちゃ食いエピソードはみられるが，代償行動がみられない場合，むちゃ食い症（過食性障害）として区別される。

■援助

摂食症の患者はボディ・イメージの歪みから，病識がない場合が多く，心配した家族に連れてこられるケースも少なくないため，まず適切な心理教育によって，患者自身に症状を知ってもらう必要がある。その上で，患者との信頼関係を築き，目標体重を決めて食事指導を行っていく。また，認知行動療法を用いてボディ・イメージの改善を行う。自殺企図が強い場合は入院治療を行う場合がある。本人の意思や決意だけでなく，家族の強いサポートも必要となるため，家族療法や家族への心理教育など家族への介入が行われる場合もある。

摂食症について200字前後で述べなさい。

摂食症とは，ボディ・イメージの歪みと異常な食行動を示す病態である。大きく神経性やせ症と神経性過食症に二分される。神経性やせ症は体重が標準体重の85%以下であっても痩せねばと思ってしまう。神経性過食症は，一度食べはじめたら食べるのを止められなくなってしまう。病識がないことが多いため，適切な心理教育によって症状を認識してもらい，認知行動療法で歪んだボディ・イメージを改善していくことが望まれる。また，家族のサポートも重要となる。（210字）

答え　摂食症は神経性やせ症と神経性過食症に2分される。だが，B～Dの文は体重減少や低体重を前提としており，摂食症に神経性過食症が含まれることを考慮していない。このように摂食症に関する論述を求められた際，神経性やせ症のみに偏ってしまうことは，よくある論述ミスだ。ぜひ注意したい。　【正解：A】

86 パーソナリティ症

personality disorder

学習のポイント

- □ まずはA群・B群・C群の分類と10の下位分類の名称をおさえよう。
- □ ボーダーラインと自己愛性は優先して論述できるようにしておこう。

About this word

パーソナリティ症とは，**属する文化において期待されることから極端に逸脱したパーソナリティによって，社会生活における持続的な苦難が生じている障害**のことである。その特徴によってA群，B群，C群の3群に分けられ，さらに10の個別のパーソナリティ症に分類されている。

■**A群　奇異で風変わりな行動**を示す群。統合失調症との類似性がある。

①猜疑性パーソナリティ症　他者の言動を悪意あるものと感じてしまう。極端に疑い深い。幻覚が存在しない点で統合失調症と異なる。

②シゾイドパーソナリティ症　孤立した生活態度で社会的な関係を欲したり楽しんだりしない。平板な感情，他者への無関心さが特徴。

③失調型パーソナリティ症　迷信を信じ，奇妙な行動や言動をとる。奇妙な考え方と話し方のために，他者との親密な関係を築くのが難しい。

■**B群　派手で突飛な行動**を示す群。なお，**ボーダーライン（境界性）と自己愛性はパーソナリティ症の中で院試に頻出。**

①ボーダーラインパーソナリティ症（境界性パーソナリティ障害）　**対人関係，**

4択問題　次の（　）に当てはまる，最も適切な語はどれか。

Aさんは恋人のB氏に連れられてクリニックを訪れた。Aさんはスタッフの目の前でB氏をけなし，自分を拒絶したと責めた。B氏の退室後，Aさんは「自殺したい」と頻繁に口にし，自傷行為の跡を見せた。またB氏がいかに自分にとって大切な人物か，語りはじめた。その後の慎重な聴取と診断の結果，Aさんは（　　）パーソナリティ症と診断された。

A 猜疑性　B 反社会性　C ボーダーライン　D 依存性

自己像，感情の不安定さが特徴。他者や自己に対する**理想化とこき下ろし**がみられる。そのため，浪費，性行為，薬物乱用，無謀な運転，過食，暴力，自傷行為といった激しく**衝動的で自己破壊的な行動**をする反面，**見捨てられることを避けるためになりふりかまわぬ努力**を行ったりする。慢性的な空虚感を抱きやすい。

②演技性パーソナリティ症　芝居がかった派手な行動，独特の服装，化粧，髪の色で，自分に注意を引こうとする。注目の中心にいないと不愉快になる。

③自己愛性パーソナリティ症　誇大性，過剰な賞賛の要求，他者への共感の欠如を特徴とする。非難に対して非常に敏感で，失敗を深く恐れる。

④反社会性パーソナリティ症　他者の権利を無視して侵害する不適応行動（虚言，窃盗，放火，器物破損，暴力など）。無責任で怒りやすい。

■C群　不安や恐怖を感じやすい群。不安症・強迫症との類似性がある。

①回避性パーソナリティ症　他者からの批判や拒絶を恐れるあまり，確実に自分が好かれる状況でなければ他者と親密な関係を築くことができない。

②依存性パーソナリティ症　自主性を欠き，他者に必要以上の助言を求める。他者からの分離に対しては，極度の見捨てられ不安を感じる。

③強迫性パーソナリティ症　完全主義者で，柔軟性がない。細かい規則・予定にとらわれる。また完全主義を他者にも期待するため，人間関係が限られる。

■援助

パーソナリティは生活史の中で少しずつ形成されたものであるため，**根底から変化させることは困難**。直面している生活上の困難を１つ１つ改善し，適応的な生活を支援することが有効となる場合が多い。

パーソナリティ症について200字前後で述べなさい。

パーソナリティ症とは，属する社会の道徳や価値観から著しく偏ったパーソナリティをもつが故に困難が生じる障害のことである。奇異な行動を示すＡ群，派手で周囲を振り回すＢ群，強い不安や恐怖を示すＣ群の３群があり，さらに細かく10のパーソナリティ障害に分類することができる。パーソナリティ症は，その偏りを根底から改善することが困難であるため，当面の生活上の困難を１つ１つ改善することで支援することが多い。（197字）

答え　**Ｂ氏への理想化とこき下ろし，またＢ氏を責め立てたり自傷行為に至ったりと，激しい衝動的行動が見られるため，ボーダーラインパーソナリティ症と推察される。【正解：C】**

87 自閉スペクトラム症

autism spectrum disorder

学習のポイント

- □ 大学院入試で頻出。隅々までしっかり理解したい。
- □ なぜ「自閉スペクトラム症」なのかをしっかりおさえたい。

About this word

幼少期から主に認知や行動面で発達の遅れが見られることを，発達障害という。DSM-5からは神経発達症とよばれている。かつて発達障害は，親の不適切な養育やしつけ不足，虐待などで生じるとされていたが，現在では完全に否定されており，**脳の機能障害**と考えられている。つまり，**発達障害は親の養育態度とは無関係**である。

発達障害は，本項で紹介する自閉スペクトラム症（ASD），次項で紹介する限局性学習症（SLD），注意欠如多動症（ADHD）が代表的である。

■自閉スペクトラム症と行動特徴

自閉スペクトラム症とは，発達早期（およそ3歳以前）から，社会的相互作用の障害，コミュニケーションの障害，想像力の障害というウィングの述べる「三つ組」の行動症状が，程度の違いこそあれすべて存在している発達障害のことである。

①社会的相互作用の障害　他者と目を合わせられない。対人関係の形成・維持の困難さ。情緒的相互性の欠如。

②コミュニケーションの障害　話し言葉の遅れ。会話を開始し継続することの困難さ。言葉を覚えるのが困難で，覚えても会話がかみ合わない。

③想像力の障害　限局された興味対象への過度な集中。習慣へのこだわり。常同行動（同じ遊びや行動を続けること）。

なお，「三つ組」の行動症状のうち概念重複が見られた前者2つはDSM-5より統合され，「社会的コミュニケーションおよび対人相互反応における持続的な欠陥」と「行動，興味，または活動の限定された反復的な様式」の2点が，DSM-5以降における自閉スペクトラム症の診断基準である。

DSM-IV-TRまでは広汎性発達障害とよばれており，自閉性障害，アスペルガー障害，レット障害，小児期崩壊性障害の下位分類が存在したが，これらの下位分類はDSM–5以降，自閉スペクトラム症に統合された。なぜ統合される必要があったのだろうか。

自閉性障害，アスペルガー障害などさまざまなカテゴリーが生み出されたが，概念の重複が見られ厳密な区分は困難であった。たとえばどの程度の言語障害の少なさをもってアスペルガー障害と診断するのか，その判断が困難であることは想像に難くない。

また，周囲の環境や対応・養育の仕方によって困難が重くなったり軽くなったり変化するため，単純にカテゴリーの枠に当てはまらない場合もある。カテゴリーに分類することによって，**診断名だけで障害を判断してしまい，子どもの個々の姿を見失ってしまう危険性**もある（このあたりは，性格類型論の欠点と通じる部分があるだろう）。

スペクトラムとは連続体という意味をもつ。**連続体とは明確な境界線のない，大きな枠組み**のことである。自閉性障害もアスペルガー障害も，他の広汎性発達障害も，いずれも3つの行動特徴をもち，**程度の差はあれ同じ特徴をもった連続体である**というウィングの考えに基づき，カテゴリー分類を廃したものが自閉スペクトラム症である。自閉スペクトラム症というグラデーションの濃淡を，子どもが揺れ動いているようなイメージでとらえると理解しやすいだろう（図参照）。診断名だけで判断せず，**日々変化する子どもの様子を見守りながら，柔軟に適切に対応する姿勢**が求められている。

自閉スペクトラム症はDSM–5からの大きな変更点であるため，今後の動向や最新情報に注意を払う必要があることは間違いないだろう。

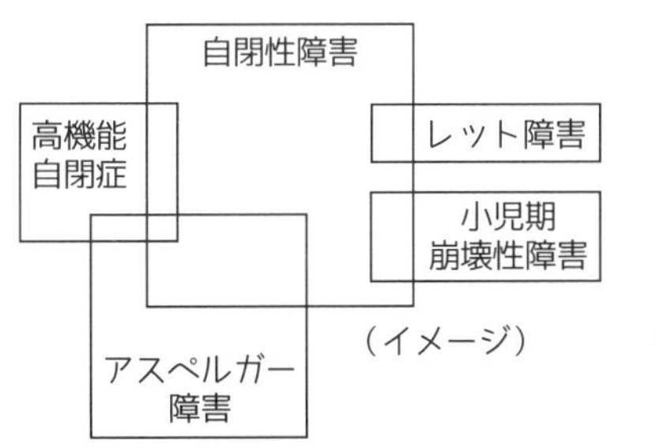

DSM-IV-TRまでの広汎性発達障害

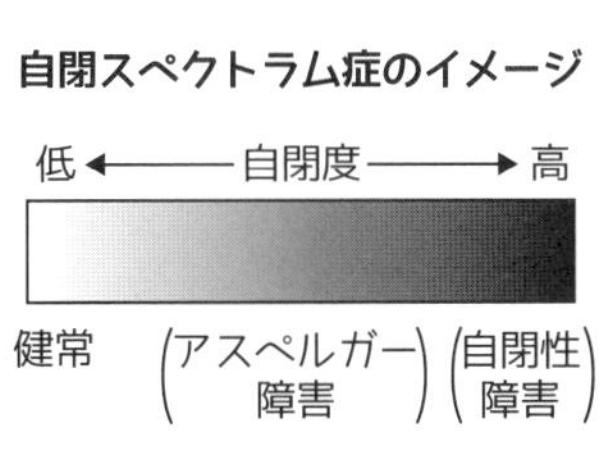

■援助

自閉スペクトラム症（以下自閉症と表現する）は，脳の機能障害が予測されるため，障害を根底から改善することは難しく，薬物療法は有効ではない。そこで「治る」「治らない」ではなく，**自閉症児にとって暮らしやすい環境をつくり，適応力を育てることで困難を軽減していく**療育が基本となる。療育は行動療法的アプローチが基本となり，適応行動を学習していく。

またTEACCH（Treatment and Education of Autistic and related Communication handicapped CHildren）は自閉症児を支援するための個別教育プログラムで，広く利用されている。**言語ではなく絵で見せて視覚で理解させる**など，自閉症の行動特徴に即した対応が重要とされている。

自閉症児は，その**行動特徴から周囲の偏見やいじめなどにあうことがあり，そこから不安症・うつ病・睡眠障害などの二次的な問題が発生する**場合がある。心理療法は主に，この二次的な問題に対して行われる。

家族への心理教育も重要となる。養育者は自身の養育を責めることが多い。**自閉症は冷淡な親の不適切な養育で起こるわけではないことを正しく伝え，療育の重要性を認識してもらう**。親がすべて世話をするのではなく，日常生活や身の回りのことはできるだけ自閉症児自身で行わせることも，将来の自立のために重要である（エンパワーメント，62参照）。教育現場では，特別支援教育による支援も視野に入れる（63参照）。適切な療育によって，多くの自閉症児は成人後に自分の役割を手にする。その行動特徴をむしろ利点として集中が必要とされる作業が求められる職に就き，生活をする者も多い。そういった**将来への展望**も，自閉症児や家族の療育への動機づけを高めるために重要であろう。

3つの行動特徴

①社会的相互作用の問題

②コミュニケーションの問題

③想像力の問題

4択問題

自閉スペクトラム症の援助に関する次の文のうち，最も適切な文はどれか。

A 積極的にたくさん話しかけていくことが必要である。

B 薬物療法を併用することで，行動特徴を改善していくことが必要である。

C 自立心を育てるために個室を与え，自由に行動する機会を増やすことが必要である。

D 適切な療育を受けることで成人後，公共施設や作業所などで働くことができるようになる。

■発達障害と愛着障害

発達障害と類似した特徴をもつ病態に，愛着障害がある。愛着障害とは，虐待や，養育者の剥奪，度重なる交代の幼少期の不遇な養育体験（マルトリートメント）に由来する，愛着行動の欠如を呈する障害である。

愛着障害の1つに，反応性アタッチメント症が挙げられる。養育者である大人に対して陽性の感情に欠け，情動の制御が悪く，養育者から得られる快適な支援を求めない，あるいは反応しないといった特徴を示す。このような行動特徴は，自閉スペクトラム症の特徴と類似している面がある。しかし，**自閉スペクトラム症は，親の養育態度とは無関係**であることに対し，**反応性アタッチメント症は，親の不適切な養育に由来する**という点で，両者は明確に区別される。

他の愛着障害として，ほとんど初対面の大人に対して警戒感なく過度に馴れ馴れしい態度をとる場合，脱抑制型対人交流症があり，注意欠如多動症（ADHD）との類似が指摘されているが，上記と同様の理由で，この両者も明確に区別される。

愛着障害に対しては，まずは不適切な養育環境の改善が必要とされ，その後は大人の養育者との安全な愛着関係を養う養育的治療が求められる。

自閉スペクトラム症について200字前後で述べなさい。

自閉スペクトラム症とは，「社会的コミュニケーションおよび対人相互反応における持続的な欠陥」と「行動，興味，または活動の限定された反復的な様式」の2つの症状からなる，発達障害の1つである。不適切な親の養育が原因ではなく，脳の機能障害と考えられている。そのため，障害を根底から改善するのではなく，自閉スペクトラム症の子どもにとって暮らしやすい環境を作り，適応力を育てることで困難を軽減していく療育が支援の基本となる。（206字）

第9章

答え　A～Cがなぜ不適切かを正しく理解し，自閉スペクトラム症の援助について理解を深めてほしい。Aについて，言語に困難を示す子どもに無理に言葉を教えることは，かえって子どもの負担になる。絵を使って視覚に訴えかけるなどの工夫が求められる。Bについて，自閉スペクトラム症の行動特徴に薬物療法は有効ではない。二次的な問題（不安症やうつ病，睡眠障害など）に薬物療法が用いられることがある。Cについて，常同行動を示すことの多い自閉スペクトラム症児は，多目的で自由な空間での行動を苦手とする。何をすべきか判断できず，混乱やパニックに陥る可能性がある。勉強部屋・寝室・居間など生活空間ごとの役割を明確にすることで，そうした混乱を避けることができる。

【正解：D】

88 限局性学習症，注意欠如多動症

specific learning disorder / attention deficit hyperactivity disorder

学習のポイント

- □ SLD 児や ADHD 児が日常生活で示す困難を述べられるように。
- □ 援助に心理専門職が果たす役割をおさえよう。

About this word

発達障害のうち，**全体的な能力や機能は年齢相応であるにも関わらず，読み書きや運動など部分的な能力や機能で著しい遅れが見られる障害**を，特異的発達障害という。他の発達障害同様，脳の機能障害が推測されている。男子に多い。代表的な障害に，本項で紹介するSLD（限局性学習症）とADHD（注意欠如多動症）がある。

■ SLD（限局性学習症）の症状

SLDとは，かつて学習障害（LD）とよばれていた症状のことで，全般的な知的能力に遅れはなく平均的なIQを示すが，読み・書き・数字などに関連した，**ある特定の学習能力に著しい困難を示す症状**である。そのため「読めるが書けない」「書けるが話せない」ということが起こる。

■ ADHD（注意欠如多動症）の症状

ADHDとは不注意，多動性・衝動性という2つの特徴が，同年齢の子どもと比較して顕著な障害を指す。12歳以前より見られ，家と学校など複数の状況で存在し，社会生活で支障が生じている場合に診断される。落ち着いて座っていることが困難だったり，手足をそわそわ動かしたり，衝動的に大声をあげたりする。

4択問題　次の文のうち，最も適切な文はどれか。

- **A** SLDの子どもは，学校の授業中に落ち着いて座っていることができず，学習ができない。
- **B** SLDの子どもは学習行動に困難を示すため，知能指数は平均以下の値を示すことが多い。
- **C** ADHDの子どもは集中を持続させることが困難で，衝動的な行動を起こしやすい。
- **D** ADHDの行動特徴は，親の厳しい養育態度によって無意識に抑圧された内的欲求によって生じる。

■援助

ADHDに関しては多動や衝動性を抑える薬物療法による援助が行われるが，副作用も報告されているため慎重な処方が求められる。並行して行動療法を用い，適応行動を学習させていく。

SLD児やADHD児は，一般的に「できて当然」と思われる行為に困難を示すため，**日常的に失敗体験が多く，劣等感を抱きやすい**。学校での集団生活になじめず，時としていじめにあってしまうこともある。また，親や教師などの周囲の人々に**正しく把握されていないと，その行動特徴が甘えやわがまま，努力不足のように受け取られてしまいがち**である。そのため，親への心理教育や教師へのコンサルテーションによって，SLDやADHDに関する十分な理解を得る必要がある。合理的配慮（108参照）も活用し，子どもの生活が多方面から支援され，過ごしやすい環境を整えていくことができれば，症状やそれに伴う劣等感を和らげ，適応を促すことができよう。

■反抗挑発症と素行症

周囲に対して挑戦的で，反抗的な行動を当然のごとく行ってしまう者を反抗挑発症（反抗挑戦性障害）という。ADHDの子どもの中には，周囲の無理解や不適切な対応から，9歳頃より反抗挑発症を併発する者が現れる。さらに反抗挑発症の問題行動がエスカレートすると，万引きや過度の暴力などをくり返す素行症（素行障害・行為障害）に発展し，最終的には反社会性パーソナリティ症となってしまうおそれがある（DBDマーチ）。そのためADHD児に対する適切な療育と環境調整が求められているといえよう。

第9章

限局性学習症と注意欠如多動症について200字前後で述べなさい。

限局性学習症とは，知的能力は平均的だが，読み・書き・数字などに関連した特定の学習能力に著しい困難を示す発達障害である。注意欠如多動症とは，不注意，多動性・衝動性の2つの特徴が同年齢の子どもと比較して顕著な発達障害である。いずれも脳の機能障害が推測されており，親の不適切な養育態度によるものではない。周囲に誤解されやすく二次的な障害が生じやすいことから，親や教師の障害への理解と支援が求められる。（198字）

答え　AはSLDよりもADHDに関する文といえる。Bについて，SLDのIQは平均に近い値を示すことが多い。平均的なIQをもちながら，特定の学習能力のみ抜け落ちているために，周囲が「怠けている」と判断してしまいやすい。Dのように，心因性と論述するのは絶対に避けたい。神経発達症（発達障害）の原因を心因で述べたら，心理系大学院入試で合格することはほぼないといっても過言ではないだろう。【正解：C】

知識の整理 02

主な精神症状の名称変更まとめ

2023年6月に，精神疾患の診断・統計マニュアルの最新版「DSM-5-TR」日本版が発売され，多くの病名が「〜〜障害」から「〜〜症」へと変更になりました。院試対策としては，現在移行期であるため，従来のDSM-5の名称で論述しても新しいDSM-5-TRの名称で論述しても，どちらでもかまいません。

以下に主な精神疾患の名称変更をまとめました。参考資料としてお使いください。

DSM-5	DSM-5-TR
知的能力障害（知的発達症/知的発達障害）	**知的発達症（知的能力障害）**
注意欠如・多動症/注意欠如・多動性障害	**注意欠如多動症**
双極性障害	**双極症**
うつ病（DSM-5）/大うつ病性障害	**うつ病**
選択性緘黙	**場面緘黙**
醜形恐怖症/身体醜形障害	**身体醜形症**
反応性アタッチメント障害/反応性愛着障害	**反応性アタッチメント症**
脱抑制型対人交流障害	**脱抑制型対人交流症**
心的外傷後ストレス障害	**心的外傷後ストレス症**
急性ストレス障害	**急性ストレス症**
適応障害	**適応反応症**
（記載なし）	**遷延性悲嘆症**
変換症/転換性障害（機能性神経症状症）	**機能性神経学的症状症（変換症）**
摂食障害	**摂食症**
過食性障害	**むちゃ食い症**
ギャンブル障害	**ギャンブル行動症**
猜疑性パーソナリティ障害/妄想性パーソナリティ障害	**猜疑性パーソナリティ症**
シゾイドパーソナリティ障害/スキゾイドパーソナリティ障害	**シゾイドパーソナリティ症**
境界性パーソナリティ障害	**ボーダーラインパーソナリティ症**

※ DSM-5における，スラッシュで併記された名称の扱い

原則として，左側の名称で表記すればよい。

① 児童青年期について，「障害」ではなく「症」と表記することが提案された病名は，スラッシュの左側に「症」の名称が，右側に「障害」の名称が提示されている。

② DSM-IVから引き継がれた疾病概念で，旧病名がある程度普及して用いられている場合は，スラッシュの右側に旧病名が提示されている。

第10章 臨床（介入）

Clinical Psychology (Intervention)

傾向と対策

本章では，心理療法について概観する。

多種多様な心理療法を紹介するが，概念が混在したり混乱したりしやすいため，ノートなどに整理しながら理解することを心がけたい。各心理療法では**「どんな状態を不適応とみなすか」「どのような介入によって適応を目指すか」**という2点を中心にまとめながら理解しよう。とくに3大心理療法とよばれる**精神分析・行動療法・クライエント中心療法**は，単体の出題も多いが，それだけでなく，各療法の違いを説明させる問題が出題されやすい。対比的に理解しておくことは，必ず試験対策になるはずだ。

また，100番は心理療法の効果を検証するための効果研究について触れている。そこで，事例研究の意義に関しても触れている。近年，**効果研究に関する問いや事例研究に関する問いを出題する大学院が増えている**ため，ぜひしっかりおさえておきたい。

NO	難易度	用語
89	★★★	転移と逆転移
90	★★★	精神分析療法
91	★★☆	行動療法・認知療法
92	★★★	認知行動療法
93	★★☆	クライエント中心療法
94	★★★	フォーカシング
95	★★☆	交流分析
96	★★★	家族療法
97	★★☆	遊戯療法
98	★★☆	箱庭療法
99	★★★	日本独自の心理療法
100	★★☆	効果研究

難易度は，用語内容の理解しやすさや論述における書きやすさの目安を表します。

89 転移と逆転移

transference / countertransference

学習のポイント

- □ 転移と逆転移を逆にして述べないように。
- □ 発生を防止するのではなく，なぜ発生したかを洞察する。

About this word

心理療法・心理面接の具体的な技法は理論ごとに異なるが，どの技法であっても，**クライエントが援助者に非合理的な感情を向けること**がある。このような感情を転移という。本項ではこの転移を中心に，心理面接に共通するクライエントや援助者の変化について概観する。

■転移

元来は精神分析の概念で，幼少期に両親に抱いていた感情が，援助者に向くことを意味する。たとえば，クライエントが援助者に強烈な敵意を見せた場合，その敵意は，幼少期に両親に抱いていた敵意が転移したものと解釈する。現在では，**クライエントの内的葛藤から生じる，援助者への非合理的な感情全般**を転移という。転移には，好意や恋愛感情を向ける陽性転移と，敵意や怒りを向ける陰性転移の2種類がある。転移は，心理面接という非日常場面だからこそ生じるものであり，**クライエントの正当な反応とは区別**せねばならない。

4択問題

心理面接において，クライエントが長い沈黙を続けた場合の援助者の対応として，最も不適切な文はどれか。

A　自身の内面の変化が受け入れられず，抵抗として沈黙が現れたと考え，クライエントの自己理解が深まるのを待つ。

B　クライエントは援助者からの言葉や助言を待っているため，できるだけすみやかにアドバイスを送る。

C　クライエント自身の内面理解や気づきを整理している可能性を考え，その沈黙を共感的に共有する。

D　クライエントが自己表現できるまで待ったり，閉ざされた質問で話を整理したりする。

■逆転移

援助者が転移に反応して，クライエントに非合理的な感情を向けることを逆転移という。かつて精神分析のフロイト（Freud, S.）は，逆転移が分析家の中立性を失わせるため，逆転移の発生を防止すべきと考えた（だからこそ精神分析家を目指す者は，教育分析が必要と考えられていた。65 参照）。

現在では逆転移は少なからず生じるものであり，むしろ心理面接に生かすべきと考えられている。**援助者が自らの逆転移を自覚し，それに振り回されることなく，なぜ自分に逆転移が生じているのか洞察する**ことで，より深いクライエントの理解が可能となる。

■抵抗と行動化

クライエントが心理療法・心理面接の進行を妨げることを抵抗という。また，クライエントが自身の心理状態を言語化することができず，行動によって表現することを行動化という。たとえば心理面接によって，自身の内面と直面化する不安や苦痛が生じ，その不安や苦痛が心理面接への無断欠席という形で行動化されることがあげられる。

抵抗の背景には，**問題の解決を望みながらも，自身が変化していくことに対する不安**や，**問題の解決によって周囲の心配や同情を失いたくない**という疾病利得がある。そのため，沈黙，遅刻，無断欠席，援助者への暴力，性的誘惑などの行動化が起こる。抵抗や行動化も転移や逆転移と同様に，発生そのものを防止するのではなく，**なぜ発生したのかともに考える**ことで，クライエントの理解と成長の手がかりにしていく。

転移と逆転移について 200 字前後で述べなさい。

心理面接中に，クライエントが援助者に非合理的な感情を抱くことを転移といい，転移によって援助者がクライエントに非合理的な感情を抱くことを逆転移という。転移は，クライエントが重要な他者に向けている感情が，援助者に向けられたものと考えられ，クライエントの理解の促進につながる。逆転移は，かつて発生そのものを防止すべきと考えられていたが，現在ではなぜ逆転移が生じているのか援助者が洞察し，心理面接に生かすべきと考えられている。（210字）

第10章

答え 基本的には沈黙を無理に破らず，沈黙の意味をともに考えることが望ましい。そのため，「すみやかに」アドバイスを送るBが，最も不適切と考えられる。だが経験の浅い臨床心理士ほど，沈黙に耐えきれずに多弁になってしまうようだ。なお，A・C・Dのどの対応がベストかはクライエント次第であるため，決められない。選択肢にはなかったが，陰性転移による沈黙の可能性もある。さまざまな可能性を考慮しつつ，柔軟に対応する姿勢が必要だろう。【正解：B】

90 精神分析療法

psychoanalytic therapy

学習のポイント

- □ 精神分析が毎年出題される大学院がある。
- □ 独特で理解しにくい概念が多いが，1つ1つ丁寧に理解していこう。

About this word

精神分析療法は，問題行動の原因を**無意識に抑圧された心的外傷体験**と考え，心的外傷体験の意識化と徹底操作（後述）による自我の強化を目指す心理療法である。精神分析療法は，以下の流れで実施される。

■①自由連想法

クライエントは寝椅子に横になる。分析家はクライエントからは見えない位置にいる。そして「**頭に浮かんでくることを，批判や選択をしないでそのまま話してください**」と指示する。この一連の流れを自由連想法という。

■②解釈

自由連想法で話された内容には，クライエントの無意識が反映されていると考える。とくに自由連想法の途中に，沈黙という形で抵抗を示した場合は，**無意識に隠れている恐怖や欲望への到達を拒んでいる**と考えられる。また，分析家への転移が生じることもある（89参照）。このような抵抗や転移に対して，解釈を与

4択問題

次の文のうち，最も適切な文はどれか。

- **A** 自由連想法では，分析家の問いかけに対してクライエントは自由な回答をすることが求められる。
- **B** 精神分析療法では，自分が考える自分の姿と自身の経験が一致していない状態の解消を目指す。
- **C** 夢分析では，潜在夢から顕在夢を分析することで，無意識の意識化を目指していく。
- **D** 精神分析療法では，分析家はただクライエントの発言を待つだけでなく，抵抗や転移に対する解釈を与える。

えていく。

解釈の方法としては，直面化と明確化がある。直面化とはクライエントが**回避している考えや感情を分析家が言語化**して，クライエントと向き合わせることを指す。明確化とは，クライエントが語った内容を**簡潔な言葉で言い返す**ことで，クライエントの自己理解を援助することを指す。

■③徹底操作

上記のようなかかわりの中で，クライエントは過去の心的外傷体験を想起する（治療的退行）。そして，**無意識に抑圧された自身の欲求や感情を理解**していく。このことを洞察といい，洞察と解釈をくり返していくことを徹底操作という。徹底操作により自我が強化され，意識化された心的外傷体験・欲求や感情を，自身で制御できるようになる。なお，自我が強化された状態とは，「高い現実検討能力」「分裂することなく一貫した自我同一性」「昇華など適切な防衛操作が可能」という状態を指す。

精神分析療法は，週に3〜5回・各50分のセッションを数年間に続けるという長期治療が必要とされている。そのため現在は，対面式で週1回などの簡易型の精神分析療法が広く行われている（精神分析的心理療法と区別する場合もある）。

■夢分析

最後に，夢分析を簡単に紹介する。夢分析とは，**クライエントが言語化可能**な顕在夢を手がかりにして，**抑圧された欲望が反映された**潜在夢の内容を解釈し，無意識の意識化を目指すものである。

精神分析療法について200字前後で述べなさい。

精神分析療法とは，問題行動の原因を無意識に抑圧された心的外傷体験によるものと考え，その心的外傷体験の意識化と，その意識化に耐えうる自我の強化を目指す心理療法である。意識化には主に自由連想法や夢分析が用いられる。生じた抵抗や転移は，解釈を与えることにより，クライエントの自己洞察を促す。洞察と解釈をくり返す徹底操作により自我が強化され，意識化された心的外傷体験に向き合えるようになる。（191字）

答え　Aについて，自由連想法で分析家は問いかけを行わない。なおフロイトは，エリザベートという娘に「質問によって私の思考の流れを邪魔しないでください」といわれたことにより，自由連想法の発想に至ったといわれている。Bはクライエント中心療法の考え方。Cは潜在夢から顕在夢ではなく顕在夢から潜在夢。Dは正しい。ただし解釈について，面接初期の段階からあまりに深い解釈は投与すべきではない。【正解：D】

91 行動療法・認知療法

behavior therapy / cognitive therapy

学習のポイント

- □ 行動療法を前提として，条件づけ理論の理解が必須。
- □ 系統的脱感作法と暴露法，応用行動分析は最優先でおさえよう。

About this word

行動療法では，**問題行動を不適切な学習によるもの**とみなす。たとえば，満員電車に対して恐怖を抱く場合は，満員電車と恐怖反応が条件づけられていると考える。そこで行動療法は，**学習理論を用いて不適切な行動を消去**し，**適切な行動を学習する**ことを目指す。精神分析を批判し，科学的な臨床心理学の確立を目指したアイゼンク（Eysenck, H. J）によって定義づけられた。

■レスポンデント条件づけに基づく技法

①系統的脱感作法　ウォルピ（Wolpe, J.）によって開発された，最も代表的な行動療法。不安症に有効とされている。

・**事前準備**　リラックス状態を作り出すための弛緩法を身につける。また，低次な不安から高次な不安まで一覧にした不安階層表を作成する。

・**実践**　不安をイメージした後に弛緩法を実践して，不安とリラックス状態を条件づけ，不安の解消を図る。不安階層表の低次な不安から高次な不安へと，順番に条件づけていく。

②暴露法（エクスポージャー）　基本的に系統的脱感作法と同じ。不安場面をイメージするのではなく**不安場面に直接さらして，不安場面に慣れさせる**点，弛緩法よりも**不安場面からの回避行動を減らすことを重視する**点が異なる。なお，最大級の不安にいきなり直面させることをフラッディングという。不安場面を直接経験させるため，クライエントの回避行動を制限する必要がある反面，安全の確保にも留意する必要がある。

③暴露反応妨害法　**強迫性障害**に対して用いられることが多い。強迫行為を禁じることで，強迫観念から生じる不安に徐々に慣れさせていく手法。

■オペラント条件づけに基づく技法

行動療法の中でも，オペラント条件づけと三項随伴性（ABC モデル）に基づく理論を応用行動分析という。応用行動分析では，まず何が問題行動を維持しているのかという観点から，問題行動の機能を明らかにする機能分析が行われる。具体的には，下表の三項随伴性（ABC モデル）に基づき問題行動を理解する。

三項随伴性とは，まず先行刺激があり，それに対する行動の結果によって問題行動が動機づけられ，強化されると考えるモデルのことである。機能分析によって明らかになった先行刺激，行動，強化子（問題行動の結果）のいずれかを変化させることに焦点をおいて介入をしていく。例えば，問題行動のもつ機能（下図の例の場合「安心する」という結果が得られる）ことを維持しつつ，別の代替行動に置き換える（呼吸を整える，マインドフルネス瞑想を用いるなど）ことで，適応的な行動の獲得を目指す。

三項随伴性（ABC モデル）		例
先行刺激	Antecedent	多くの視線を感じる
行動	Behavior	その場から立ち去る
結果	Consequence	安心する

以下に，応用行動分析で用いられるさまざまな技法について紹介する。

④シェイピング法　一度に獲得することが困難な行動に対し，細かい達成目標を設定し（スモールステップ），達成するたびに強化を与え，徐々に目標行動に接近させていく手法。

⑤トークン・エコノミー法　適切な行動にトークンという疑似貨幣を与えることで，その適切な行動を強化していく手法。子どもの行動変容と支援に用いられることが多い。

⑥タイムアウト法　問題行動後に誰もいない部屋に移動させるなどして，正の強化を受けないようにする手法。教室内で子どもが他の子を叩いた時，それで教室内が騒ぎになると「騒ぎになった」という事実が叩く行為を強化してしまう場合がある。そこで，部屋から出すことで正の強化を防ぐ。

⑦嫌悪療法　アルコールを摂取したら嘔吐剤などを飲ませるなどして，特定の行動に対して罰となる刺激を与え，その行動の消去を目指す手法。

1950 年頃，意識の存在を軽視する行動主義心理学に対する批判から，人間の

次の文のうち，最も適切な文はどれか。

A 系統的脱感作法では，問題行動に対して嫌悪刺激を与えることで，問題行動の消去を目指す。

B 行動療法は，過去に抑圧された心的外傷によって引き起こされる問題ある行動を治療対象とする。

C エクスポージャーでは，不安場面を直接経験させることで，不安場面に慣れていくことを目指す。

D エリスは認知療法を用いて，抑うつ症状の歪んだ自動思考を修正することを目指した。

記憶・思考といった意識的な認知作用を再び重要視する流れが台頭してきた。臨床現場においても，**認知を変容させることで行動を修正し，心理的問題を解決していこうとする**認知療法が生まれ，さらに行動療法との統合が進み，認知行動療法が生まれた。

■①認知療法

ベック（Beck, A. T.）は抑うつの原因を，あらゆる出来事に対してネガティブに偏った思考をしてしまうことにあると考え，その認知の変容を目指した。とくに瞬間的に頭をよぎる**否定的自動思考**に注目し，クライエントが自らの否定的自動思考に気づき，適切な思考に修正できるよう働きかけていく。現代においては，思考記録表を用いた認知再構成法として実施されることが多い（次項参照）。

■②論理情動療法（論理情動行動療法）

論理情動療法はエリス（Ellis ,A.）による，ABCDEモデル（図）に基づく療法である。

エリスは，ある出来事（A）に対して不合理な信念（B）をもつために，否定的な感情や悩みといった結果（C）が生じると考えた。とくに不合理な信念とは「すべて○○でなければならない」といった，**融通の利かない固定的な信念**を指す。そこで，その不合理な信念に反論（D）し，合理的な信念に修正するよう援助する。結果，自らの目標達成に向けた行動がとれるようになる（E）。

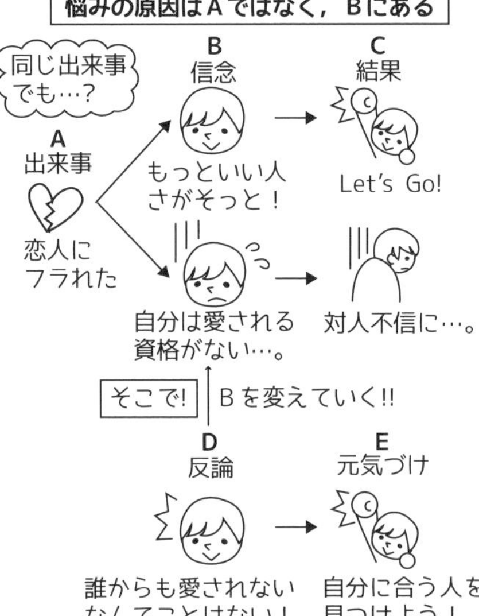
悩みの原因はAではなく，Bにある
同じ出来事でも…？
A
出来事
恋人にフラれた
B
信念
もっといい人さがそっと！
自分は愛される資格がない…。
C
結果
Let's Go!
対人不信に…。
そこで！
Bを変えていく!!
D
反論
誰からも愛されないなんてことはない！
E
元気づけ
自分に合う人を見つけよう！

論述演習

行動療法について200字前後で述べなさい。

行動療法とは，問題行動を誤った学習によるもの，あるいは適切な学習がなされていないものとみなし，条件づけなど学習理論を用いて，不適切な行動の消去と適切な行動の獲得を目指す心理療法である。行動療法では，精神分析で取り扱われるような無意識や防衛機制など観察することのできない構成概念を想定せず，直接観察される行動のみを治療対象とする。代表的な技法にウォルピの開発した系統的脱感作法がある。（191字）

答え Aは，系統的脱感作法ではなく嫌悪療法。Bは，行動療法ではなく精神分析療法。Dはエリスではなくベック。

【正解：C】

知っておきたいマメ知識③

第１世代・第２世代・第３世代

マインドフルネス認知療法はときに「第３世代の認知行動療法」と呼ばれることがある。ではそもそも，第１世代と第２世代はどのような存在で，第３世代とどのように区別されるのだろうか。

第１世代は旧来の**行動療法**が該当する。学習理論に基づき，不適応行動の修正を目指す。

第２世代は旧来の**認知療法**が該当する。認知理論に基づき，不合理な認知の修正を目指す。

第３世代は新時代の**認知行動療法**が該当する。特に「第３世代」という言葉が用いられる際は，学習理論や認知理論の単純な融合ではなく，行動や認知の**多様性・柔軟性**が強調される。

第１世代や第２世代で強調される「行動や認知の修正」という考え方は，「ＡではなくＢ」という考え方である。そのため，例えば「ネガティブな自分をなんとか修正して，ポジティブにならなければ」というように，強迫的かつ自己否定的になりやすい。

対して第３世代で強調される「行動や認知の柔軟性」という考え方は「ＡもＢも」という考え方である。例えば，ネガティブな自分を受けとめた上で，ポジティブな自分にも，それ以外の自分にも注目していく。このように行動や認知のレパートリーを増やしながら，場面に応じてしなやかに行動や認知を使い分ける姿が強調される。そのため，「認知や行動の歪み・修正」という表現は，第３世代の認知行動療法では好まれない。

特に“第３世代の認知行動療法”と呼ばれる，**マインドフルネス認知療法**や，**ＡＣＴ（アクセプタンス&コミットメントセラピー）**に関する論述が求められたときは，上記で述べた「行動や認知の多様性・柔軟性」のニュアンスを強調できるとよいだろう。

92 認知行動療法

cognitive-behavioral therapy

学習のポイント

- □ 認知行動療法は特定の技法を指すわけではなく，技法の集合体ととらえよう。
- □ 認知行動療法に関する誤解があれば，それを修正しておこう。

About this word

認知行動療法（Cognitive Behavior Therapy: CBT）とは，ケース・フォーミュレーションを軸としたアセスメントを行い，行動療法や認知療法を軸としたさまざまな技法を用いて介入するアプローチの総称である。

■ケース・フォーミュレーションとは

ケース・フォーミュレーションとは，クライエントの問題の成り立ちを説明する仮説を，刺激―反応の図式に基づき生成する作業である。クライエントに質問をしながら「認知」「感情」「身体」「行動」の４つに分けて，刺激に対する反応を整理していく。ケース・フォーミュレーションを生成する際，問題の成り立ちを図示して外在化することが重要とされている。問題がクライエントから外在化されることで，セラピストとクライエントが問題をともに眺め，ともに解決を考えていく協同関係を作ることができる。よってケース・フォーミュレーションは，セラピストにとって，クライエントを理解するアセスメントの一環であるだけでなく，クライエントにとっても，自身の問題を理解するための心理教育の役割を果たしている。

図は，ケース・フォーミュレーションの一例である。生成したケース・フォーミュレーションをクライエントとともに眺めながら，認知・感情・行動・身体のどれに介入していくかをともに考える。認知ならば認知再構成法，感情ならばエクスポージャー，行動ならば行動活性化，身体ならばマインドフルネス…など，それぞれの変容に対し，効果が実証された技法から選択する。クライエントにはホームワークが課され，技法を自分自身で獲得し，セルフケアができる状態を目指す。

このように，認知行動療法ではクライエントとセラピストがチームとなって問題状況を把握し，効果が実証された技法を用いて介入していくことが求められる。

この認知行動療法の基本姿勢を協同的実証主義という。セラピストが一方的に指示し，クライエントがそれに従う「縦の関係」ではなく，セラピスト・クライエントがともに話し合いながらチームで取り組む「横の関係」であることに注意したい。

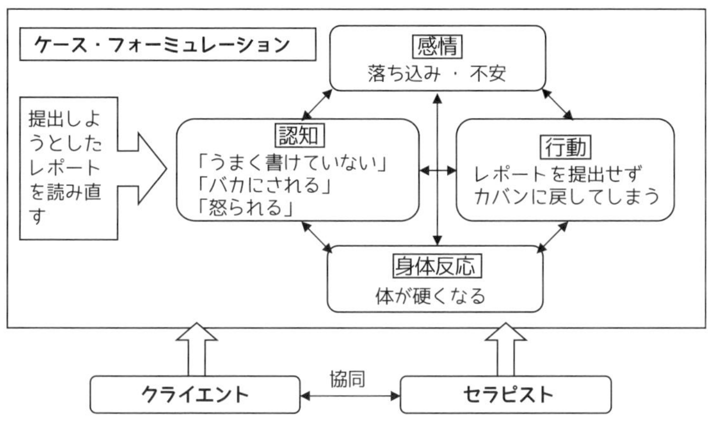

■認知行動療法で用いられる技法

認知行動療法で用いられる技法には行動療法や認知療法の項で紹介した技法以外にもさまざまなものがある。ここでは代表的なものを紹介する。

①認知再構成法

認知再構成法とは，自動思考以外の考えをもつことができるように，自動思考の検討を行う方法である。主に思考記録表（コラム表）が用いられる。

【思考記録法の記入例】

①状況	昨日の２限目の授業で，教員から急に当てられて，立って質問に答えた
②感情（強さ：0～100%）	不安（70%），悲しみ（30%）
③自動思考またはイメージ	「みんなが自分をバカにしている」
④根拠	答えた後，教員が「正しい答えだ」と言わなかった。こちらを見ている人が多かった。
⑤反証	「そういう考えもあるね」と教員が言っていたので，間違ったわけでもないのだろう。自分が発言したのだから，自分を見ていた人がいても不思議はない。
⑥自動思考に代わる思考	「自分に対して，何か思っている人がいたかもしれないけど，全員が自分をバカにしていたということはないだろう」
⑦結果：感情とその強さ	不安（60%），悲しみ（25%）

出典：毛利（2015）

②行動活性化

行動活性化とは，行動の肯定的な変化に伴って，クライエントの自己評価の向上や適応的な姿勢への変化を目指す技法である。特に**うつ病**患者に対する効果が期待されている。うつ病に伴う活動レベルの低下が，無力感の増長や自己評価の低下を招いている側面があり，まず行動レベルでの達成が重要となるからである。

行動活性化では，行動の記録として活動記録表を用いることがある。クライエントは何時にどのようなこと（食事，掃除，読書など）を行ったのかについて記入が求められる。その上で，個々の活動における達成感（M：mastery）と喜び・楽しさ（P：pleasure）をクライエント自身に得点化してもらう。これを1週間程度継続する。この得点を参考にしながら，活動量が全体として増加し，達成感や喜び・楽しさが高められるよう活動スケジュールを設定していく。

【活動記録表の記入例】

5/16（月）	9時～	10時～	（中略）	17時～	18時～	19時～	20時～
	起床	食事		食事準備	食事	新聞	入浴
	M1　P0	M0　P2		M3　P2	M0　P3	M2　P1	M1　P5

M：達成感　P：喜び・楽しさ　0～10の段階で自己評価。毛利（2015）を基に作成。

③主張訓練法

アサーションとは，自分も相手も大切にしながら自分の意見や気持ちを率直に，適切な方法で表現する自己表現の一つである。このアサーションを目指すトレーニング方法が主張訓練法（assertion training）である。このトレーニングでは，自分と相手との間に存在する相違についてお互いが少しずつフェアに折り合いをつけていくことが大切であると考え，やりとりを続けながら自分らしさを認め，かつ相手のその人らしさも認められるより豊かな人間関係を築くことを目指す。

④ソーシャルスキルトレーニング／社会生活技能訓練

ソーシャルスキルトレーニング（social skill training：SST）は，学習理論に基づき，体系的・意図的に対象者の社会技能形成を図る，構造化された援助技法である。1970年代にリバーマンらが精神障害者のリハビリテーションを促進する

4択問題　**次の文のうち，最も適切な文はどれか。**

A　認知行動療法とは，コラム表を用いた認知再構成法のことである。

B　ACTは，認知の内容よりも認知の機能に注目したアプローチである。

C　ホームワークの実施はクライエント個人での実施となるため推奨されていない。

D　一般的なケース・フォーミュレーションでは刺激に対する反応を「認知」「感情」「思考」「行動」の4つに分けて理解する。

援助技法として確立させた。対人状況で必要とされる技能を獲得することで，さまざまな社会的ストレスの回避や対処が期待されている。

⑤マインドフルネス認知療法

マインドフルネス認知療法とは，今現在の現実をあるがままに知覚し，感情や思考に囚われないようにすることを目指す心理療法である。マインドフルネス瞑想とは，原始仏教で2500年以上前から実践されていた瞑想のことで，体内や心で体験される出来事１つ１つに，価値判断や反応をせず，受け入れるような姿勢で意識を傾け，その意識を持続することを指す。マインドフルネス瞑想を続けることにより，色々な出来事をとらわれのない無執着の姿勢で体験できるようになっていくといわれている。

⑥ACT（アクセプタンス＆コミットメントセラピー）

以下の６つの基本原則に基づき，心理的柔軟性の獲得を目指すアプローチ。望ましくない認知や行動の除去や修正ではなく，認知や行動の選択肢を豊かにすることで，柔軟な対応が取れることが重視されている。

①脱フュージョン…思考に飲み込まれない。現実と思考の混同から脱する。
②アクセプタンス…体験を回避せず，あえてそのまま置いておく。
③プロセスとしての自己…思考する自分を客観的に見つめる。「観察する自己」
④文脈としての自己…自分が置かれている文脈や環境の「今」に集中すること。
⑤価値の明確化…自分が生きていこうとする方向や価値を言語化する。
⑥コミットした行為…自分の価値にそった行動を，実際にとる。

認知行動療法について200字前後で述べなさい。

認知行動療法とは，ケース・フォーミュレーションを軸としたアセスメントを行い，行動療法や認知療法を軸としたさまざまな技法を用いて介入するアプローチの総称である。認知行動療法ではクライエントとセラピストがチームとなって問題状況を把握し，効果が実証された技法を選択して介入していく。またクライエントにはホームワークが課され，技法を自分自身で獲得し，セルフケアができる状態を目指していくのも特徴である。（195字）

答え　Aについて，認知行動療法で用いられる技法の１つに認知再構成法があるが，認知行動療法のすべてではない。一般書には「認知行動療法＝コラム表（認知再構成法）」となっているものも多いので注意したい。Cについて，認知行動療法ではホームワークの実施を重視する。Dはケース・フォーミュレーションにおいて「認知」と「思考」が同義であるため不適切。「身体」が抜けている。

【正解：B】

93 クライエント中心療法

client centered therapy

学習のポイント

- □ 自己概念と経験という言葉を用いて，不適応を説明できるように。
- □ カウンセラーの３つの態度は頻出。なぜ必要かも含めて正しく理解を。

About this word

クライエント中心療法はロジャース（Rogers, C. R.）による非指示的な心理療法である。クライエント中心療法では，自己概念と経験という２つの概念に注目する。自己概念とは，**クライエント自身が抱いている自己像**で，クライエントの理想が反映されている（理想自己）。経験とは，**クライエントが現実に体験していること**である（現実自己）。そして，**自己概念と経験の重なり**を自己一致とよび，**自己一致の領域が大きいほど適応的**であるとした。

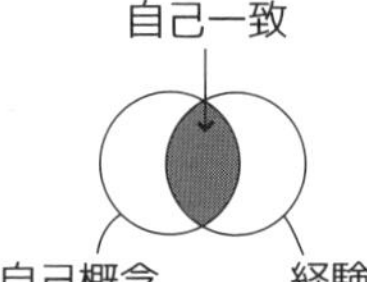

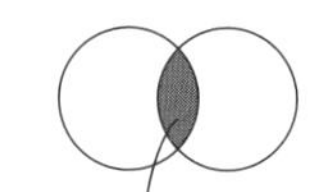

不適応状態に陥っているクライエントは自己一致の領域が小さい。だがロジャースは，**人は誰もが自己概念と経験を一致させていこうとする**自己実現傾向をもつと考えており，カウンセラーとの適切な関係性さえあれば，クライエントは自己実現傾向を発揮できるよう，自ら変

4択問題

クライエント中心療法に関する次の文のうち，最も適切な文はどれか。

- **A** 自身の内的葛藤を語ることによるカタルシス効果をねらいとする。
- **B** 共感的理解とは，クライエントのポジティブな面もネガティブな面も偏りなく理解し受容することである。
- **C** 権威や地位などを振りかざし，尊厳ある自己を演出するカウンセラーは自己一致しているとはいえない。
- **D** ３つの態度条件をそなえたカウンセラーの適切な指示により，自己実現傾向を発揮させることが可能となる。

化していけると述べた。この「適切な関係性」を築くためには，カウンセラーに3つの態度が求められる。

■①共感的理解

クライエントの私的な内的世界を，あたかもクライエント自身であるかのように感じ取ること。共感的理解によって感じ取ったことを，クライエントに反映することを通して，クライエントが自分自身の理解に至ることを援助する。

■②無条件の肯定的配慮

クライエントのどのような側面にも偏りなく肯定的で積極的な関心を向けること。カウンセラーが無条件にクライエントを受容することによって，クライエント自身もあるがままの自分を受容することが可能となる。

■③自己一致（純粋性・真実性）

カウンセラー自身が自己一致の状態にあること。自己一致しているカウンセラーと接触することによって，クライエントも自己一致の状態を目指すことができる。

これら3つの態度条件をそろえたカウンセラーとの関係を通じて，クライエントはあるがままの自分とその問題に気づき（自己洞察），あるがままの自分とその問題を受け入れ（自己受容），より自己一致した状態に近づいていくこと（自己実現）が可能となる。クライエント中心療法の最終的な目標は，自己実現したクライエントが自身で問題を解決していける「十分に機能する人間」となることである。

クライエント中心療法について200字前後で述べなさい。

クライエント中心療法とは，ロジャースによって提唱された非指示的な心理療法である。人は誰もが自己概念と経験を一致させていこうとする自己実現傾向をもっており，カウンセラーとの適切な関係性があれば，自己概念と経験の不一致状態にあるクライエントも，自己実現傾向を発揮できると考えた。ただし，そのようなクライエントとの関係性を築くためには，共感的理解，無条件の肯定的関心，自己一致というカウンセラーの3条件が必要とされている。（208字）

答え Cのようなカウンセラーは自己一致しているとはいえない。Aについて，専門家ではない人の「話を聞く」行為はカタルシス効果を発揮させる意味合いが強いが，専門家によるクライエント中心療法では，あくまで自己概念と経験の一致が目標となる。Bは無条件の肯定的関心。Dは「適切な指示」が誤り。クライエント中心療法は，他の心理療法と異なり非指示的な療法である。カウンセラーとの関係性を通じて，クライエント自身が自ら自己実現傾向を発揮させていくことを目指す。

【正解：C】

94 フォーカシング

focusing

学習のポイント

- □ フェルト・センスとは何かを説明できるように。
- □ 人間性心理学に基づく，さまざまな心理療法をおさえよう。

About this word

ロジャースの共同研究者であるジェンドリン（Gendlin, E. T.）が創始した心理療法がフォーカシングである。

何かを言いたいが言えない時に「のどに何かがつっかえているような感覚」を感じたことは，何か問題が解決していない時に「胸のあたりにもやもやした感覚」を感じたことはないだろうか。

フォーカシングでは，このような**漠然とした言葉にできない感情が身体感覚として体験される**と考えられている。この身体感覚をフェルト・センスという。不適応状態にあるクライエントは，このフェルト・センスを表現することができず，感情の流れが滞っている。だが，**クライエント自身がフェルト・センスに気づいてその理解を深め，言葉などによって表現することが可能となれば，滞っていた感情の流れが自己を成長させる方向へ向かって流れていく**。このことを，フェルト・シフトという。フォーカシングは，クライエントがフェルト・シフトに至る過程を援助する，と言い換えることもできる。

4択問題

次の文のうち，最も適切な文はどれか。

A うまく言葉に表せない感情が身体感覚として現れたものを指して，フェルト・センスという。

B ジェンドリンは，精神分析療法におけるクライエントの変化の原因を明らかにしようとした。

C ゲシュタルト療法は，過去の自己も現在の自己を形作る要素としてとらえ，2つの自己の全体像の統合を図る。

D ロゴセラピーにおける代表的な技法は，エンプティ・チェアである。

フォーカシングは，ロジャースに代表される人間性心理学の観点からアプローチする心理療法の１つである。以下では，人間性心理学の観点からアプローチする他の心理療法を紹介する。

①ロゴセラピー（実存分析）

フランクルによる心理療法。人間を，いかなる状況でも価値を追求する自由と責任をもつ存在と考える。そのため，**人生に価値と目的を見いだせない時に空虚感を経験し，欲求不満状態に陥る**と考えられている。

代表的な技法に，症状を過度に意識する患者に，敢えて意識させる**逆説志向**（不安を抱きやすい患者に，より不安を抱かせるなど），意味や価値のあることに注意を向けさせて症状から解放させる**反省除去**（スポーツに集中させるなど）がある。

②ゲシュタルト療法

パールズによる心理療法。ゲシュタルトとは**全体性のこと**で（04 参照），**排除されていた自己の部分を統合し，全体性の回復を重視する心理療法である。**過去の体験や生育歴ではなく「今，ここ」で体験している自己の統合を目指す。代表的な技法にエンプティ・チェアがある。空のイスにもう一人の自分を座らせて，架空の会話を行う。会話の中から，自分の気づいていなかった「今，ここ」の自分の姿に気づき，自己を統合させていく。

フォーカシングについて 200 字前後で述べなさい。

フォーカシングとは，ジェンドリンによる心理療法である。ジェンドリンは，クライエントの中に存在する，言葉にできない漠然として滞った感情が身体感覚として現れると述べ，その身体感覚をフェルト・センスとよんだ。このフェルト・センスの存在にクライエント自身が気づき，言葉などで表現できるようになることで，自身の滞った感情を健全な方向に流していけるようになる。この状態がフェルト・シフトとよばれるフォーカシングの目標である。（206 字）

答え

Ａの文章は正しい。自身のフェルト・センスに気づき，言語などでうまく表現できるようになると，フェルト・シフトへと至る。Ｂは精神分析ではなくクライエント中心療法。ジェンドリンも人間性心理学に位置づけられる。Ｃについて，ゲシュタルト療法では過去の自己に注目しない。「今，ここ」の自己について，統合を図る。Ｄのエンプティ・チェアはゲシュタルト療法。ロゴセラピーの代表的技法は逆説志向と反省除去。【正解：Ａ】

95 交流分析

transactional analysis (TA)

学習のポイント

□ エゴグラムで測定できる５つの心を正しくおさえよう。
□ 対人関係に注目したさまざまな心理療法をおさえよう。

About this word

交流分析は，バーン（Berne, E.）によって開発された**対人関係に関する理論と，それに基づく心理療法**である。理論上は精神分析から出発しているが，他者との交流を積極的に求める人間観や「今，ここ」を重視することにより，人間性心理学の中に位置づけられることが多い。

交流分析では，人に「親の心・大人の心・子どもの心」という３つの心があると仮定する。さらに，親の心が２つに，子どもの心が２つに分類され，以下の５つの心に分類される。

①批判的な親の心（CP）　規律・道徳を重んじる。
②養護的な親の心（NP）　保護・優しさを重んじる。
③大人の心（A）　現実的な判断・理性を重んじる。
④自由な子どもの心（FC）　自由・解放を重んじる。
⑤順応した子どもの心（AC）　適応・協調を重んじる。

4択問題　**次の文のうち，最も適切な文はどれか。**

A エゴグラムで順応した子どもの心の高さが認められた者は，他者との和を重んじることが多い。

B エゴグラムで大人の心の高さが認められた者は，約束や決まりを重視した対人関係を築きやすい。

C 集団療法では，カウンセラーはクライエントと同じ立場で話題に参加し，積極的に意見交換する。

D 心理劇では，決められた台本に沿って役割を演じることで，他者への共感を得る集団療法である。

これら5つの心は，エゴグラムという質問紙で測定できる。その結果で，**対人関係においてどのような側面を重視しているか**がわかる。これを構造分析という。構造分析をもとに，人が強迫的に従ってしまう対人関係の様式を発見し，新しく適切な対人関係の様式を再構築することが，交流分析の目的である。

対人関係に注目した心理療法は交流分析だけではない。ここでは主に集団療法と心理劇に注目する。

■集団療法

複数名のクライエントが集まって行う心理療法を集団療法という。集団療法はカウンセラーからの影響だけでなく，**集まったクライエント同士の交流による影響が発生する点**で，他の心理療法と異なる。また，過去の出来事よりもその場で起こった感情（今，ここ）に注目する。

カウンセラーは積極的に介入せず，クライエント間の相互作用を活性化させるファシリテーター（促進者）としての役割を果たすことが求められる。代表的な集団療法に，同じ問題や障害を抱えるメンバー同士の交流から自己治癒力を発揮させていくセルフ・ヘルプ・グループがあげられる。

■心理劇

モレノが開発した集団療法の１つ。サイコドラマともよばれる。モレノは，**台本のない即興劇の中で，特定の役割を自発的に演じる**ことで，他者への共感や新たな自分への気づきが得られると考えた。心理劇は一般に10名前後で行われ，1回60分～90分で実施される。

交流分析について200字前後で述べなさい。

交流分析とはバーンによって開発された対人関係に関する理論とそれに基づく心理療法のことである。交流分析では対人関係のあり方を分析するため，エゴグラムという質問紙を使って，①批判的な親の心　②養護的な親の心　③大人の心　④自由な子どもの心　⑤順応した子どもの心，という5つの心の分析を行う。その結果から，人が強迫的に従ってしまう対人関係の様式を発見し，新しく適切な対人関係の様式を再構築することが，交流分析の目的である。(208字)

答え　Bは大人の心ではなく，批判的な親の心。大人の心は理性的で現実的な判断を重んじる。Cについて，集団療法におけるカウンセラーは積極的に話題には参加せず，クライエント間の交流が活発になるように支援する役割を果たす。Dは，決められた台本という部分が誤り。心理劇では即興劇を行う。

【正解：A】

96 家族療法

family therapy

学習のポイント

- □ 対個人の心理療法との違いをおさえよう。
- □ 論述では「家族システム」という言葉を積極的に用いよう。

About this word

仮に不登校の子どもがいたとする。どうしても不登校の原因は何か，子どもに何か問題があるのでは，という方向に意識が向きやすい。だが，子どもだけが問題なのだろうか。たとえば，母親の高圧的な接し方に問題があるかもしれない。だが，母親の高圧的な接し方の原因には，父親の育児に関する無関心が原因としてあるかもしれない。父親の無関心の原因は，子どもが父親を軽視しているからかもしれない。このように，**家族メンバーそれぞれが問題の原因であり，結果である可能性**が考えられる。これを円環的因果律という。上記の例の場合，不登校の子どもだけに個人単位の心理療法を行っても，真の問題解決にはならないだろう。

直線的因果律

A ⟶ B
原因　結果

円環的因果律

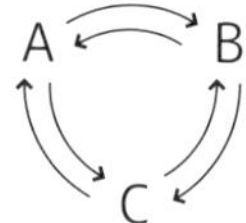

それぞれが原因でもあり結果でもある

問題は本当にIPだけ？

■ IPと家族療法の目標

家族療法においては，患者とみなされている者をIP（Identified Patient）とよぶ。そして，問題はIPひとり

4択問題　次の文のうち，最も適切な文はどれか。

- **A** 家族療法では，家族システムの歪みを生み出しているIPの問題解決に焦点を当てる。
- **B** 家族療法では，円環的因果律によって生じている家族システムの悪循環を，健全な循環に変えることを目指す。
- **C** 二重拘束とは，過去と現在で，告げられた内容に大きな矛盾がある状況を指す。
- **D** 家族療法家として知られる人物に，ミニューチン，ボウエン，ジェンドリンがいる。

が原因ではなく，円環的因果律の観点に基づき，**家族システムが十分に機能していないために起こっている**と考える。そこで家族療法は，歪んだ家族システムを健全に機能する家族システムへ変容させることを目指す。家族の誰が問題なのか，ということを追求せず，家族システム全体に生じている悪循環の解消をめざす点に特徴がある。

■二重拘束説

家族療法が生まれるきっかけとなったのは，ベイトソン（Bateson, G.）の二重拘束説（ダブル・バインド）である。二重拘束とは，**矛盾する2つ以上のメッセージが同時に送られ続け，それに対して逃れることができない状況**のことで，ベイトソンはこの二重拘束によって統合失調症が起こると述べた。この説は，個人の問題や病理が，日常的なコミュニケーションの問題から生じる可能性を提示し，大きな影響を与えた。以後個人の問題を，個人の内面だけでなく「個人を取り巻くシステム」に焦点を当てるアプローチとして家族療法が発展していくことになる。

最後に具体的な技法としてリフレーミングとジョイニングを紹介する。

■リフレーミング

意味づけを変容させること。たとえば，子どもの問題行動は迷惑行為だが，子どもは問題行動を起こすことによって両親が協力するきっかけを作っている，と意味づけを変えることができる。

■ジョイニング

ミニューチン（Minuchin, S.）の提唱した概念。家族の中に直接的・積極的に参加し，家族の葛藤を明らかにしていきながら，健全な交流を目指して介入していく。

家族療法について200字前後で述べなさい。

家族療法とは，問題が顕在化しているクライエントをIPとよび，IPの問題は家族システムが十分に機能していないために生じていると考え，家族システムが健全に機能するよう介入していく心理療法のことである。ベイトソンの二重拘束説によって，不健全なコミュニケーションが個人の問題を生む可能性が指摘され，以降，各家族構成員が問題の原因でもあり，結果でもあるという円環的因果律に基づく家族療法が発展した。(194字)

答え Aは注意すべき誤りで，対個人療法の観点になっている。IPによって家族システムが歪んでいるのではなく，家族システムの歪みによってIPの問題が生じていると考え，家族システムに介入する。Cは過去と現在という文が誤り。矛盾するメッセージを同時に，継続的に送られ続ける場合を指す。Dはジェンドリンが誤り。ジェンドリンの代表理論はフォーカシング（94参照）。なお，ボウエンは世代間伝達に注目した家族療法を展開している。　【正解：B】

遊戯療法

play therapy

学習のポイント

□ アクスラインの8つの原則は絶対におさえておきたい。
□ 遊戯療法の制限（枠）の意味をしっかり理解しよう。

About this word

遊戯療法は子どもを対象とした心理療法で，言語の代わりに遊びを媒介とすることが最大の特徴である。**子どもは言語能力が未熟で，自身の内的な世界を言語で表現できない**ため，**遊びを通じて内的な世界を表現する**ことを目的とする。

遊戯療法では，子どもが安全に自由に遊べる空間として遊戯療法室（プレイルーム）を用意する。標準的な遊戯療法は週1日・約50～60分程度で行われる。カウンセラーとのあたたかい人間関係のもと，この遊戯療法室で自由に遊ぶことで，子どもはありのままの自己を表現することが可能となり，それが**カタルシス効果**となって自己治癒力を発現させていく。

■アクスラインの8つの原則

アクスライン（Axline, V. M.）はクライエント中心療法の考え方を遊戯療法に活用するため「8つの原則」を掲げた。この8つの原則（右ページ）は，理論的立場を越えて遊戯療法の基本を示しており，重要であるとされている。

8つめの「必要な制限」について補足する。制限（枠）の例としては，治療者や自身への身体的攻撃，備品の破壊や持ち出し，安全や健康を害する行為（砂を食

4択問題　**次の文のうち，最も不適切な文はどれか。**

A　遊戯療法において重視されているのが，アクスラインの8つの原則である。

B　遊戯療法では，カウンセラーが積極的に遊ぶ内容を提案し，子どもの内的世界を引き出していく。

C　アンナ・フロイトは，子どもの遊戯療法についてクラインと激しい論争を繰り広げた。

D　遊戯療法における制限は，安全の確保だけでなく，子どもの自己表現を促進する役割も果たす。

べるなど）などがあげられる。この制限は，治療者と子どもの安全の確保と，子どもの自己表現の促進という２つの意味をもつ。

後者の「制限が子どもの自己表現を促進する」とはどういうことだろうか。たとえば，気に入った遊具を持って帰りたいと子どもが主張したとする。その時，持ち帰りを禁じることで，子どもは怒りや不満を表現するだろう。仮に持ち帰りを許してしまうと，子どもが怒りや不満を表現する機会を奪ってしまうことになる。また，**健康を害する行為は禁止され，安全が確保されているからこそ，子どもは不必要な罪悪感を抱くことなく，安心して自己表現をすることができる。**制限は，プレイルームの円滑な運営を促進するだけでなく，このような治療的な意味ももつ点もおさえておきたい。

アクスラインの８つの原則

①よい治療関係（ラポール）を成立させる。
②あるがままの受容を行う。
③許容的雰囲気を創る。
④適切な情緒的反射を行う。
⑤子どもに自信と責任を持たせる。
⑥非指示的態度をとり，治療者は子どもの後に従う。
⑦変化は長い時間を必要とするため，進行を急がない。
⑧必要な制限を与える。

遊戯療法について200字前後で述べなさい。

遊戯療法とは，言語能力が未熟で内的な世界を言語で表現することが困難な子どもを対象に，遊びを媒介として自己表現を促す心理療法である。遊戯療法ではアクスラインの８原則に基づき，子どもの主体性を重視し，自由に遊べる空間を作り上げると同時に，子どもとカウンセラーの安全を確保するための制限も用意する。この制限があることにより，子どもが不必要な心配や罪悪感を抱くことなく，安心して自己表現をすることが可能となる。（201字）

第10章

答え Bは「遊ぶ内容を提案し～」の部分が誤り。アクスラインの８つの原則の中に「非指示的態度をとり，治療者は子どもの後に従う」がある。遊びの内容は基本的に子どもが決め，カウンセラーはそこに追従する。Cに関して補足。アンナはエディプス・コンプレックス以前の幼児は超自我が形成されていないため，遊びに表現された自己を解釈することに慎重な立場を取った。対してクラインは，対象関係論に基づき，エディプス・コンプレックス以前の幼児にも大人と同等の内的な世界があると考え，遊びに表現された自己を解釈することを重視した。（70参照）【正解：B】

98 箱庭療法

sand play therapy

学習のポイント

- □ **心理療法としての箱庭の意味を優先的におさえよう。**
- □ **さまざまな芸術療法とその効用について，理解を深めよう。**

About this word

箱庭療法は，カルフ（Kalff, D.）によって確立された，クライエントが自由に箱庭を作っていく心理療法である。木箱の大きさは縦57cm，横72cm，高さ7cmで，箱の6～7割に相当する砂を入れる。砂は地面を表現するために用いる。また，箱の内側は青く塗られており，砂のない部分で川や海・空を表現できる。そこに，人や動物・木や建物などのミニチュアを配置していく。

箱庭を作ることでクライエントは，**自己のイメージや内的な感情・葛藤を表現することができ，カタルシス効果による自己治癒力の発揮が期待**される。内的な感情や葛藤を言語化することが困難な対象にとくに有効な療法である。遊戯療法の一部として子どもに用いられることもあるが，大人に対しても用いられる。

■箱庭療法の注意点

箱庭療法はアセスメントの側面があるが，**あくまで心理療法である点に注意したい。**完成した箱庭の意味を解釈することは時に必要である。だが，**箱庭療法は「箱庭を作ること」そのものに心理療法としての意味**がある。院試において箱庭療法の論述が求められた時は「箱庭の解釈」に終始せず「箱庭を作ることによる効果」を忘れずに述べてほしい。

4択問題　次の文のうち，最も適切な文はどれか。

A　箱庭療法はフロイトの理論を基に，カルフが組み立てた心理療法である。

B　箱庭療法は遊戯療法の一環として用いられるため，子どものみを対象とする。

C　箱庭療法では，完成した箱庭を分析することによって援助の方針を明確化することを目的とする。

D　箱庭を作る行為そのものが昇華の役割を果たし，内的な葛藤が解消される可能性がある。

また，箱庭療法は自我の侵襲性が高く，**精神病レベルのクライエントは内的な世界が大きくゆさぶられる可能性があるため，基本的に適用しない**点も注意したい。箱庭の実施中に，中止することもある。

■いろいろな芸術療法

箱庭療法は，さまざまな芸術的活動によって内的な世界を表現し，心理的問題の解決を目指す芸術療法の１つである。これら芸術療法は，言葉に頼らない自己表現だけでなく，昇華の役割を果たす場合も多い。

近年注目されている芸術療法に，コラージュ療法がある。コラージュ療法では，さまざまな雑誌や新聞を切り抜き，それらを台紙に貼りつけてコラージュ作品を作る。他の芸術療法として，治療者の指示に従って画用紙に風景を書き込んでいく風景構成法（風景構成法はアセスメントとしても用いられる。75 参照），サインペンでなぐり書きを行うスクリブル法，スクイッグル法などがあげられる。

箱庭療法

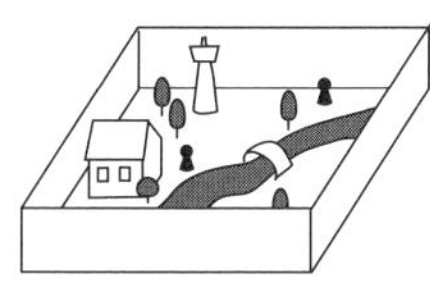

どんな箱庭を作る？

コラージュ療法

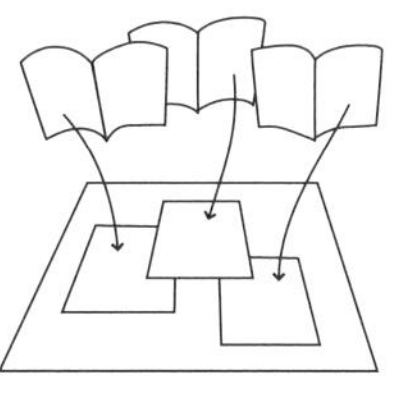

何を切り抜いて，
どう並べる？

スクリブル法

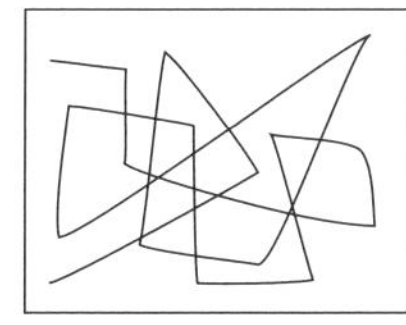

一筆書きで線をひく。
できた図は何に見えるか？

箱庭療法について 200 字前後で述べなさい。

箱庭療法とは，カルフによって確立された，クライエントが自由に箱庭を作っていく心理療法である。クライエントは箱庭を作ることで，自分の内的な世界を表現することができ，内的な葛藤が解放されてカタルシス効果が得られる。また，創造的な活動に取り組むことにより自己治癒力が発揮される。箱庭療法をはじめとする芸術療法は，言語化することが困難な対象にとくに有効な療法で，子どもだけでなく大人に対しても用いられることが多い。（202 字）

答え Aについて，箱庭療法はフロイトではなくユングの理論をもとに組み立てられたもの。なお日本においては河合隼雄が普及に貢献した。Bは，子どものみという点が誤り。子どもから大人まで幅広い対象に実施可能である。Cは箱庭療法の論述でありながら，完全に査定としての側面に偏っている。箱庭を作ることによる自己表現，カタルシス効果，自己治癒力の発揮など，心理療法としての側面を忘れてはならない。Dは正しい。芸術療法の多くが，昇華の役割を果たしている。

【正解：D】

日本独自の心理療法

psychotherapy developed in Japan

学習のポイント

- □ **森田療法…不安を解決するのではなく受け入れる。**
- □ **内観療法…集中内観によって自己と向き合う。**

About this word

日本独自に発展した心理療法は，主に森田療法と内観療法と臨床動作法の３つである。本項はこの３つについて概観する。

■森田療法

森田正馬（まさたけ）が考案した心理療法。森田療法は，森田神経質とよばれる者を主な対象とする。森田神経質とは，**内省的で自身の身体的・精神的不快に敏感な，心気症傾向のある者**のことを指す。身体的・精神的不快に敏感であるため，誰でも起こり得る身体的・精神的不快を病的なものととらえやすい。また，不快感を解決しようとする行動が，かえって不快感を増大させてしまい（精神交互作用），不快感に対する「とらわれの機制」が働いてしまう。たとえば，些細な感覚に過敏に反応して不安がり，不安を感じないよう意識することが，かえって不安をあおってしまい「不安へのとらわれ」が生まれてしまう。

そこで森田療法では，不安や恐怖などを感じるのは特別なことではないと考え，カウンセラーは**不快感の原因を追求しない**「不問的態度」で接する。そして，ク

4択問題　**次の文のうち，最も適切な文はどれか。**

A 森田療法は，不安や恐怖を感じなくなるよう，入院治療を中心に，不安と向き合うための活動を行っていく。

B 森田療法の主な対象は，森田神経質という心身症傾向のあるクライエントである。

C 不安や恐怖を過敏に意識するあまり，かえって不安や恐怖が高まることを，精神交互作用とよぶ。

D 内観療法は，自身の意識内容を正確にすべて報告することで，意識の分析を行う心理療法である。

ライエントも緊張や不安・失敗などの体験を何とかしようとするのではなく，**自然なものとして受け入れることで「あるがままの自分」を受容**し「とらわれの機制」を打破していく。

■内観療法

吉本伊信が考案した心理療法。浄土真宗の精神修養法を基に考案された。外部からの刺激が遮断された狭く静かな部屋に入り，身近な家族や知人に対して「してもらったこと」「して返したこと」「迷惑をかけたこと」の3点について思い出して，1〜2時間ごとに訪れる面接者に3分程度で報告する。これを集中内観という。この集中内観を7日間，毎日くり返す。

集中内観によって，**過去の対人関係や自分の生き方について客観的に，継続的に調べる**ことができ（身調べ），人生観や行動の修正が可能となる。

■臨床動作法

臨床動作法とは，身体の動作に働きかけることによって，心身の改善を促す，成瀬悟策によって提案された心理療法である。臨床動作法では，課題とする動作を選択する。主に，動くはずなのに思うように動かせなくなっている動作や，筋緊張，つっぱり，硬さ，凝りや痛みなどが感じられる動作を対象とすることが多い。具体的には，肩上げ，肩下ろしなどの課題や，大地に対して縦に座り体軸を立てる課題などが挙げられる。

日本独自の心理療法について200字前後で述べなさい。

日本独自の心理療法として代表的なものに，森田療法と内観療法がある。森田正馬が考案した森田療法は，不安や恐怖が特別なものではなく，自然なものとして受け入れることで「あるがままの自分」を受容し「とらわれの機制」を打破していく心理療法である。吉本伊信が考案した内観療法とは，身近な家族や知人に対して「してもらったこと」「して返したこと」「迷惑をかけたこと」の3点を報告し続けることで，人生観や行動の修正を図る心理療法である。（209字）

答え Aは森田療法の理念と異なる。森田療法では，不安や恐怖を感じることを自然なこととらえ，不安や恐怖を感じる「あるがままの自分」を受け入れることを目指す。Bは心身症ではなく，心気症。まちがえやすいので注意しよう。Dは，ヴントの内観法が混ざっている。ヴントの内観法は意識の研究が目的で，意識内容を正確にすべて報告することが求められるが，内観療法ではすべて報告する義務はない。ヴントの内観法と吉本の内観療法は，完全に切り離して別物と考えた方がよいだろう。Cは正しい内容。森田療法独特の概念なので，正しくおさえておきたい。

【正解：C】

100 効果研究

psychotherapy outcome research

学習のポイント

- □ 心理療法の効果をどのように証明するか，さまざまな方法を理解しよう。
- □ 事例研究の意義に関する出題は多い。述べられるようにしておこう。

About this word

ある新しい心理療法Xが有効であると主張したい。どのような研究・手続きが必要だろうか。そこで，以下の2つの群を設定する（07も参照）。

実験群　心理療法Xを受けているクライエントの群。

対照群　心理療法Xを受けていないクライエントの群（Sを受けるか否か以外はすべて実験群と同じ条件でなければならない＝統制）。

そして，対照群より実験群の方が改善されていれば，心理療法Sの効果があるといえる。このように心理療法の効果を検討する研究を，効果研究という。

■ランダム化比較試験

以下に「抑うつに効果的と考えられる新介入法Xの効果検証」を例として，効果研究の手続きを紹介する。エビデンスを得るために必要な手続きとは何か，それぞれの手続きを検証しながら確認しよう。なお，紹介している手続きはすべて架空のものである。

〈**CASE 1**〉 Xを実施した20名について，BDI-IIを用いて抑うつの程度を測定したところ，20名の平均値は15点であった。これは，BDI-IIで抑うつが中等度と判断される20点を下回っていた。以上のことから，新介入法Xは抑うつに効果があると考えられる。
（BDI-II…ベック抑うつ質問紙第2版。抑うつの程度を測定する質問紙）

CASE 1は多くの問題点がある。問題点の1つに，X実施前の抑うつ得点の測定を行っていないことが挙げられる。もし，**Xを実施する前から抑うつ得点の平均値が15点だったならば…？**　Xの実施前後で抑うつ得点が下がっていないことになり，Xの効果があるとはいえない。

〈**CASE 2**〉 Xの実施前後にBDI-IIを用いて抑うつを測定したところ，Xの実施前に20点であった平均値は，Xの実施を始めてから1ヶ月後には15点に下がっていた。実施前後の平均値の差は，統計的に有意であることが認められた。以上のことから，新介入法Xは抑うつに効果があると考えられる。

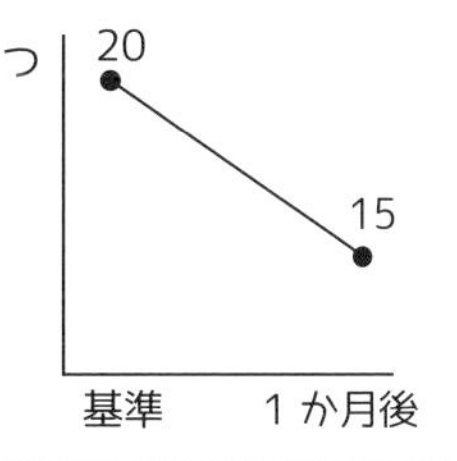

CASE2は，CASE1の問題点を解消しているものの，まだ問題が残っている。たとえば，X実施前からX実施後に得点が下がっているが，わざわざXを実施しなくても，**時間の経過だけで抑うつが低下した可能性**がある。このことに反論するためには「Xを実施しない場合は，変化しない」が「Xを実施すれば，変化する」ということを示さなければならない。

〈**CASE 3**〉 Xを実施する群と実施しない群に分け，1ヶ月の間隔を空けて2度，BDI-IIを用いて抑うつを測定した。Xの実施前に20点であった平均値は，実施後に15点に下がっていた。だが，Xを実施しない群の平均値は，20点のまま変化がなかった。以上のことから，新介入法Xは抑うつに効果があると考えられる。

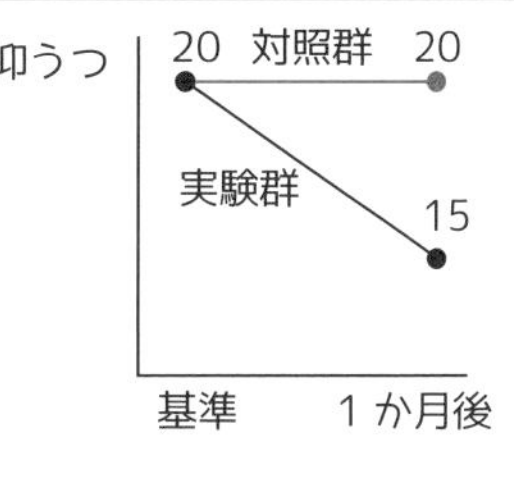

CASE 3は，実験群（実施する群）と対照群（実施しない群）に分けている。そして，実験群のみ抑うつの程度が低下していたことから，ついにXの効果を見ることができたように思われる。

しかし，まだ不十分。**実験群は抑うつ得点が変化しやすい人々が，対照群は変化しにくい人々が集められていた可能性がある**。このように，Xの効果ではなく「どのような人が実験群に割り当てられていたか」によって，得点の変化が生じていた可能性がある。**そこで，実験群と対照群を無作為（ランダム）に割り当てることが必要になる**。

〈**CASE 4**〉 実験群と対照群を無作為に20名ずつ割り当て，1ヶ月の間隔を空けて2度，BDI-IIを用いて抑うつを測定した。実験群の平均値は20点から15点に下がっていたが，対照群の平均値は，20点のまま変化がなかった。以上のことから，新介入法Xは抑うつに効果があることが示された。

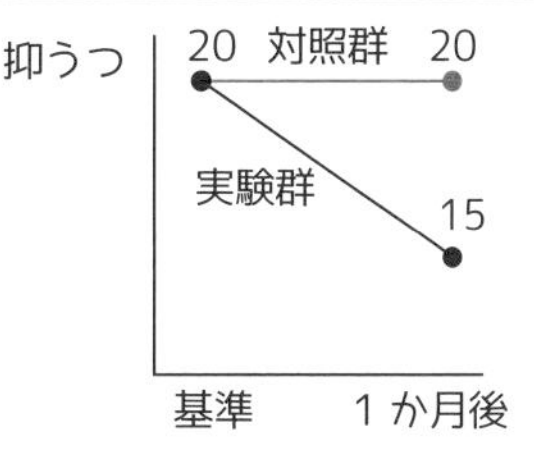

「無作為に割り当てる」とは，効果を検証したい内容（独立変数）以外はすべて均質となるように，実験参加者を実験群と対照群に振り分けることを指す（ランダム・アサインメント）。このように，無作為に割り当てられた実験群と対照群

を用意し，介入の効果を比較する手法を，ランダム化比較試験（以下，RCT）という。このように，**心理学的な介入のエビデンスを保証するためには，RCTの手続きが用いられることが多い**（エビデンスレベルについてはp. 255を参照）。

■効果量とメタ研究

効果研究においては，介入の効果を客観的に表すために，以下の式で効果量を求める。

効果量＝（実験群の平均値－対照群の平均値）／対照群の標準偏差

もし効果量が0ならば，介入の効果がまったくないことを示し，値が大きいほど効果が高いことを示す。また効果量がマイナスになった場合は，介入によってかえって悪化したと考えられる。

そして，この効果量を用いて，**複数の過去の論文を統計的に集計し，効果のある心理療法を見出そうとする方法**が開発された。これをメタ分析という。1回のRCTだけでは，偶然「まぐれ当たり」のように効果が得られた可能性を否定できない。しかし，**複数のRCTで，一貫した効果が認められれば，それはより確かなエビデンスといえるだろう**。そのため，複数の研究成果を統合するメタ分析が，最も エビデンスレベルが高い分析方法と考えられている。

表　治療技法ごとのメタ分析

技法	効果量	研究数
行動療法全体	1.06	134
フラッディング法	1.12	10
リラクセーション法	0.90	31
系統的脱感作法	0.97	55
モデリング法	1.43	8
ソーシャルスキルトレーニング	0.85	14
認知療法	1.00	22
力動的療法 / 人間性心理学	0.40	16

出典：Shapiro(1982)　一部

■事例研究の意義

臨床心理学の領域において，事例研究は重要とされている。歴史的に見ても，事例研究が臨床心理学の発展に

4択問題　**次の文のうち，最も適切な文はどれか。**

A　ある心理療法を受けたクライエントを対照群として，実験群と比較することで心理療法の効果を示すことができる。

B　心理療法を受ける群と受けない群で効果を比較することは，どちらの群にも倫理的な問題が生じる。

C　ある心理療法の普遍的な効果を示すためには，事例研究によって，改善したクライエントの経過を詳細に報告することが求められる。

D　事例研究による報告は科学的根拠に欠けるため，現在の臨床心理学においては重視されていない。

はたしてきた役割は大きい。だが，事例研究はごく少数のクライエントの変化を記述したものである。また，その変化の記述にはセラピストの主観的解釈が含まれている。そのため，**事例研究によって心理療法・介入の効果の普遍性を求めることは難しい。**

では，どのような場面で事例研究が求められるのだろうか。

臨床家が自らの担当した事例を広く紹介し，その論文を読んだ他の臨床家が自身の臨床活動に役立てることによって，事例研究の存在意義が生まれる。たとえばあまりにも稀な症例は，過去に確立されてきた理論や援助方法では効果がない可能性がある。そのような症例を担当し，苦労や困難を重ねながらも改善に至った場合，その経過を事例研究として論文発表する価値がある。なぜならば，他の臨床家が同様の稀な症例を担当することになった場合，自らの経験や従来の理論は役に立たなかったとしても，過去に**同様の稀な症例に遭遇した臨床家の事例研究論文を参考にすることにより，援助方針を考案できる**からである。つまり，事例研究は臨床心理学における「知の蓄積」を担っている。

また，臨床心理学においては，**事例研究によって当事者の主観的体験を理解することが重要**である。症状や病理が当事者にどう体験されているのか，それを抱えて生活することでどのような体験を生じるのか，などを個別に理解しないかぎり，適切な援助方法を見いだすことは難しい。事例研究によって個人個人で異なる問題状況の背景要因を明らかにする手がかりが生まれ，よりよい援助実践活動を行うことが可能となる。事例研究は，**普遍化を目指すのではなく，あくまで個の理解に焦点を当てている**のである。

効果研究について 200 字前後で述べなさい。

ある特定の心理療法の効果があるか否かを検討することを効果研究という。具体的には，心理療法を実施する実験群と実施しない対照群に，研究協力者をランダムに割り当て，2群の比較検討を行うランダム化比較試験が代表的である。また実験群と対照群の差を数量化した効果量という値を用いて，複数のランダム化比較試験の結果を統計的に集計するメタ分析は，よりエビデンスレベルの高い手法といわれている。(188 字)

答え Bは正しい内容。臨床現場である以上，問題を抱えるクライエントに「心理療法を施さない」という選択をする非倫理性はもちろんのこと，効果が確定していない心理療法を施すという選択に対する非倫理性を忘れてはならない。Aは対照群と実験群が逆。何らかの介入が行われている群が実験群，介入以外の要素はすべて同じ条件（統制）にされた群が対照群である。Cについて，事例研究では普遍的な効果を述べることが困難であるため，誤りである。事例研究は少数のクライエントの変化を追うものなので，その結果を普遍化・法則化することは難しい。Dは，科学的根拠に欠けるという内容は正しいが，臨床心理学で重視されていないわけではないので誤り。事例研究には，臨床心理学ならではの価値がある。【正解：B】

知識の整理 03

3大心理療法の比較・整理

精神分析療法，行動療法，クライエント中心療法は３大心理療法とよばれる。院試では，**この３つの心理療法の差異を問う問題が出題されやすい。**

■原点となる**精神分析**

心理療法の原点は，フロイトの精神分析にある。転移や逆転移，抵抗や行動化といった基礎的な面接理論は精神分析の概念が基になっている。

精神分析では，問題行動の原因を無意識に抑圧された心的外傷体験ととらえ，自由連想法や夢分析により，その意識化を目指した。

■**精神分析**と**行動療法**

無意識という観察できない対象を扱う精神分析を，非科学的であると批判したのが行動療法である。行動療法では，無意識や防衛機制など観察できない構成概念を対象とせず，条件づけなど学習理論を用いて観察できる行動を変容させることを目指した。つまり２者は，**観察できる対象を扱うか否かという点で大きく異なる。**

行動療法では，問題行動の原因を誤った学習の成果ととらえ，学習理論により誤った学習の消去や適応的な行動の獲得を目指した。なお行動療法は後に，行動主体の認知という側面を導入して，認知行動療法として発展する。

■**人間性心理学の出現**

精神分析も行動療法も人間の主体性を重視していないとして登場したのが，人間性心理学である。人間性心理学では，**人間は自己実現に向けて歩んでいく主体的な存在であるとし，人間のもつ潜在的な能力と成長力を重視**する。中心的な人物がクライエント中心療法のロジャースである。

クライエント中心療法では，問題行動の原因を自己概念と経験の不一致であるとし，３条件を満たしたカウンセラーとの適切な関係の中でクライエント自身の自己実現傾向を発揮させ，自己概念と経験の一致を目指す。精神分析や行動療法に対しクライエント中心療法は，**人間の主体性に注目している点，非指示的な療法である点が大きく異なる。**

	精神分析	行動療法	人間性心理学
問題行動の原因	無意識に抑圧された 心的外傷体験	誤った学習の成果 適応行動の未獲得	自己概念と 経験の不一致
心理療法の目標	心的外傷体験の意識化 自我の強化	誤った学習の消去 適応行動の学習	自己概念と経験の一致 自己実現
心理療法の対象	無意識（観察不可）	行動（観察可）	自己概念（観察不可）
人間観	無意識に動かされる	環境に形成される	主体的な存在

第11章 公認心理師関連

NO	難易度	用語
101	★★☆	公認心理師
102	★★☆	科学者－実践者モデル
103	★★☆	生物心理社会モデル
104	★★☆	信用失墜行為
105	★★★	秘密保持義務
106	★★★	症状評価尺度
107	★★★	ICF（国際生活機能分類）
108	★★★	合理的配慮
109	★★☆	行動変容ステージモデル
110	★★★	依存症
111	★★★	自殺のリスクアセスメント
112	★★☆	補償を伴う選択的最適化
113	★★★	認知症
114	★★☆	チーム学校
115	★★★	少年法
116	★★☆	司法面接
117	★★★	ストレスチェック制度
118	★★☆	ワーク・エンゲイジメント
119	★★★	向精神薬と副作用
120	★★★	関係行政論

難易度は，用語内容の理解しやすさや論述における書きやすさの目安を表します。

……▶ 傾向と対策

2015年に成立した公認心理師法に基づく，心理職初の国家資格・公認心理師の登場により，心理系大学院入試の出題傾向も変化している。本章「公認心理師関連」では，**公認心理師の登場によって大学院入試で出題される機会が増えた20のキーワード**について概観する。

従来の臨床心理学は「精神分析」「行動療法」「人間性心理学」などといった「学派別」に理解することが求められたが，公認心理師が登場して以降は「医療領域」「福祉領域」「教育領域」「司法領域」「産業領域」といった，**「領域別」の理解**が求められるようになっている。これは，**多職種連携**というキーワードとも関連が深い。そうなると，各領域でどのような知識が求められるのか，各領域の専門職と連携するために最低限必要な知識は何か。ここには薬学的な知識や法律的な知識も含まれることになる。

そしてこれらの内容は，しっかり大学院入試で問われる機会が増えている。「この内容は心理学ではない」と切り捨てず，**多職種連携の時代に必要な知識を身につける**つもりで，本章を学ぶとよいだろう。

101 公認心理師

certified public psychologist (CPP)

学習のポイント

- □ **公認心理師の4つの専門業務，3つの義務は必ず理解しておこう。**
- □ **臨床心理士資格との共通点・相違点を整理しながら理解しよう。**

About this word

■公認心理師とは

公認心理師とは，「その業務の適正を図り，もって国民の心の健康の保持増進に寄与することを目的」とした国家資格である。最大の特徴は，臨床心理士をはじめとする認定資格と異なり，公認心理師が国家資格として成立した点である。また，名称独占資格であり，**公認心理師の有資格者以外は自身の名称に「心理師」という文字を用いてはならない**（公認心理師法 第44条）。なお，医師など有資格者に業務が独占される資格は業務独占資格とよばれる。

■公認心理師の専門業務

公認心理師には，以下の4つの専門業務がある（公認心理師法 第2条）。

①心理状態の観察及び結果の分析：心理に関する支援を要する者の心理状態を観察し，その結果を分析すること。

②心理に関する支援：心理に関する支援を要する者に対し，その心理に関する相談に応じ，助言，指導その他の援助を行うこと。

③関係者に対する支援：心理に関する支援を要する者の関係者に対し，その相談に応じ，助言，指導その他の援助を行うこと。

4択問題　次の文のうち，最も適切な文はどれか。

- **A** 公認心理師は業務独占資格の国家資格として誕生した。
- **B** 公認心理師法第2条で定められた4つの専門業務の中に，調査・研究活動が含まれている。
- **C** 産業領域で働く公認心理師ではない者が，産業心理師と名乗ってはならない。
- **D** 公認心理師資格を持ち続けるためには，5年ごとの更新が必要となる。

④心理教育：心の健康に関する知識の普及を図るための教育及び情報の提供を行うこと。

臨床心理士の4つの専門業務と対比させると，①は臨床心理査定（アセスメント）に，②は臨床心理面接に，③は臨床心理的地域援助にそれぞれ該当する。

異なる点としては，クライエント（来談者）という表記ではなく，来談の有無に左右されない要心理支援者という表記が用いられている点，④において心理教育が重視されている点が挙げられる（公認心理師が調査・研究を軽視しているわけではない点に注意）。特に④については，心理学や心の健康に関するさまざまな知識を伝えることによって，問題発生を未然に防ぐことを目的としている(第1次予防)。また④は広く国民全体を対象としている。

■公認心理師の義務

公認心理師法第40条から第42条では公認心理師の義務が示されており，大きく分けて①信用失墜行為の禁止，②秘密保持義務，③関係者との連携の3つがある。①と③についてはp.258，②についてはp.260を参照。なお，**公認心理師資格は更新制度がなく，資質向上は責務（努力義務）とされており，法的な拘束力は弱い**。とはいえ公認心理師には，常に自己研鑽に励む姿勢が求められていることはいうまでもないだろう。

公認心理師について200字前後で述べなさい。

公認心理師とは，「国民の心の健康の保持増進」に貢献する心理専門職の資格を担保するために誕生した国家資格である。①心理状態の観察及び結果の分析，②心理に関する支援，③関係者への支援，④心理教育という4つの専門業務と，①信用失墜行為の禁止，②秘密保持義務，③関係者との連携という3つの義務が公認心理師法で定められている。なお，公認心理師は名称独占資格であるため，有資格者でない者は自身の名称に「心理師」という文字を用いてはならない。(214字)

答え　Aは業務独占資格ではなく名称独占資格。Bについて，第2条で定められた公認心理師の専門業務の中に調査・研究活動は含まれていない。5年ごとの更新が必要とされるのは臨床心理士資格で，公認心理師資格には更新制度はない。公認心理師ではない者は，自らを「心理師」と名乗ってはならないため，Cが正しい。　【正解：C】

102 科学者―実践者モデル

scientist-practitioner model

学習のポイント

- □ 心理職の専門性を説明すべきときに，挙げられるようにしておきたい。
- □ エビデンスがあればよいのか？ という疑問に答えられるようにしたい。

About this word

■科学と実践の統合

科学者―実践者モデルとは，調査・研究で効果が認められた査定・面接技法を用いてクライエントへの援助を行い，そこで得られた知見や疑問（リサーチ・クエスチョン）を再び調査・研究として扱い，臨床心理学を発展させていく心理職の活動モデルのことである。

このように心理専門職は，クライエントに対して援助を行う実践家であると同時に，科学者であることも求められている。この点が，他の多くの民間カウンセラー資格と異なる点であり，**科学と実践を統合させた支援を行うこと**が，心理専門職の専門性の１つである。

科学者―実践者モデル

■エビデンスレベル

科学的根拠（エビデンス）に基づいて支援を行うことをエビデンス・ベースト・

4択問題 次の文のうち，最も適切な文はどれか。

- A メタ分析によって得られた知見は，エビデンスレベルが最も高い。
- B エビデンス・ベースト・アプローチでは，ナラティブな要素は求めない。
- C 十分なエビデンスは，支援者の経験や技能の未熟さを補うことができる。
- D 科学者―実践者モデルとは，科学的根拠に基づき実践活動を行うことである。

アプローチという。

エビデンスを重視する流れは，1991年にガイアット（Guyatt, G.）が発表した『Evidence-Based Medicine』という1ページの論文からはじまった。そしてガイアットは，**できるだけ質の高いエビデンスを提供するべき**と述べている。その考えに基づき，現在では右図のようなエビデンスレベルが設定されている。

系統的レビュー（メタ分析）
ランダム化比較試験（RCT）
介入研究（ランダムではない比較研究）
観察研究（コホート，ケースコントロール）
事例研究
専門家の意見

エビデンスとして採用されるためにはRCT以上が望ましいとされている。メタ分析およびRCTの詳細はp.248参照。

■エビデンス・ベースト・アプローチの3つの要素

ガイアットの同僚であるサケット（Sackett, D.）によれば，エビデンス・ベースト・アプローチが成立するためには，①科学的根拠（エビデンス）　②臨床上の経験・技能　③クライエント（患者）の価値観が3つが必要とされている。

ここに②と③が含まれている点に注目したい。**どれだけ科学的根拠があったとしても，それを用いる支援者の経験や技能が十分ではなかったり，クライエントの十分な理解と納得がなければ，効果を発揮することはできない。**

科学者─実践者モデルについて200字前後で述べなさい。

科学者─実践者モデルとは，調査・研究で効果が認められた査定・面接技法を用いてクライエントへの援助を行い，そこで得られた知見や疑問を再び調査・研究として扱い，臨床心理学を発展させていく心理職の活動モデルのことである。このように心理専門職は，実践家であると同時に科学者であることも求められており，科学と実践を統合させた支援を行うことが，心理専門職の専門性の1つといえる。(183字)

答え　Bについて，ナラティブとは「語り」のことである。エビデンス・ベースト・アプローチが成立するためには，提供されるエビデンスに対するクライエントの十分な理解と納得が語られる必要があり，ナラティブな要素も必要。よってBは誤り。十分なエビデンスであっても，支援者の経験や技能がなければ成立しないためCも誤り。Dは，主語が「エビデンス・ベースト・アプローチとは」ならば成立するが，科学者─実践者モデルを主語とするならば，「科学→実践」だけでなく「実践→科学」についても触れる必要があるため，正しいとはいえない。　【正解：A】

103 生物心理社会モデル

Bio–Psycho–Social model

学習のポイント

- □ 多職種連携の時代である現代における必須キーワード。
- □ 他の専門職との違いを通じて，心理専門職の専門性を再確認しよう。

About this word

■チーム・アプローチの時代

現代は，クライエントの問題を１人の援助者が支援していく時代から，さまざまな専門家が協働しながら問題に対応していくチーム・アプローチの時代に移行している。基本的な考え方は，右図のように，生物学的側面・心理学的側面・社会学的側面から，多面的にクライエントを理解することを目指す，生物心理社会モデル（BPSモデル）である。このモデルに基づき多職種と連携することにより，**個人で問題を抱え込むことなく，お互いの強みを生かしながら，多面的で効果的な援助が可能となる**。

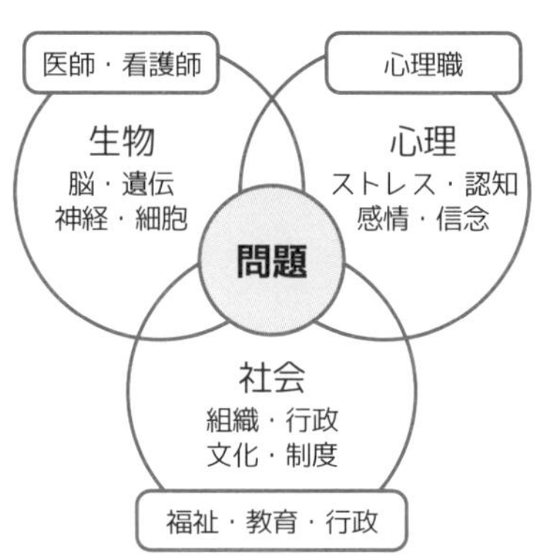

このように多職種と連携するためにも，心理専門職に，生物学的側面（脳・遺伝・神経・細胞など）や社会学的側面（組織・行政・文化・制度など）に関する共通言語としての基礎知識が求められている。

4択問題

次の文のうち，最も適切な文はどれか。

- A 精神科医は，主に生物学的な視点から治療を行う。
- B 心理専門職は投薬ができないため，向精神薬に関する知識は求められない。
- C 精神保健福祉士は，臨床心理士と同様に民間の資格であるため，国家資格ではない。
- D 心理専門職は，クライエントから語られる症状から病名を診断することが求められる。

■精神科医との違い，精神保健福祉士との違い

心理専門職が連携する専門職の１つに，精神科医がある。精神科医は，何らかの心の異常（症状）に対して病名を診断し，その病名に対応した薬物を投与することで治療を図る，診断―治療モデルに基づいた活動を行う。基本的な立ち位置として，さまざまな精神疾患を脳の病気とみなし，診断に基づく投薬によって治療を図るという生物学的な視点を重視する。

では，心理専門職は心の問題にどのように関わるのだろうか。心理専門職は，必ずしも心の異常だけに目を向けるわけではない。心理専門職の査定は，**クライエントのもつ問題点だけでなく豊かな面も注目し，性格面や生活環境，生育歴なども含めた全体像の理解を目指している**。また，問題の消失だけを目標とするのではなく，クライエントの全人格的な理解に基づき，より適応的に生きることを援助することを目指している。このような心理専門職の活動は，査定―援助モデルといわれている。

また，精神科医以外にも，医療領域で心理専門職と連携する専門職に精神保健福祉士がいる。精神保健福祉士は厚生労働省認可の国家資格で，主に精神障害者の社会復帰に関する相談や援助を行う。主に統合失調症やうつ病などの精神障害を抱えた人に，規則正しい生活リズムの指導や就学・就労支援を行っていく。また法律や制度などを，どのように利用していくかといった点に関する相談も重要な業務の１つである。心理専門職が心理的な視点で関わっていくことに対し，精神保健福祉士は，社会的な視点で関わっていく点に，両者の違いがある。

生物心理社会モデルについて200字前後で述べなさい。

生物心理社会モデルとは，生物学的側面・心理学的側面・社会学的側面から，多面的にクライエントを理解することを目指すモデルである。例えば精神科医療においては，生物学的側面からは医師や看護師など，社会学的側面からは精神保健福祉士などと連携することになる。このモデルに基づき多職種と連携することにより，問題を個人で抱え込むことなく，お互いの強みを生かしながら，多面的で効果的な援助が可能となる。（193字）

第11章

答え　Bについて，確かに心理専門職は投薬ができないが，精神科医と効果的に連携するためにも，向精神薬に関する一定の知識は求められる。Cについて，精神保健福祉士は厚生労働省認可の国家資格である。Dについて，心理専門職は病名に関する見立ては可能であるものの，診断することはできない。多職種からのさまざまな情報を集約した上で，医師が病名を診断することになる。よってB・C・Dは誤り。なお精神科医の投薬治療は，生物学的視点といえるため，Aが正しい。

【正解：A】

104 信用失墜行為

discreditable acts

学習のポイント

- □ どのような時に多重関係が成立してしまうか，整理しておこう。
- □ 連携における「主治医の指示」について，自分なりに考えてみよう。

About this word

■信用失墜行為と多重関係

公認心理師法第40条に，公認心理師の義務として信用失墜行為の禁止が挙げられている。信用失墜行為とは，単に違法行為や法的違反行為だけではなく，社会的な信用を失う行為全般を指す。たとえば，社会的な信用を失う可能性のある行為に，心理専門職がクライエントとの間に性的な関係を成立させてしまうことが挙げられる。このように，**クライエントとの間に専門家としての役割とは別の役割を，意図的かつ明確に同時にあるいは継続的にもつこと**を多重関係といい，信用失墜行為の1つと考えられる。

以下の状況は多重関係とみなされる。

○クライエントと心理職が，性的な関係性をもつ（「人間的な魅力を感じる」など，クライエントに陽性感情をもつことそのものは多重関係ではないが，「デートに誘う（誘われて承諾する）」など，行動に移したならば，多重関係となる）。

○クライエントと心理職が，職場の部下と上司（部下の家族がクライエントである場合も多重関係となる）。

○クライエントが学生時代の同級生。

4択問題　**次の文のうち，多重関係とみなされるものはどれか。**

- **A**　クライエントに対して，苛立ちや敵意をもつようになった。
- **B**　心理専門職がクライエントとの間に，性的な関係性を成立させた。
- **C**　クライエントの同意を得ずに，クライエントの家族に面接内容を報告した。
- **D**　クライエントの主治医から服薬の指示が出ているにもかかわらず，その服薬を止めるよう指示した。

○自分が勤務している別の機関にクライエントを紹介（利益誘導とみなされる）。
○クライエントとの間で商取引及び物々交換を行う。

なお，信用失墜行為に該当する行為がなされた場合は，公認心理師法に基づき公認心理師の資格が取り消される可能性がある。

■多職種連携と主治医の指示

公認心理師は他の専門職との連携（多職種連携）が義務づけられている。多職種連携とは，多職種のスタッフがそれぞれの専門的な知識や技能を元に，お互いの立場を尊重しながら１つのチームとして質の高い支援を提供することである。

なお，公認心理師法第42条第２項には「公認心理師は，その業務を行うに当たって，心理に関する支援を要する者に当該支援に係る主治の医師があるときは，その指示を受けなければならない」とあり，主治医の指示に従うことが定められている。なお，仮に**公認心理師が主治医の指示に反する行動をとった場合，資格取り消しの処分を受ける可能性**がある。

ただここで気をつけたいことが，**「主治医の指示に従うこと＝主治医に意見を言わないこと」ではない**点である。心理の専門知識や臨床経験に基づいてクライエントや患者を見立て，主治医に対して「心理の専門家としての意見」を述べなければならない。もちろん最終的な決定を下すのは主治医ではあるが，より的確な決定がなされるためには，心理の専門家に相応しい見立てや意見が求められているといえよう。

信用失墜行為について200字前後で述べなさい。

信用失墜行為の禁止は，公認心理師法第40条で定められた公認心理師の義務の１つである。ここでいう信用失墜行為とは，単なる違法行為や法的違反行為だけではなく，社会的な信用を失う行為全般を指す。たとえば，心理専門職がクライエントとの間に性的な関係を成立させてしまうなどが挙げられる。このように，クライエントとの間に専門家としての役割とは別の役割を，意図的かつ明確に同時にあるいは継続的にもつことを多重関係といい，信用失墜行為の１つと考えられている。(220字)

第11章

答え Aについて，苛立ちや敵意をもつことが問題ではない。その苛立ちや敵意を行動に移してしまったとき，面接が崩壊する恐れがある。Cは，多重関係ではなく守秘義務違反。Dは主治医の指示に反する行動であり，公認心理師であれば資格取り消しになる可能性がある。しかし多重関係ではない。多重関係はクライエントとセラピストとの間に面接関係以外の関係性が成立してしまうことであり，本問ではBが該当する。【正解：B】

105 秘密保持義務

duty of confidentiality

学習のポイント

- □ 秘密を保持するのは当然。むしろ例外状況を理解できているかが鍵となる。
- □ タラソフ判決について，自分の言葉で説明できるか確認しておこう。

About this word

■秘密保持義務の例外状況

秘密保持義務とは，クライエントが心理専門職に対して打ち明けた事柄を，外部に漏らさないことである。心理専門職は広く他の専門職と連携することが必要であるが故に，クライエントの情報を適切に取り扱うことが重要となる。

しかし，秘密保持については頑なに守ればよいというものではなく，例外状況も存在する。秘密保持の例外状況をまとめたものが以下の表である。心理面接の開始にあたっては，守秘義務に以下のような例外状況が存在することを十分に説明し，クライエントの同意を得ることが必要となる（インフォームド・コンセント）。

表1　秘密保持義務の例外状況（金沢，2006）

1. 明確で差し迫った生命の危険があり，攻撃される相手が特定されている場合
2. 自殺など，自分自身に対して深刻な危害を加えるおそれのある緊急事態
3. 虐待が疑われる場合
4. そのクライエントのケア等に直接関わっている専門家同士で話し合う場合
5. 法による定めがある場合
6. 医療保険による支払いが行われる場合
7. クライエントが自分自身に関連する訴えを裁判などによって提起した場合
8. クライエントによる明確な意思表示がある場合

4択問題　次の文のうち，最も適切な文はどれか。

- **A** 親族による高齢者への心理的虐待を発見した場合，通報義務が発生する。
- **B** 面接で語られたクライエントに関する内容は，決して外部に漏らしてはならない。
- **C** 児童や障害者に対する虐待が直接発見されずとも，疑惑の段階で通報義務が発生する。
- **D** タラソフ判決の結果，命の危険がある者に対してのみ警告が求められるようになった。

■タラソフ判決

守秘義務の限界を考える上で，例外状況「1. 明確で差し迫った生命の危険があり，攻撃される相手が特定されている場合」に関連して，タラソフ判決について理解しておきたい。クライエントが他者（タラソフ氏）に殺意を抱いたことを心理職は知らされていたが，上司の指示によりその情報を守秘した。結果として殺害は実行され，裁判では心理職が通報・警告の義務を怠ったという判決が下された。そしてタラソフ判決によって，専門家が果たすべき警告義務（保護義務）が示され，**自傷他害の疑いがある場合は，守秘義務を超えた対応が求められるようになった**。

上記の話は自傷他害の疑いだけでなく，虐待が疑われる場合も同様である。特に虐待については，どのレベルで通報の義務が発生するか個別に定められている。整理して理解しておきたい。

表2　虐待に関する法律と通報

法律	状態	通報
高齢者虐待防止法	虐待を発見（生命・身体に重大な危険）	通報義務
	虐待の疑惑	努力義務
	施設職員による虐待疑惑	通報義務
障害者虐待防止法	虐待の発見・疑惑	通報義務
児童虐待防止法	虐待の発見・疑惑	通報義務
配偶者暴力防止法	身体的暴力の発見（「配偶者」に事実婚含む）	努力義務

秘密保持義務について200字前後で述べなさい。

秘密保持義務とは，クライエントが心理専門職に対して打ち明けた事柄を外部に漏らさないことである。心理専門職は他の専門職と連携することが必要であるが故に，クライエントの情報を適切に取り扱うことが重要となる。しかし秘密保持については，自傷他害が疑われる場合や虐待が行われている場合など，例外状況が存在する。心理面接の開始にあたっては，守秘義務にこのような例外状況が存在することを十分に説明し，クライエントの同意を得ることが必要となる。（214字）

第11章

答え Aについて，高齢者への心理的虐待は通報義務の対象ではないため誤り。生命・身体に重大な危険があると判断される場合に通報義務が発生する。Bは，守秘義務の例外状況があるため誤り。Dは，命の危険がある者だけでなく，家族や親しい人などその危険を知らせる可能性がある者たちにも警告することが求められる。【正解：C】

106 症状評価尺度

symptom assessment scale

学習のポイント

- □ どの検査がどの症状を評価する尺度なのか，を優先的に理解すること。
- □ カットオフ値や項目数，所要時間などは無理に覚えようとせず，参考程度に。

About this word

■症状評価尺度

症状評価尺度とは「抑うつ症状」や「不安症状」などのさまざまな精神症状の評価を行うための尺度である。精神症状はクライエントの主観や評価者の主観によって適切な評価が難しい面があるため，研究によって信頼性や妥当性が担保された尺度を用い，できるだけ客観的にクライエントの精神症状を評価する努力が重要になる。

以下，さまざまな症状評価尺度を概観する。なお，表中には**カットオフ値**が示されているものがある。例えばHAM-Dならば8点以上だったら軽度，14点以上だったら中等度，19点以上だったら重度，23点以上になると最重度の抑うつであるということになる。しかし表で示されているカットオフ値は，あくまで評価の目安であり，カットオフ値をいくつに設定するかは，研究者や論文によって変化するため，あくまで表中の点数は目安と考えて頂きたい。

それよりも，HAM-Dは抑うつの症状評価尺度，STAIは不安の症状評価尺度，というように，まず**それぞれの検査がどのような症状を評価する尺度なのか**，という理解を優先させよう。

【抑うつの主な症状評価尺度】

評価方法	名称	所要時間	特徴
面接式	HAM-D	20～40分	うつを中心に，不安や身体症状も含めて21項目。8点以上は軽度，14点以上は中等度，19点以上は重度。23点以上は最重度。
	MADRS	20～30分	うつ状態についての10項目の重症度判定と，総得点の評価。60点満点で，7点以上は軽度，20点以上は中等度，34点以上は重度。

自己記入式	BDI-II	5 ～ 10 分	抑うつの程度に関する 21 項目。14 点以上は軽度，20 点以上は中等度，29 点以上は重度。
	SDS	10 ～ 15 分	抑うつの程度に関する 20 項目。40 点以上は軽度，48 点以上は中等度，56 点以上は重度。
	CES-D	10 ～ 15 分	うつ病のスクリーニングとして用いられる。20 項目，16 点以上でうつ病が疑われる。
	PHQ-9	短時間	DSM の診断基準に基づき 9 項目でスクリーニングが可能な検査。10 点以上でうつ病が疑われる。
	EPDS	5 ～ 10 分	産後の母親のうつ病に特化したスクリーニング尺度。10 項目。9 点以上でうつ病が疑われる。

（スクリーニング…疾病や困難を抱えていると思われる者を見つけ出す過程のこと。困難が悪化する前に早期発見・早期支援する上でも，重要な過程である。）

【不安の主な症状評価尺度】

評価方法	名称	所要時間	特徴
自己記入式	CAS	5 ～ 10 分	40 項目，3 件法。不安と関係の深い 5 つの性格特性を評価。5 つの性格特性は「自己統制力の欠如」「自我の弱さ」「疑い深さ」「罪悪感」「感情性」。
	MAS	約 5 分	65 項目，3 件法。現在意識している不安（顕在性不安）について回答を求める。結果の妥当性を判断する項目もあり。21 点以下はおおむね正常域，22 点以上は顕在性不安の兆候あり。
	STAI	約 15 分	40 項目，5 件法。不安になりやすい性格傾向（特性不安）と，現在の不安反応（状態不安）を分けて測定。不安得点をもとに 5 段階に評価し，4 段階以上は臨床的に問題のある高不安とみなされる。

【さまざまな心理的障害の主な症状評価尺度】

評価方法	名称	所要時間	特徴
面接式	PANSS	30 ～ 40 分	統合失調症の陽性症状・陰性症状（Positive and Negative Syndrome）など精神状態 30 項目それぞれについて重症度判定。
	YMRS	–	双極症における躁（Mania）エピソード 11 項目それぞれを重症度判定。
面接式 / 自己記入式	Y-BOCS	–	強迫症（Obsessive-Compulsive）の症状 10 項目それぞれを重症度判定。
	PDSS	–	パニック症（Panic Disorder）の症状 7 項目それぞれを重症度判定。
	LSAS-J	約 10 分	社交不安症（Social Anxiety）の症状 24 項目について，4 件法で回答を求める。
自己記入式	IES-R	2 ～ 5 分	PTSD の症状 22 項目について，5 件法で回答を求める。IES は，Impact of Event Scale の略。

第11章

【総合的な健康状態の主な症状評価尺度】

評価方法	名称	所要時間	特徴
自己記入式	POMS	10～15分	気分の状態について65項目5件法で回答。「抑うつ－落ち込み」「活気」「怒り－敵意」「疲労」「緊張－不安」「混乱」
	CMI	約30分	心身の自覚症状について男性212項目，女性214項目2件法で回答。「身体的自覚症」「精神的自覚症」の2つを判定。
	GHQ	10～15分 短縮版 5～7分	精神的健康度について60項目4件法で回答。「身体症状」「不安と不眠」「社会的活動障害」「うつ状態」

【発達障害の症状評価尺度】

ASD	本人 行動観察	ADOS-2	自閉症診断観察検査日本語版。課題に対するクライエントの行動を直接観察し，ASD特性に関する行動を得点化。
	養育者面接	ADI-R	自閉症診断面接改訂版。クライエントの養育者に対する面接。96項目の質問を通じて定量的に評価。
		PARS-TR	親面接式自閉スペクトラム症評定尺度テキスト改訂版。ライフステージ別にASDの特徴が見られたか，半構造化面接で養育者に評定してもらう。
	養育者 質問紙	M-CHAT	乳幼児期自閉症チェックリスト修正版。第1段階は養育者記入の質問紙，第2段階は電話面接。
	養育者・ 本人質問紙	AQ	ASD症状を量的に評価する質問紙。児童用（5～15歳）は養育者が評価，成人用（16歳以上）は本人の自己評価。
ADHD	子ども対象	ADHD-RS	ADHD Rating Scale-IV日本語版。保護者と関係者（保育士，教師など）が記入する評価尺度。18項目で簡便に実施できる。
		Conners3	保護者と関係者が記入するものと，本人が自己記入するものがある。100前後の項目があり，簡単には実施しにくいが，豊富な情報を得られる。
	成人対象	CAARS	Conners' Adult ADHD Rating Scale。成人期のADHDの診断補助ツール。自己記入式と観察者評価式の2種類がある。
SLD	関係者 質問紙	LDI-R	Learning Disabilities Inventory。対象となる子どもの学習状態を熟知している指導者，専門職が質問紙に回答する。

4択問題

次の文のうち，最も適切な文はどれか。

A STAIは，PTSDの症状評価尺度として知られている。

B Y-BOCSは，強迫症の症状評価尺度として広く用いられている。

C PHQ-9は，DSMの診断基準に沿った社交不安症の症状評価尺度である。

D BDI-IIは，適応行動の評価尺度としてテスト・バッテリーで用いられることが多い。

適応行動	関係者面接	Vineland-II	障害の有無に関わらず，個人の適応行動をアセスメントする。クライエントを良く知る者との半構造化面接で実施。発達障害，特にASDのアセスメントバッテリーに含まれることが多い。

※ ASD…自閉スペクトラム症　※ ADHD…注意欠如多動症　※ SLD…限局性学習症

■自己記入式と面接式

症状評価尺度は，自己記入式と面接式の2種類に分けることができる。面接式の症状評価尺度は，クライエントが直接記入するのではなく，面接を通じて面接者が記入していくことになる。それぞれの特徴は以下の通り。状況に応じて使い分けることが望ましい。

【症状評価尺度の種類】

自己記入式（自己評価）	面接式（他者評価）
・クライエントが意識している症状のみ評価可能（意識していない症状は反映されにくい）	・表情や話速など観察から判断される症状，**クライエントが意識していない症状も含めて評価可能**
・質問の意図を理解しているか，確認することが難しい	・クライエントの反応から，**質問の意図を理解しているか確認可能**
・読字・書字能力に左右される	・読字・書字能力に左右されない
・回答のバイアスが起きやすい	・回答のバイアスが起きにくい
・待合室や自宅での回答も可能	・回答には検査者が必須
・検査者の技量に左右されない	・検査者のトレーニングが必要
・回答は**比較的短時間**で終わることが多い	・回答に時間がかかるものが多い

症状評価尺度について200字前後で述べなさい。

症状評価尺度とは「抑うつ症状」や「不安症状」などのさまざまな精神症状の評価を行うための尺度である。精神症状はクライエントの主観や評価者の主観によって適切な評価が難しい面があるため，研究によって信頼性や妥当性が担保された尺度を用い，できるだけ客観的にクライエントの精神症状を評価する努力が重要になる。代表的な症状評価尺度に抑うつの評価尺度であるBDI-IIやPHQ-9，不安の評価尺度であるSTAIなどが挙げられる。（195字）

第11章

答え Aについて STAIは不安の症状評価尺度である。特に状態不安と特性不安に分けて把握する点が特徴である。PTSDの症状評価尺度はIES-Rが挙げられる。Cについて，PHQ-9は抑うつの症状評価尺度である。社交不安症の症状評価尺度はLSAS-Jが挙げられる。Dについて，BDI-IIも抑うつの症状評価尺度である。適応行動の評価尺度はVineland-IIが挙げられる。

【正解：B】

107 ICF（国際生活機能分類）

International Classification of Functioning, Disability and Health

学習のポイント

- □ 従来の障害観（ICIDH）と新しい障害観（ICF）を比較しながら理解したい。
- □ ICIDH の限界，ICF で捉える利点や意味を説明できるようにしておこう。

About this word

■国際障害分類（ICIDH）

1980 年に世界保健機構（WHO）より発表された国際障害分類（ICIDH）では，障害を以下の 3 つのレベルで説明している（図 1）

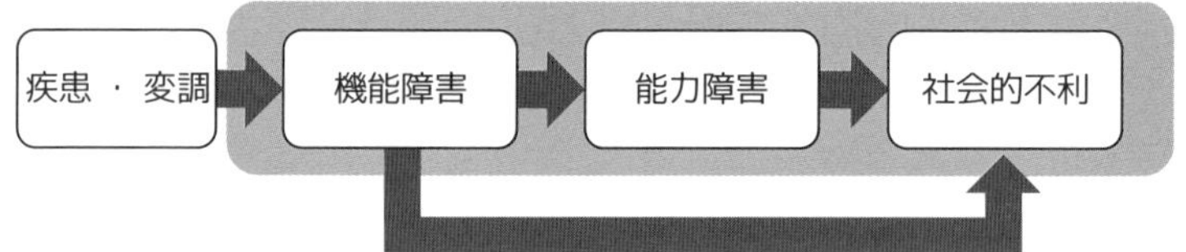

図 1　国際障害分類（ICIDH）

例えば発達障害の 1 つである自閉スペクトラム症を例に挙げると，生得的な脳機能の障害（機能障害）により，コミュニケーション能力に困難をもち（能力障害），結果として他者をうまく関係性を築いて適応的に生きることが難しい（社会的不利）ととらえることができる。

ICIDH による障害のとらえ方は，医学的に治療・対処すべき障害のマイナス面に注目しており（医学モデル），かつ障害を「克服するもの」「乗り越えるべきもの」とみなす考え方でもある（リハビリテーションモデル）。

4択問題　次の文のうち，最も適切な文はどれか。

- A　ICF は，方向性のあるモデルを想定している。
- B　ICIDH は，ストレングスモデルともよばれている。
- C　ICIDH においては，生物学レベルの問題のことを能力障害とよぶ。
- D　ICF は，個人因子と環境因子の両面から理解することを重視している。

■国際生活機能分類（ICF）

2001年に世界保健機構（WHO）より発表された国際生活機能分類（ICF）では，障害のマイナス面から，**生活機能というプラス面への視点の変化**を促した（図2）。

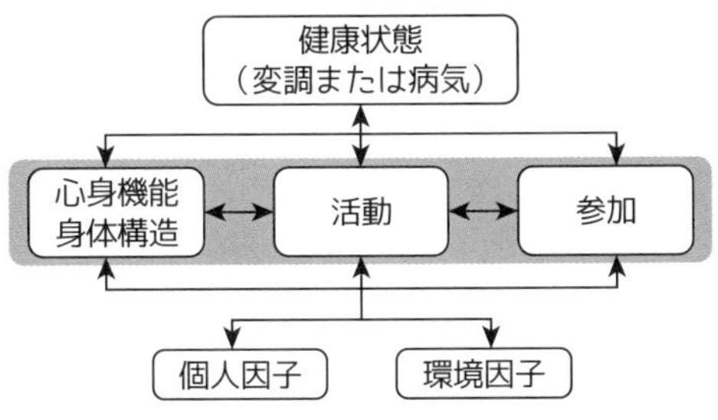

図2　国際生活機能分類（ICF）

前述の自閉スペクトラム症の例でいえば，発達の遅れをもつ子どもと親が集まる療育グループなどがあり（環境因子）その療育グループに定期的に出席することで（参加），自分の考えを少しずつ伝えられるようになるかもしれない（活動）。結果として，療育グループへの参加は心身の発達（心身機能・身体構造）につながり，以前よりも精神的に安定しているかもしれない（健康状態）。

ICIDHは，疾患や変調が最終的な社会的不利へとつながる一方向性のモデルであったことに対し，ICFでは社会的な活動や参加が心身機能・身体構造につながっている可能性を想定できるだけでなく，その活動や参加の状態が，健康状態によるものなのか，個人因子なのか，環境因子なのか，あるいはその複合なのか，というように，さまざまな方向性から多面的に整理することが可能であり，医学モデルと社会モデルの統合が目指されている。またICFは「何ができないか」だけでなく「**何ができるか**」にも注目しており（ストレングスモデル），近年の障害者支援の軸となっている。

ICFについて200字前後で述べなさい。

ICFとは，2001年にWHOより発表された障害者理解のモデルである。ICFでは障害のマイナス面だけに注目せず，社会的な活動や参加が心身機能・身体構造につながっている可能性を想定できるだけでなく，その活動や参加の状態が，健康状態によるものなのか，個人因子なのか，環境因子なのか，あるいはその複合なのか，というように，さまざまな方向性から多面的に整理することが可能であり，医学モデルと社会モデルの統合が目指されている。（199字）

答え　Aについて，機能障害が能力障害につながり最終的に社会的不利となるという方向性のあるモデルを想定しているのはICIDHである。ICFにおいては特定の方向性は想定されていない。Bについて，ストレングスモデルと呼ばれているのはICFである。Cについて，ICIDHにおける生物学レベルの問題は機能障害とよばれている。　【正解：D】

第11章

108 合理的配慮

reasonable accommodation

学習のポイント

□「平等な参加」のための「公平な配慮」とはどのようなことか，理解したい。
□ 求める側と提供する側の話し合いがなぜ重要か，説明できるように。

About this word

■合理的配慮とその提供事例

合理的配慮とは，2016年4月に施行された障害者差別解消法（正式名称：障害を理由とする差別の解消の推進に関する法律）に基づき，**障害をもつ人々の人権が保証され，教育・就労など社会生活において平等に参加できるよう，各々の障害特性や困難に応じて行われる配慮のこと**である。以下に，内閣府発表の「合理的配慮の提供事例」の一部を紹介する。

・**肢体不自由**…商業施設の2階にある店舗へ行きたいのだが，エレベーターが故障しており上がることができない。→裏口にある従業員用のエレベーターを使って2階まで上がっていただいた。
・**発達障害**…文字の読み書きに時間がかかるため，授業中に黒板を最後まで書き写すことができない。→書き写す代わりに，デジタルカメラ，スマートフォン，タブレット型端末などで，黒板の写真を撮影できることとした。

このような合理的配慮の前提となるものが基礎的環境整備である。基礎的環境整備とは，**合理的配慮を行うための機材の準備や設備の設営，人材の確保など**の

4択問題　次の文のうち，最も適切な文はどれか。

A　特別支援教室の場における個別の取り出し指導は，合理的配慮の一環である。
B　合理的配慮は，すべての人に平等に配慮を提供することを目指している。
C　合理的配慮において，障害者が求める配慮内容を実施しなければならない。
D　施設や機関の基礎的環境整備の状況によって，提供される合理的配慮は異なる。

ことを指す。合理的配慮は，障害をもつ者からの申し出・意思表明に基づき，施設や機関の基礎的環境整備の状況に応じて，**負担が過重ではない範囲で実施される**。そのため，配慮内容を決定する際には，提供する側と提供される側の建設的な対話が必要となる。

■共生社会の実現へ

合理的配慮は右図のように平等な配慮ではなく，「公平な配慮」を目指すものである。障害をもつ者もそうでない者も，**平等に教育や就労に参加できるよう，個々の特性に合わせた配慮を行うことを目指している。**

しかし，合理的配慮はまだ世の中に浸透しているとは言い難い。特に「平等な配慮」を求める者は，合理的配慮を提供されている者に対して「特別扱い」「ひいき」「ズルい」といった印象をもつことがある。

「配慮する側」であっても，環境の変化によって「配慮される側」に変わること，その逆も起こりうることを理解した上で，ともに支えあう社会（共生社会）の実現が望まれているといえよう。

平等な配慮 と 公平な配慮

合理的配慮について 200 字前後で述べなさい。

合理的配慮とは，2016 年 4 月に施行された障害者差別解消法に基づき，障害を持つ人々の人権が保証され，教育・就労など社会生活において平等に参加できるよう，各々の障害特性や困難に応じて行われる配慮のことである。合理的配慮は，障害を持つ者からの申し出・意思表明に基づき，施設や機関の基礎的環境整備の状況に応じて，負担が過重ではない範囲で実施される。そのため，配慮内容を決定する際には，提供する側と提供される側の建設的な対話が必要となる。(212 字)

答え A は教育的な価値はあるが，合理的配慮ではない。合理的配慮は，社会活動における平等な参加を目標としている。そのため，個別の取り出し指導ではなく，いかに通常学級で参加できるかを検討することが合理的配慮である。なお 2022 年に国連から日本に対し，特別支援教室ではなく通常学級における合理的配慮の推進を求める通達がなされている。B は平等ではなく公平。平等な参加のために，公平な配慮が求められている。そして合理的配慮は，提供する側が過重な負担にならないものであるべきなので，C も誤り。【正解：D】

109 行動変容ステージモデル

behavioral modification stages model

学習のポイント

- □ 5つのステージの名称と時期，対応の基本を整理して理解しよう。
- □ 動機づけ面接における対応の原則を理解しよう。

About this word

■生活習慣病と行動変容ステージモデル

発症に個人の生活習慣が深く関わっている疾病を生活習慣病という。三大生活習慣病として，悪性新生物（がん），心臓病（心疾患），脳卒中（脳血管疾患）が挙げられる。そして，生活習慣の改善は，5つのステージを経るとするモデルを行動変容ステージモデル（多理論統合モデル）という。

【行動変容ステージモデル】

名称	行動変容ステージ	対応の基本
前関心期	行動を変えようと思っていない	自身の問題を認識するための面接（動機づけ面接など）を行う。支援関係の構築が優先。
関心期	6か月以内に行動を変えようと思っている	行動変容することのメリットなど，情報提供を行っていく。信頼関係を築けるよう努める。
準備期	1か月以内に行動を変えようと思っている	具体的な行動の決定ができるように促す（いつ開始するか，どう行動をするかなど）。
実行期	行動を変えて6か月未満である	生きがい意識や動機づけの低下から逆戻りが起きやすい。小さな変化でもポジティブに。
維持期	行動を変えて6か月以上である	実践行動の経験によって得られたメリットを再度評価。継続への賞賛。

4択問題　次の文のうち，最も適切な文はどれか。

- **A** 6か月以内の行動変容を考えている場合，前関心期に該当する。
- **B** 動機づけ面接においては，チェンジトークを引き出すことが目標である。
- **C** 動機づけ面接においては，閉ざされた質問を中心に行うことが原則である。
- **D** 準備期は，行動変容に伴う生きがい意識の低下が最も起きやすいと言われている。

行動変容ステージモデルは1980年代に禁煙研究から導かれたモデルではあるが，現在では禁煙に限定せず，生活習慣病などさまざまな健康に関する行動について，研究や実践が進められている。

■動機づけ面接

動機づけ面接とは，**クライエントが非協力的で，問題に向けた動機づけが低い状態にある時に用いられる面接技法**である。正したい反射（Righting reflex）をおさえ，変わらない理由を問わず，変わりたい理由を問う。反射的に否定せず，「どうして変わらないのですか？」ではなく「どうして変わりたいのですか？」と問いながら，**本人から自ら変化を求める発言**（チェンジトーク）を引き出していくことが動機づけ面接の目標になる。動機づけ面接には，以下の5つの原則がある。

（1）共感（解釈や決めつけをしない）
（2）矛盾を広げる（自ら矛盾に気づくように促す）
（3）言い争いを避ける（非難したり，責めても相手は自ら変わろうとしない）
（4）抵抗を手玉にとる（「できない」という抵抗を，変化する方向へ向ける）
（5）自己効力感を支持する（自分で変わることができる見通しをもつ）

また，動機づけ面接には4つの戦略があり，OARSといわれる。
（1）開かれた質問（Open ended question）…いろいろな答え方ができる質問
（2）是認（Affirm）…相手の強みや前向きな行動，努力を見つけて肯定する
（3）聞き返し（Reflective listening）…相手の発言・考え・気持ちを言葉で返す
（4）要約（Summarize）…今までの話の中から必要な言葉を選び要約して返す

行動変容ステージモデルについて200字前後で述べなさい。

行動変容ステージモデルとは，生活習慣の改善過程を示すモデルのことである。具体的には，未だ行動を変えようと思っていない「前関心期」，6か月以内に行動を変えようと思っている「関心期」，1か月以内に行動を変えようと思っている「準備期」，行動を変えて6か月未満である「実行期」，行動を変えて6か月以上である「維持期」の5つのステージからなり，それぞれのステージで求められる対応が異なる。（189字）

第11章

答え　Aは関心期に該当する。前関心期はまだ行動変容を考えていない段階である。Cについては，閉ざされた質問ではなく開かれた質問が中心である。Dについては，準備期ではなく実行期である。
【正解：B】

110 依存症

addiction

学習のポイント

□ 関連用語を理解することで，依存症を多面的に理解しよう。
□「ダメ，ゼッタイ」が依存症支援の全てでは無いことを知っておこう。

About this word

■依存症とは

物質（薬物やアルコールなど）に関連した重大な問題が生じているにも関わらず，その人が物質を使用し続けることを依存症という。

依存性物質の摂取に伴い，同じ効果を得るために摂取量を増やさなければならなくなる耐性が個体内に形成されている可能性だけでなく環境要因も検討する必要がある。例えば，二日酔いで朝起きられない本人に代わって会社に連絡を入れるなど，**周囲が良かれと思って行っている行為が依存を維持させてしまうこと**があり，このような行為はイネイブリングとよばれている。イネイブリングを行う者はイネイブラーとよばれており，依存症者本人と共依存的な関係性になっていることが多い（共依存については，p.157 を参照）。

■精神依存と身体依存

依存は，精神依存と身体依存に二分される。

○精神依存…物質による「快楽」を求め，適量な摂取ができず，過剰に服用してしまうこと。すべての依存性物質にみられる。

○身体依存…物質の使用で身体機能の安定が保たれること。主にアルコールやニ

4択問題 次の文のうち，最も適切な文はどれか。

A 依存性物質の摂取を急激に中断すると，離脱症状が生じやすい。

B 依存症患者を批判・否定する者たちのことを，イネイブラーとよぶ。

C 依存症は，依存性物質の使用を完全に絶たない限り，治療は進展しない。

D 物質の摂取に伴う快楽を求めて依存が生じている場合，身体依存とよばれる。

コチンなどに見られる。物質の依存によって生理的均衡が保たれているため，物質の反復使用を急激に中止すると，手足のふるえや動悸，発汗，頭痛といった離脱症状が生じる。そのため，徐々に物質の使用を減らしていくなどの適切な使用中止を行っていく必要がある。

■ハーム・リダクション

一時的に依存対象を使用することをスリップといい，依存症を治療する前のような状態に戻ることを再発（リラプス）という。**スリップや再発を何度も繰り返しながら回復していくことが，依存症の特徴**といえる。自責感からスリップや再発を隠してしまったり，支援が継続できなくなってしまうことも多い。

そこで，かつてはゼロ・トレランスとよばれる，物質の使用を完全に断ち切る支援が主流であったが，近年はハーム・リダクションとよばれる支援も行われるようになってきている。ハーム・リダクションとは，**物質の使用や不適切な行動による，悪影響を減らすための取り組みや支援**のことを指す。「依存を完全にやめること」に支援者がこだわらず，「社会的，健康的な悪影響を可能な限り減らしていく」という選択肢をもって関わっていくことが求められる。

また，依存症の治療には，個人療法や家族療法だけでなく，**集団精神療法や自助グループによる当事者同士の交流も重要**である。特にアルコール依存に関しては，断酒会（alcoholics anonymous：AA）が有名である。

依存症について200字前後で述べなさい。

薬物やアルコールなどの物質に関連した重大な問題が生じているにもかかわらず，その人が物質を使用し続けることを依存症という。依存症の治療は，一時的に依存対象を使用するスリップや，治療前のような状態に戻るリラプスをくり返しながら回復していくため，近年では物質の使用を完全に断ち切る支援だけでなく，物質の使用や不適切な行動による，悪影響を減らすための取り組みや支援であるハーム・リダクションの考え方が広まりつつある。（204字）

第11章

答え　Bについて，イネイブラーは依存症患者を批判・否定する者たちのことではない。むしろ依存症患者のためを想い行動していることが多い。Cについて，ハーム・リダクションという考え方もあるため誤り。ゼロ・トレランスが支援の全てではない。Dは身体依存ではなく精神依存に関する文章である。　【正解：A】

111 自殺のリスクアセスメント

risk assessment for suicide

学習のポイント

- □ 希死念慮と自殺企図など，類似した言葉を区別しよう。
- □ 希死念慮や自傷行為に対する「思い込み」がないか，自身をふりかえろう。

About this word

自殺のリスクアセスメントに有用な視点として，ジョイナー（Joiner, T. E.）による自殺の対人関係理論が挙げられる。この理論では，以下の３つの要素が合わさった時に自殺が起こると考えられている。

①自殺潜在能力：自らを傷つける際に生じる恐怖や疼痛に耐える力。
②所属感の減弱：他者とのコミュニケーション頻度や内容の質の低下。
③負担感の知覚：大切な他者にとって，自らが負担になっているという感覚。

上記のうち，所属感の減弱と負担感の知覚があると希死念慮（後述）が抱かれやすく，そこに自殺潜在能力が加わることで，致死的な自殺行動に至るリスクが高まると考えられている。

■希死念慮と自殺企図

希死念慮（自殺念慮）は，「死にたい」気持ちをもっていることを指す。希死念慮をもつ者は，その気持ちを否定されることを恐れ，家族や友人に打ち明けることが難しく，その気持ちを孤独に抱えていることが多い。だからこそ，クライエントが心理面接の場面で希死念慮を口にした際は，正論を押し付けたり話題をはぐらかしたりせず，希死念慮の表明そのものを尊重する姿勢が求められる。隠し

4択問題　次の文のうち，最も適切な文はどれか。

- A　自傷行為は，周囲から心配されたいために起こっている。
- B　自傷行為の積み重ねは，自殺潜在能力を高めていくことになる。
- C　死にたい気持ちについて心理面接の場で語り合うことは，望ましいことではない。
- D　クライエントが希死念慮を表現した場合，命に関する情報提供を行うべきである。

立てせずに自殺について語り合うことは，自殺関連行動の助長ではなく，自殺以外の選択肢や決心を考え直す時間を与えることができ，結果として，自殺を防ぐことにつながる。

自殺企図とは，首吊り，大量服薬などさまざまな手段により，実際に自殺を企てることを指す。特に上記の自殺の対人関係理論で説明されている3つの要素がすべて揃っている時は，命の危険を伴う非常な危険な状態であるため，早急に医療に結びつけたり，自殺潜在能力を実行する要素を生活環境から当面撤去する必要（首をつれるようなものを撤去する，薬物を家族が管理するなど）がある。

■自傷行為

自傷行為は，意図的に自らの身体を傷つける行為を指す。多くの場合，希死念慮によって起こることが多い。命の危険を伴う場合はあるもの，当人は死に至ることを想定していない場合が多い。リストカットや過剰服薬，髪の毛を抜いたり頭を壁に打ち付けたりする行為などが該当する。

自傷行為の目的は，主なものに回避・注目・感覚の3つがある。回避（自己刺激行動）とは，自傷行為によってその行動に集中し，周囲の刺激をシャットアウトすることである。注目（同情行動）とは，自傷行為によって周囲の関心や同情を得ることである。感覚（自己確認行動）とは，自傷行為によって自分自身の存在を確認したり，生きている実感を確認したりすることである。

なお，飛び降りや首吊りなど，明確に自殺を目的とした行為は自損行為と呼び，自傷行為とは区別される。

自殺のリスクアセスメントについて200字前後で述べなさい。

自殺のリスクアセスメントとは自殺の危険性を評価することである。有用な視点として，ジョイナーによる自殺の対人関係理論が挙げられる。この理論では，①自殺潜在能力　②所属感の減弱　③負担間の知覚　という3つの要素がすべて揃っている時は，自殺リスクが非常に高い状態と評価される。該当する場合は，早急に医療に結びつけたり，首を吊れるようなものを撤去する，薬物を家族が管理するなど，自殺潜在能力を実行する要素を生活環境から当面撤去する必要がある。（214字）

答え Aについて，確かに自傷行為は周囲からの注目を集め，心配されるために行われている場合もあるが，そうではない場合も十分に考えられる。「心配されたいため」と決めつける姿勢は望ましくない。CやDはTALKの原則に反するものであり，誤り。Cは話題のはぐらかしに，Dは正論のおしつけになってしまう可能性が高い。「自殺について語り合うことは良くない事だ」「命の大切さを教えることが大切だ」という一方的な思い込みが形成されていないか，ぜひ振り返ってみよう。

【正解：B】

112 補償を伴う選択的最適化

selective optimization theory with compensation

学習のポイント

- □ 高齢化社会の現代だからこそ，高齢者の適応に関する様々な理論を学ぼう。
- □ 高齢期は必ずしも不幸な時期ではない。その理由を説明できるようになろう。

About this word

■「こころ」の加齢モデル

高齢期にはさまざまな衰退や喪失があるにもかかわらず，高齢者は主観的幸福感やQOLを維持できているという知見が複数報告されている（エイジング・パラドックス）。「こころ」の加齢モデルでは，生物学的側面や社会的側面の変化に適応するための補償プロセスが働くために，高齢者の主観的幸福感やQOLが維

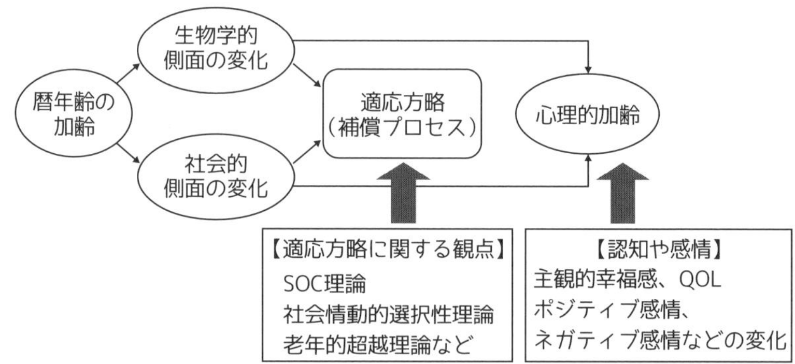

図 「こころ」の加齢モデル（佐藤・権藤，2016）

4択問題

次の文のうち，最も適切な文はどれか。

- **A** 認知症を予防する抵抗力のことを，認知の予備力という。
- **B** 社会情動的選択性理論によれば，高齢者はネガティブ情報に注目しやすい。
- **C** 高齢者の大半は喪失体験や心身の衰えによりQOLは低下した状態にある。
- **D** 補償を伴う選択的最適化により，高齢期以前と同等のパフォーマンスを発揮することが可能である。

持されると考える。補償プロセスとして，代表的な理論に補償を伴う選択的最適化（SOC 理論）が挙げられる。

補償を伴う選択的最適化（SOC 理論）

達成可能な目標を「選択（selection）」し，選択した目標に合わせて，時間や体力を効率的に振り向ける「最適化（optimization）」を行い，他者のサポートやこれまで使っていなかった方略を使う「補償（compensation）」によって，能力の低下に適応的に対処していくという，バルテス（Baltes, P. B.）のモデルのことである。

たとえば高齢のピアニストは，若い頃のように演奏ができないかもしれない。だが，演奏する曲を限定して練習し（選択），若い頃の演奏とは違う形で抑揚をつけながら演奏する（補償）ことで，現状としての最適化されたパフォーマンスを残すことができる。

高齢期の適応に関する諸理論

◆社会情動的選択性理論…老年期には，ネガティブな情報に向かうことを避け，ポジティブな情報に向かいやすくなる（ポジティブ選好性）が見られること。

◆認知の予備力…脳損傷を受ける前のさまざまな要因による認知機能低下の抵抗力のこと。たとえば，過去の教育歴，病前の知的機能の高さ，職業の知的な複雑さ，余暇の充実度，交流の多さ，有酸素運動などが関係している。

補償を伴う選択的最適化について 200 字前後で述べなさい。

補償を伴う選択的最適化とは，高齢者の適応に関する理論である。具体的には，達成可能な目標を選択し，選択した目標に合わせて，時間や体力を効率的に振り向ける最適化を行い，他者のサポートやこれまで使っていなかった方略を使う補償によって，能力の低下に適応的に対処していく。例えば高齢のピアニストは，演奏する曲を限定して練習し，若い頃の演奏とは違う形で抑揚をつけながら演奏することで，現状としての最適化されたパフォーマンスを残すことができる。（215 字）

答え Bについて社会情動的選択性理論によれば，高齢者はポジティブ情報に注目しやすくなる傾向にある。Cについて，喪失体験や心身の衰えにも関わらず主観的幸福感が高い高齢者がいるというエイジング・パラドックスという現象が報告されている。Dについて，補償を伴う選択的最適化は高齢期の自分に出来ることを選択することを前提とした理論であり，高齢期以前と同等のパフォーマンスを発揮することを主な目的としていない。【正解：A】

113 認知症

dementia

学習のポイント

- □ 4大認知症の代表的な症状を説明できるようにしておこう。
- □ 認知症と軽度認知障害・せん妄を区別できるようになろう。

About this word

■中核症状と周辺症状

認知症とは，生後いったん正常に発達した種々の精神機能が徐々に減退・消失することで，日常生活・社会生活の困難を示す状態のことである。認知症の症状は，認知機能の障害である中核症状と，中核症状によって引き起こされる行動や精神の異常である周辺症状（BPSD：Behavioral Psychological Symptoms of Dementia）に大別される。介護者は，中核症状よりも周辺症状に振り回されることが多い。

<中核症状>

記憶障害	物事を記憶することの困難さが現れる（DSM-5では，認知症の診断に必須とされていた記憶障害が必須ではなくなった。）
判断力の障害	善悪判断や状況の判断ができなくなるなど，筋道立てて判断することの困難さが現れる
問題解決能力の障害	予想外のことが出てくると混乱してしまう
実行機能障害	計画を立てたり，手順を考えることが難しくなる
見当識障害	自分と周囲との関係性がわからなくなる。今の季節が分からなくなったり，今いる場所が分からなくなったりする
失行・失認・失語	失行…行動を順序立てて物事を実行できなくなる 失認…状況を正しく把握することが難しくなる 失語…ものの名称が分からなくなる

<周辺症状（BPSD）>

心理症状	せん妄，幻覚，物取られ妄想，睡眠障害，抑うつ，不安，誤認，依存など
行動症状	暴言・暴力，徘徊，不潔行為，逸脱行動，焦燥，介護抵抗，叫び声，過食，多動・多弁など

■代表的な認知症

4大認知症ともよばれる，代表的な認知症の特徴を以下に整理する。

種別	主な特徴
アルツハイマー型認知症	記憶を中心とする認知機能の障害が進行性に悪化し，社会・職業機能が損なわれる。記憶の欠落をつくろうための作話や，しまった場所を忘れて物を盗まれたと信じ込む物取られ妄想などが見られるようになっていく。
前頭側頭型認知症	食行動の異常，くり返し行動，外的刺激や内的欲求に対する被影響性，反社会的行動などが見られる。性格変化と社会的な振る舞いの障害が目立つため，精神疾患との誤認が多かったり，介護が難しかったりする。
レビー小体型認知症	幻視とパーキンソニズムを主な特徴とする。パーキンソニズムとは，振戦（手足のふるえ），筋肉のこわばり，緩慢動作，歩行障害などを指す。精神症状が進むと幻視や人物誤認を伴う錯乱状態を呈することが特徴的。
血管性認知症	脳梗塞・脳出血・くも膜下出血など脳血管障害により生じる認知症。どの部位に脳血管障害が生じたかによって症状が大きく異なる。また，1日の中でも症状が軽かったり重かったり変動する。そのため，まだら認知症とよばれることもある。

■軽度認知障害とせん妄

軽度認知障害 (mild cognitive impairment: MCI) とは，認知症の症状が軽度な状態のことである。**症状の程度から認知症とはいえない状態だが，長期的に追跡すると認知症に移行する恐れがある場合**に用いられる。認知症は進行性の障害であるため，軽度認知障害のうちに対応することで，認知症の予防につながることが期待される。

せん妄とは，意識の混濁を主な症状とする。寝たきりなどの低い活動水準，薬物やアルコールなどによって起こる場合がある。具体的には，注意を方向付けたり，集中したり，転換したりする能力が低下する。また，見当識の低下がみられる。見当識とは，**時間・場所・人物などから自分の状況を判断する機能のこと**である。見当識が低下すると，自分のいる場所がわからなくなってしまったり，今の季節や時間，曜日の把握が困難になってしまったり，見たことがある人でも自分との関係性がわからなくなってしまったりする。また，幻覚や幻聴，記憶の欠損といった認知の障害も見られる。

認知症と症状が類似しているが，せん妄は，症状が急激に発生する点，症状は一時的であり消失する点が，認知症とは異なる。

■認知症のスクリーニング

認知症のスクリーニングに用いられるMMSE-J（精神状態短時間検査－改訂日本版）が挙げられる。MMSE-Jは，認知障害の重症度を見出し，評価・記録するための検査であるMMSEの改訂日本語版であり，2019年1月に，「MMSE-J」として出版された。所用時間は10分～15分。適用年齢は18歳～85歳。

改訂日本版出版に伴う変更点として，カットオフ値の検証が挙げられる。MMSE-Jの総得点が23点以下ならば軽度認知症，27点以下ならばMCI（軽度認知障害），28点以上なら健常者と暫定的に弁別できる。

（参考　MMSE-J下位検査の概要）

見当識	＜時に関する見当識＞…「時」に関するいくつかの質問に答える ＜場所に関する見当識＞…「場所」に関するいくつかの質問に答える
記銘	いくつかの単語を繰り返して言う
注意と計算	＜シリアル7課題＞…暗算で特定の条件の引き算をする ＜逆唱課題＞…特定の単語を後ろから言う
再生	「記銘」で使用したいくつかの単語を言う
呼称	日常的にありふれた物品の名称を言う
復唱	教示された頻繁には使われることのない文を正確に繰り返す
理解	教示されたいくつかの命令を理解し実行する
読字	紙に書かれた文を理解し実行する
書字	筋が通った任意の文を書く
描画	提示された図形と同じ図形を書く

他の認知症スクリーニング検査として代表的なものに，改訂版長谷川式簡易知能評価スケール（HDS-R）が挙げられる。9つの下位テスト（年齢・日時の見当識・場所の見当識・3つの言葉の記銘・計算・数字の逆唱・3つの言葉の遅延再生・5つの物品記銘・言語の流暢性）からなる。なお，MMSE-Jには言語性の課題も動作性の課題も両方含まれるが，HDS-Rはすべて言語性の課題で構成されていることも特徴である。

30点満点で，20点以下は認知症が疑われる。所要時間は約10分と比較的短時間で評価が可能である。ただしこのHDS-Rもまた，あくまでスクリーニングの検査である。そのため，HDS-Rの得点が低いから「あなたは重度の認知症です」と診断されることはない。認知症は，さまざまな観点から総合的に診断されるものなので，スクリーニング検査の結果だけで診断がおりることはないことに，気をつけたい。

4択問題 **次の文のうち，最も適切な文はどれか。**

A 認知症とは，記憶の障害のことである。

B 軽度認知障害とは，軽度の認知症であることを指す。

C 今いる場所や，現在の時間などが分からなくなることを実行機能障害と言う。

D 認知症はその多くが進行性の疾患であり，失われた認知機能が回復することは難しい。

■認知症の治療と援助

アルツハイマー病に対しては，有効性が確認されているコリンエステラーゼ阻害薬が存在する。だが，いまだアルツハイマー病も含め，認知症の発症や進行を根本的に解決する薬物は存在しない。なお，周辺症状（BPSD）に対する対症療法として，SSRIやSNRIなどの抗うつ薬が用いられることはある。心理学的介入・援助については，昔のことを思い出してもらうことにより，自尊感情を高め，対人交流を促進させる回想法，見当識能力を高めるために行われる現実見当識訓練，また，音楽療法やコラージュ療法などの芸術療法も有効とされている。

■家族の負担・家族への援助

認知症の症状は，家族にも大きな混乱をもたらすことが多い。だが，初期段階では，家族も認知症を否認する傾向が強い。しかしBPSDの進行など，認知症の存在を否認できなくなると，家族も様々な問題を抱えることになる。場合によっては介護している家族が疲弊して，高齢者虐待に至る可能性もある。家族の不安は，認知症に対する知識不足や誤解から生じることが多いため，まずは家族への心理教育が重要となる。家族が疲弊している場合は，家族への直接支援や，要介護者を支援スタッフや支援施設が預かり，介護者が要介護者と距離をとって休息をとるレスパイトケアも必要となる。

認知症について200字前後で述べなさい。

認知症とは，生後いったん正常に発達した種々の精神機能が徐々に減退・消失することで，日常生活・社会生活の困難を示す状態のことである。認知症の症状は，認知機能の障害である中核症状と，中核症状によって引き起こされる行動や精神の異常である周辺症状に大別される。また，代表的な認知症として記憶の障害を主とするアルツハイマー型認知症，問題行動を特徴とする前頭側頭型認知症，幻視とパーキンソニズムを特徴とするレビー小体型認知症などが挙げられる。(215字)

答え　Aについて，記憶障害は認知症の中核症状の１つにすぎず，記憶障害をもたない認知症もあるので誤り。Bは誤解されやすいが，軽度認知障害はまだ認知症に至っていないため「軽度の認知症」という表現は適切ではない。「軽度の認知症」はすでに認知症の進行が始まっているが，軽度認知障害はまだ認知症の進行が始まっていない（始まりかけている）点で区別される。Cは実行機能障害ではなく見当識障害。Dが正しい。正常圧水頭症とよばれる「治る認知症」はごく一部存在するが，多くの認知症は進行性である。　【正解：D】

114 チーム学校

team *Gakko*

学習のポイント

- □ チーム学校として機能することが求められる理由をおさえよう。
- □ 教育領域に関連する諸用語を理解しよう。

About this word

■チーム学校とは

チーム学校とは，校長をリーダーとし，教職員，スクールカウンセラー，スクールソーシャルワーカー，特別支援教育の専門家，家族・保護者などから構成される支援チームのことである。近年，学校はチーム学校として機能することが求められ，心理専門職もその一員となることが期待されている。

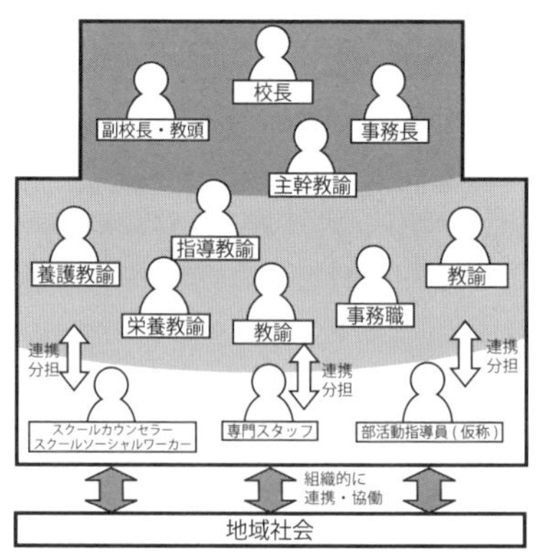

チーム学校では，**教員に偏り過ぎていた業務を他の専門職と連携・分担することで，教員が授業・学級経営・生徒指導に集中できる体制づくりを目指している。**

チーム学校の構築にあたり，第１ステップとして教職員の指導体制の充実，第２ステップとして教員以外の専門スタッフの参画，第３ステップとして地域との連携体制の整備が挙げられている。心理専門職は第２ステップの部分で，スクー

4択問題 **次の文のうち，最も適切な文はどれか。**

- **A** スクールカウンセラーはチーム学校の中には含まれない。
- **B** 不登校になりそうな児童・生徒に対する支援は，二次的援助サービスである。
- **C** 自己調整学習の成立に必要な３つの要素は，メタ認知，動機づけ，活力である。
- **D** プログラム学習においては，すべての問題が終わった後で正誤の判定を一気に行う。

ルカウンセリングや教育関係者へのコンサルテーションを中心とした活動が求められている。

■教育領域に関連する諸用語

◆適性処遇交互作用　学習者の適性により，学習指導の方法や教材形式などの効果が異なること。効果的な学習のためには，自分自身の適性にあった学習方法を模索し，その学習方法を実行することが望ましい。

◆アンダーアチーバー・オーバーアチーバー　学業成績が知能指数よりも大幅に低い場合をアンダーアチーバー，学業成績が知能指数よりも大幅に高い場合をオーバーアチーバーとよぶ。これらの背景には，家庭環境，教師や学校との関係，対人関係など，さまざまな問題が考えられる。

◆自己調整学習　あらゆる学習過程に自身が積極的に関わることで，自身の認知活動や学習行動を調整しながら，効果的に学習目標を達成することを目指す学習方略のこと。成立するためには，以下の３つが必要とされる。

①メタ認知…学習の目標や過程・成果を常にモニターして，自覚すること。

②動機づけ…学習意欲を高く持ち，努力を維持すること。

③行動…必要な情報や援助の選択，環境調整など具体的な行動を実行すること。

◆３段階の心理教育的援助サービス　教育現場における心理支援を，すべての子どもを対象とする一次的援助サービス，登校しぶり，学習意欲の低下，学級での孤立など，重大な問題が今後予想される一部の子どもを対象とする二次的援助サービス，不登校，いじめ，非行，虐待など，すでに重大な問題状況を抱えている，より特別な教育ニーズのある子どもを対象とする三次的援助サービスに分けてとらえること。

チーム学校について200字前後で述べなさい。

チーム学校とは，校長をリーダーとし，教職員，スクールカウンセラー，スクールソーシャルワーカー，特別支援教育の専門家，家族・保護者などから構成される支援チームのことである。近年学校は，チーム学校として機能することが求められ，心理専門職もその一員となることが期待されている。チーム学校では，教員に偏り過ぎていた業務を他の専門職と連携・分担することで，教員が授業・学級経営・生徒指導に集中できる体制づくりを目指している。(207字)

答え　Aについて，かつては学校に対する外部性が強調されることが多かったが，近年はチーム学校の一員としての立ち位置が強調されることが多いため誤り。Cは，メタ認知・動機づけ・行動である。Dはすべての問題が終わった後ではなく，即時フィードバックの原理に基づき１つの課題が終わるたびに正誤判定がなされることが多い。なおBについて，不登校の児童・生徒に対する支援は三次的援助サービスだが，「不登校になりそうな児童生徒（まだなっていない）」場合は，二次的援助サービスが該当する。

【正解：B】

115 少年法

Juveniles Act

学習のポイント

- □ 独自の用語が多いが，ぜひ1つでも多く理解しておきたい。
- □「非行事実」と「要保護性」の両面から見ていくことが理解の鍵となる。

About this word

■少年法の目的

少年法とは，少年の健全な育成のために，主に非行のある少年の性格矯正および環境調整に関する保護処分について定めた法律のことである。対象となる非行少年は，以下の3種類に分けられる。なお，少年法における「少年」とは20歳未満の者を指すが，**2022年4月の少年法改正で，虞犯（ぐはん）少年は18歳未満となった点に注意したい**。

①犯罪少年…14歳以上20歳未満の罪を犯した少年
②触法少年…14歳未満で刑罰法令に触れる行為をした少年
③虞犯少年…18歳未満で将来罪を犯すおそれのある少年（非行事実はないが，要保護性（後述）が高いと考えられる少年）

成人事件については，犯罪事実に基づいて刑事処分が行われ，刑の種類や程度（量刑）が決定されるが，少年事件については，非行事実だけでなく要保護性の観点も含めて審判がなされる。要保護性とは，**性格や環境からその少年が非行をくり返す危険性があり，少年の保護を要するか否かという観点のこと**である。この要保護性は，どのような保護処分をするかを決める上でも重要となる。たとえば，

4択問題 **次の文のうち，最も適切な文はどれか。**

- A 少年鑑別所においては，要保護性の観点から矯正教育が行われる。
- B 少年院においては，刑事処分を受ける少年が収容されている。
- C 16歳以上の少年が故意に被害者を死亡させた場合は，刑事処分が原則となる。
- D 14歳未満の少年であっても，刑事処分を受ける可能性がある。

非行事実が軽微であったとしても，要保護性が高い場合は少年院送致といった保護処分に付される場合もある。

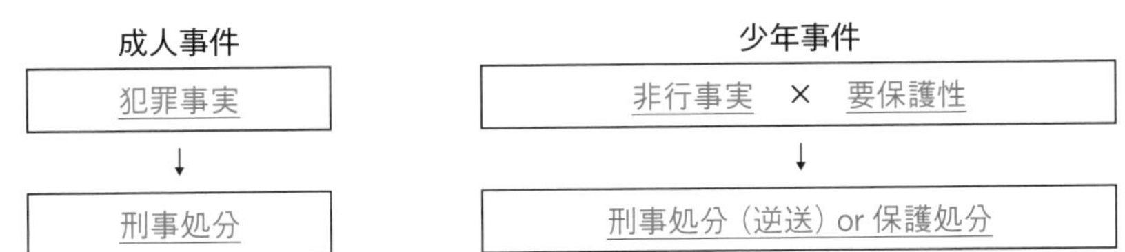

この**要保護性の判断のために，すべての非行少年が原則として**家庭裁判所**に送致**される。このことを全件送致主義という。家庭裁判所は非行少年に対し，原則として刑罰（懲役・罰金など）ではなく，保護処分を課すことが特徴になる。以下に少年審判に関わる主な施設・制度を紹介する。

表　少年審判に関わる主な施設・制度

名称	時期	実刑	場所	目的
少年鑑別所	審判前	未定	施設内	非行少年の資質鑑別
少年刑務所	審判後	刑事処分	施設内	非行少年への刑の執行
少年院	審判後	保護処分	施設内	非行少年の矯正教育
保護観察	審判後	保護処分	社会内	非行少年の更生と社会復帰

少年法について200字前後で述べなさい。

少年法とは，少年の健全な育成のために，主に非行のある少年の性格矯正および環境調整に関する保護処分について定めた法律のことである。成人事件については，犯罪事実に基づいて刑事処分が行われるが，少年事件については，非行事実だけでなく要保護性の観点も含めて審判がなされる。そのため18歳未満の場合，非行事実がなくとも要保護性が高い場合は，虞犯少年として少年法の対象となることがある。(186字)

答え Aについて，少年鑑別所は審判前に非行少年の資質鑑別を行うため誤り。矯正教育を行うのは少年院。よってBも誤り。刑事処分を受ける少年は刑務所あるいは少年刑務所に収容されることになる。Dについて，14歳未満は刑事処分を受けることがない。その点から14歳未満の非行少年は触法少年とよばれる。Cは原則逆送制度に関する話であるため，正しい。

【正解：C】

116 司法面接

forensic interview

学習のポイント

- □ 司法面接の対象と目的を正しくおさえよう。
- □ 司法・犯罪領域における諸用語を理解しよう。

About this word

■司法面接とは

司法面接とは，犯罪の被害者や目撃者となった子どもを適切に保護し，かつ証拠的価値の高い情報を得るための面接法のことである。面接に伴う苦痛の想起などの二次被害を避けるため，司法面接の回数は必要最小限（原則１回）におさえる。また，正確な証言を得るため録画・録音する。なお，面接の様子はサポートスタッフが別室で観察し，質問内容をチェックしたり必要に応じて面接者に助言したりする。

本題に入る前に，面接における約束事を説明し，練習として本題と関係ないエピソードを話してもらうことで，面接者とのラポールを形成する。子どもは記憶力も，記憶を正確に伝える言葉も十分に発達していない。そのため，子どもの言葉を面接者がわかりやすくかみ砕いてフィードバックしたり，「見たのは白いトラック？」「男の人に叩かれた？」など誘導・暗示的質問（閉ざされた質問）をしたりすると，そのフィードバックや誘導・暗示的質問に沿う形で発言内容が変容してしまう可能性（事後情報効果）があるため，注意が必要である。『何があったか全部話してください』と質問し『それで？』『どうなったの？』と開かれた質問を重ねて情報を収集していく。

4択問題 次の文のうち，最も適切な文はどれか。

- **A** 司法面接においては，開かれた質問を中心に行うことが必要である。
- **B** 社会的絆理論とは，人が犯罪に至るまでの過程を説明する理論である。
- **C** 分化的接触理論においては，犯罪行動が生得的なものとみなされている。
- **D** 司法面接においては，非面接者のプライバシーを保護するために録音は行わない。

■犯罪心理学の諸用語

非行・犯罪の理論を扱う犯罪心理学は，犯罪に関連する人間の行動について，科学的に研究する心理学の分野である。代表的なものを以下に紹介する。

◆生来性犯罪者説　犯罪者は，生まれながらに犯罪行動をするよう，先天的要因によって運命づけられているという説。犯罪心理学の先駆的理論ではあるが，批判は多い。

◆分化的接触理論　犯罪行動は先天的要因によって決定された行動ではなく，**犯罪文化や犯罪集団との交流により後天的に学習された行動である**という理論。

◆社会的絆理論　人が犯罪を犯さないのは，社会との絆があるため，と考える理論。社会との絆は，①愛着（身近な人に対する愛情や尊敬），②投資（現在に至るまで積み上げてきた地位や信頼），③巻き込み（積極的な合法的活動による忙しさ），④信念（社会の法に従うべきという考え）の4つから成り立っている。

◆漂流理論（ドリフト理論）　自身の行為がどのような意味をもつのか判断することが難しく，まるで漂流しているような状態に陥っている少年は，中和の技術によって自分の行為を正当化し，非行に走っていくという理論。中和の技術には「自分はただ巻き込まれただけ」と考える「責任の否定」や，「遊びやふざけであって，大したことではない」と考える「加害の否定」などがある。

◆ストックホルム症候群　被害者が加害者とともに時間を過ごすことで，被害者が加害者に共感したり好意を抱くようになること。DVや誘拐事件の事例で報告されることがある。心的外傷性絆，トラウマティック・ボンディングともよばれる。

司法面接について200字前後で述べなさい。

司法面接とは，犯罪の被害者や目撃者となった子どもを適切に保護し，かつ証拠的価値の高い情報を得るための面接法のことである。面接に伴う苦痛の想起などの二次被害を避けるため，面接の回数は原則1回におさえる。また，正確な証言を得るため，同意を得た上で面接内容は録画・録音する。なお，面接の様子はサポートスタッフが別室で観察し，質問内容をチェックしたり必要に応じて面接者に助言したりする。(189字)

第11章

答え　Bについて社会的絆理論とは「なぜ人は罪を犯さないのか」を説明する理論であり，犯罪に至る過程を説明する理論ではない。Cについて，分化的接触理論では犯罪行動は学習されたものとみなされているため，生得的なものとは考えられていない。Dについて，司法面接では1回の面接で正しい情報を得るために被面接者の同意を得た上で面接内容の録音が行われる。

【正解：A】

117 ストレスチェック制度

stress check system

学習のポイント

- □ 誰が，どのような時に義務になるのか，整理して理解しておこう。
- □ 過労死やハラスメントの，法律における定義を理解しよう。

About this word

■ストレスチェック制度とは

ストレスチェック制度とは，定期的に労働者のストレス状況について検査を行い，本人にその結果を通知して自らのストレスの状況について気づきを促したり，集団分析から職場環境の改善につなげたりすることで，労働者のメンタルヘルス不調を未然防止することを主な目的とする制度である。労働安全衛生法に基づく。公認心理師はストレスチェックの実施者に含まれており，今後この領域での活躍が期待される。

ストレスチェックの実施は事業者に義務づけられている。ただし**労働者数 50 人未満の事業場は努力義務**。また，事業者の実施は義務だが，労働者の受検は義務ではない（努力義務）。

ストレスチェックの結果を通知され，高ストレスと判定された労働者が医師による面接指導を申し出た場合，事業者は医師による面接指導を実施し，必要に応じて就業上の措置を講じなければならない。**労働者が，医師による面接指導を申し出たことを理由とする不利益な取り扱い**（解雇・契約未更新，退職推奨，不当な配置転換など）**は禁止されている**。

4択問題　次の文のうち，最も適切な文はどれか。

- A 上司から部下への圧力は，パワーハラスメントとみなされる。
- B 業務による強い心理的負荷による自殺があった場合，過労自殺と認定される。
- C ストレスチェックで高ストレスと判断された労働者は医師と面接しなければならない。
- D ストレスチェックに基づく労働者と産業医の面接結果を踏まえ，事業者はその労働者に就業上の措置を講じなければならない。

■過労死・過労自殺

過労死等防止対策推進法における「過労死等」の定義は以下の通り。

> 業務における過重な負荷による
> ①脳血管疾患もしくは心臓疾患を原因とする死亡
> ②業務における強い心理的負荷による精神障害を原因とする自殺による死亡
> ③脳血管疾患もしくは心臓疾患もしくは精神障害（過労死「等」の定義）

過労死のリスクが高まる以下2つの時間外労働時間を過労死ラインという。
①時間外労働が月100時間を超えること
②時間外労働が2～6か月の平均で月80時間を超えること

■ハラスメント

本人の意図にかかわらず，相手の意に反した性的な言動を行うことをセクシャル・ハラスメントという。また，職務上の地位が上位の者が，その意図にかかわらず，地位および職務上の権限を背景にして，下位の者の人権を侵害する言動を行うことをパワー・ハラスメントという。労働施策総合推進法に基づくと，パワーハラスメントとは下記の3つの要素をすべて満たす言動のことを指す。**①職場において行われる優越的な関係を背景とした言動　②業務上必要かつ相当な範囲を超えたもの　③労働者の就業環境が害されるもの**

ストレスチェック制度について200字前後で述べなさい。

ストレスチェック制度とは，定期的に労働者のストレス状況について検査を行い，本人にその結果を通知して自らのストレスの状況について気づきを促したり，集団分析から職場環境の改善につなげたりすることで，労働者のメンタルヘルス不調を未然に防止することを主な目的とする労働安全衛生法に基づく制度である。労働者数50名以上の事業場には，このストレスチェック制度の実施が義務づけられている。（186字）

第11章

答え　Aについて，上司から部下への圧力のすべてがパワーハラスメントに該当するわけではない。業務上必要かつ相当な範囲を超えており，かつ労働者の就業環境が害される場合にパワーハラスメントとなる。Bについては，業務による強い心理的負荷だけでは不十分。業務による強い心理的負荷に基づく精神障害があり，その精神障害を原因とする自殺であった場合に過労自殺と認定される。Cについて，「労働者が」医師の面接指導を受けるか否かは努力義務である。しかし，その面接の結果を踏まえて「事業者が」労働者に対して就業上の措置を講じることは義務づけられている。

【正解：D】

118 ワーク・エンゲイジメント

work engagement

学習のポイント

- □ 産業領域における，仕事への動機づけ理論を整理しておさえよう。
- □ リーダーシップ理論は，まずはPM理論を優先的におさえよう。

About this word

■ワーク・エンゲイジメントとは

シャウフェリ（Schaufeli, W. B.）によって提唱された，仕事に対するポジティブで充実した心理状態のことを，ワーク・エンゲイジメントという。一時的な状態ではなく，仕事に向けられた持続的で全体的な感情と認知を指し，活力，熱意，没頭の３つで構成される。「私は働かなければならない」という仕事に対する強迫的な取り組みであるワーカホリックとは区別される。

ワーク・エンゲイジメントはポジティブ心理学の理論の１つである。ポジティブ心理学とは，従来の臨床心理学が精神障害の危険因子の特定など人間の弱さに注目してきたことの反省に基づき，人間の強さを研究し従来の心理学を見直そうとする動きを指す。ポジティブ心理学の他の理論としては，**ポジティブ感情が思考や行動を拡張し，利用できる資源や能力を形成していく**というフレデリクソンの拡張—形成理論が代表的である。

4択問題　次の文のうち，最も適切な文はどれか。

A　PM理論においては，P機能よりもM機能が優先されると考えられている。

B　拡張—形成理論では，成功体験が関心や活動領域を広げていくと考えられている。

C　ホーソン効果とは，他者からの関心が生産性の向上に影響するという理論である。

D　ワーク・エンゲイジメントは「私は働かなければならない」という想いに動機づけられた状態のことである。

■動機づけ理論

仕事に関するモチベーション研究において基礎となった研究に，以下の2つがある。

○メイヨーのホーソン研究　生産性に大きな影響を及ぼすのは，職場における人間関係とした。公式集団として規定された規範・ルール・関係性よりも，従業員同士で生じた非公式集団としての自発的役割や相互の関心の方が，生産性により強い影響を及ぼすことを明らかにした（ホーソン効果）。

○ハーズバーグの2要因理論　労働者のモチベーションを，衛生要因と動機づけ要因の2要因からとらえる理論である。

衛生要因…“不満を発生させる要因”　賃金，労働条件，人間関係，社会保障など。

動機づけ要因…“満足を発生させる要因”　周囲からの賞賛や昇進，仕事内容そのものなど。

■リーダーシップ

集団の諸活動に影響を与えるリーダーの働きかけや影響力のこと。

三隅によるPM理論が代表的。以下のP機能とM機能がそろって初めて，リーダーとしての生産性が高いとされる。

○P機能：目標達成機能（performance）：集団目標達成のための計画を立てたり，成員に指示を与えたりするリーダーの行動。

○M機能：集団維持機能（maintenance）：集団のまとまりを維持・強化しようとする。成員の立場を理解し，集団内に親和的な雰囲気を生み出す行動。

ワーク・エンゲイジメントについて200字前後で述べなさい。

ワーク・エンゲイジメントとは，ポジティブ心理学者のシャウフェリによって提唱された，仕事に対するポジティブで充実した心理状態のことである。一時的な状態ではなく，仕事に向けられた持続的で全体的な感情と認知を指し，活力，熱意，没頭の3つで構成される。「私は働かなければならない」という仕事に対する強迫的な取り組みであり，メンタルヘルスに悪影響を及ぶ可能性が高いワーカホリックとは区別される。（192字）

答え　Aについて，PM理論においてはP機能とM機能の優劣はなく，両方揃ったリーダーが最も生産性が高いと考えられている。Bについては，成功体験ではなくポジティブ感情が関心や活動領域を広げると考えられている。Dはワーク・エンゲイジメントではなく，ワーカホリックとよばれる状態のことである。　【正解：C】

第11章

向精神薬と副作用

psychoactive drug and side effect

学習のポイント

- □ 精神症状と向精神薬の対応関係をおさえよう。
- □ 副作用は多岐に渡るため，まずは赤字の内容を優先しよう。

About this word

■向精神薬とは

中枢神経系に作用することで，精神活動に影響を与える薬物の総称を向精神薬という。医師との連携において，**どのような症状に対してどのような向精神薬が用いられるのか**，また**どのような副作用があるのか**，といった点に関する知識が求められる。そこで，以下に代表的な抗精神薬とその副作用についてまとめたい。

※なお，向精神薬および副作用の内容は極めて多岐に渡り，すべてを記載することは困難であるため，代表的な向精神薬・副作用のみを記載している。
※優先的に覚えておいた方がよいキーワードを赤字にしている。

■抗精神病薬と主な副作用

主に統合失調症患者に用いられる向精神薬を抗精神病薬という。以下にその特徴を表で整理する。

対象	主な向精神薬	主な副作用
統合失調症	抗精神病薬 （定型・非定型※5）	錐体外路症状，過鎮静※1，高プロラクチン血症※2，代謝系副作用※3，悪性症候群※4

4択問題 **次の文のうち，最も適切な文はどれか。**

- A 向精神薬とは，統合失調症の患者に用いられる薬物のことを指す。
- B 双極症の患者に主に用いられることが多いのは，気分安定薬である。
- C 抗うつ薬の処方により，強い不安や焦燥感を示した際も，しばらく様子を見ることが重要である。
- D 錐体外路症状の一つで，手足の突っ張り，顔や首の反り返りなどが見られることを，アカシジアという。

錐体外路症状…中枢神経系の副作用で，主に運動機能の症状がみられる。

アカシジア	むずむずする異常知覚により，四肢を落ち着きなく動かしてしまい，長時間座っていることが困難になる。静座不能症ともよばれる。
ジストニア	不随意で持続的な筋収縮・緊張に関する運動障害。顔や首のこわばり・反り返り，舌が出たままになる，眼球上転，手足が突っ張るなど。
ジスキネジア	反復性で無目的で非自発的な運動。口をもごもごする，唇をすぼめる，歯を食いしばる，手足が勝手に動くなど。
パーキンソニズム	振戦（手足のふるえ），筋肉のこわばり，緩慢動作，歩行障害など

※1 過鎮静…抗精神病薬が効き過ぎの状態。眠気，ふらつき，倦怠感，疲労感など。
※2 高プロラクチン血症…乳汁分泌の異常（男性は女性化乳房），月経不順，性機能障害，骨密度低下など。
※3 代謝系副作用…体重増加，糖尿病，高脂血症など。
※4 悪性症候群…高熱，筋強剛（筋肉の緊張が高まりすぎている状態）などさまざまな症状の併発。最も重篤な副作用で，薬物療法を一時中止する。
※5 定型と非定型の主な違いとして，非定型の方が副作用が少ない点が挙げられる。そのため，非定型が第一選択として用いられることが多い。また，非定型は双極症やうつ病に用いられることもある（他にも違いはあるが細かくなりすぎるので，ここでは省略する）

■抗うつ薬と主な副作用

主にうつ病患者に用いられる向精神薬を抗うつ薬という。以下に表で整理する。

対象	主な向精神薬		主な副作用
うつ病	抗うつ薬	SSRI ※1	消化器症状（食欲不振，悪心・嘔吐，下痢など），離脱症候群※4，賦活症候群※5
		SNRI ※2	消化器症状（食欲不振，悪心・嘔吐，下痢など），動悸，離脱症候群，賦活症候群
		三環系抗うつ薬※3	抗コリン作用（口喝，便秘，尿閉など），眠気，起立性低血圧，めまい，不整脈，体重増加 過剰服薬の場合，致死的になることも。

※1 選択的セロトニン再取り込み阻害薬。抑うつ気分が前面に出ている場合に選択されやすい。SSRIは，パニック症，社交不安症，強迫症，全般性不安症などの不安障害（不安症）にも用いられる。
※2 セロトニン・ノルアドレナリン再取り込み阻害薬。意欲・気力減退が前面に出ている場合に選択されやすい。SNRIは，疼痛にも用いられる。
※3 SSRIやSNRIで十分な効果が認められない場合に適用。重症のうつにも有効だが，副作用が強い。
※4 服薬中止により，体内バランスが崩れて副作用が出現しやすくなること。中止後発現症状と表記されることも。服薬を急に中止することはせず，徐々に服用量を減らすこと（漸減）が求められる。
※5 賦活症候群…投与初期や増量期に現れやすい強い不安や焦燥感のこと。リストカットなどの自殺関連行動リスクの亢進に配慮する必要があり，抗うつ薬の投与中止や治療方針の見直しが求められる。

答え Aについて「向精神薬」と「抗精神病薬」を区別しておこう。前者は，精神科で用いられる薬物の総称で，後者は主に統合失調症の患者に用いられる薬物のことである。Cについては，賦活症候群が疑われるため，自殺リスクへの対応や薬物投与の中止に関する対応など，早急な対応が求められる。Dはアカシジアではなくジストニアである。【正解：B】

第11章

■その他の向精神薬と主な副作用

その他の主な向精神薬について，以下に表で整理する。

対象	主な向精神薬		主な副作用
不安・不眠	抗不安薬 睡眠薬	ベンゾジアゼピン系	筋弛緩作用，ふらつき，転倒，反跳性不眠※1，不適切な服用による耐性，精神依存・身体依存
双極症	気分安定薬	炭酸リチウム	リチウム中毒（見当識障害，けいれん，昏睡から死亡に至る可能性も），消化器症状（食欲不振，悪心・嘔吐，下痢など），振戦，傾眠，口喝
ADHD	精神刺激薬	メチルフェニデート塩酸塩	不眠，食欲低下，不安，神経過敏，眼圧亢進，頭痛，口喝
認知症	抗認知症薬	コリンエステラーゼ阻害薬※2	消化器症状（食欲不振，悪心・嘔吐，下痢など） めまい，頭痛
		NMDA 受容体拮抗薬※3	けいれん，めまい，頭痛，眠気，意欲低下，便秘

※1 反跳性不眠…服薬を急に中止することで，リバウンドとして不眠が生じること。

※2「やる気が出ない」「物覚えがわるい」などに対する，脳機能の活性化（賦活作用）を主な目的とする。

※3「イライラしやすい」「怒りっぽくなった」などに対し，穏やかにすること（鎮静作用）を主な目的とする。

<引用・参考文献>
三村將，幸田るみ子，成本迅（編）(2019) 精神疾患とその治療　医歯薬出版株式会社
姫井昭男（2014）精神科の薬がわかる本　医学書院
野村総一郎・樋口輝彦（監修）(2015) 標準精神医学　医学書院

向精神薬とその副作用について200字前後で述べなさい。

中枢神経系に作用することで，精神活動に影響を与える薬物の総称を向精神薬という。代表的な向精神薬に，主に統合失調症患者に用いられることが多い抗精神病薬や，主にうつ病患者に用いられることが多い抗うつ薬がある。向精神薬は症状に対する作用だけでなく副作用も存在する。たとえば抗うつ薬の場合は，消化器症状や賦活症候群などの副作用がある。特に賦活症候群が見られた場合は自殺リスクを伴う危険な状態であるため，投与の中止も含めた早急な対応が求められる。(218字)

知識の整理 04

主な精神症状と状態像

精神症状を表現する際に用いられる基本用語を以下にまとめました。右列には，試験対策として必要最低限の代表的な精神疾患を挙げています。

用語	内容	代表的な精神疾患
幻覚	現実に存在しないものを，現実のものとして認識すること（幻聴・幻視など）	幻聴…統合失調症 **幻視…レビー小体型認知症**，アルコール依存症の離脱症状
妄想	病的で非合理的な判断や観念に対し，強い確信をもっている状態	統合失調症（陽性症状） 主にうつ病にみられる微小妄想（**罪業妄想・貧困妄想・心気妄想**） 主に双極症にみられる誇大妄想
作為体験	自分の考えや行動が，他人によって制御されていると感じること	統合失調症（陽性症状）
思考制止	思考の流れが遅く，思考が展開しにくい状態	うつ病 統合失調症（陰性症状）
感覚鈍麻	外界への関心や感情表現が乏しい状態のこと	統合失調症（陰性症状）
情動麻痺	危険な場面であるのに，何事もない反応を示し，思考や感情が一時的に停止した状態	災害・犯罪・事故などの突発的な被害の直後 PTSD, 急性ストレス症
観念奔逸（かんねんほんいつ）	思考が次々と浮かび，目的が拡散してしまう状態	双極症（躁エピソード）
パニック発作	動悸・息苦しさ・しびれ・冷感などの自律神経症状が突如現れること	パニック症
易刺激性	ささいな変化に影響を受け，反応しやすいこと	多くの精神疾患
失見当識	自分のいる場所や時刻，日付などが分からなくなること	認知症，せん妄
健忘	宣言的記憶（言語的な記憶）が障害された状態。受傷後の記憶障害は順向性健忘，過去の記憶の障害は逆向性健忘という	順向性…脳障害（海馬の損傷） 逆向性…アルツハイマー型認知症
離人感	自分の体から離れて，自分の体を客観的にみているような感覚（解離の1つ）	離人感・現実感喪失症
解離	健忘や離人感など意識の変容が，脳の生理学的機能の障害として説明できないもの	解離症全般
転換（ヒステリー）	麻痺やけいれんなどの身体障害が，脳の生理学的機能の障害として説明できないもの	機能性神経学的症状症（変換症）
心気	自分が重篤な疾患に罹患しているという思いにとらわれている状態	病気不安症

120 関係行政論

legal and administrative systems

学習のポイント

□ 心理職が法を学ぶ意味や価値を知り，学ぶ意欲を作ろう。
□ すべての法律を理解することは困難なので，まず本書の内容をおさえよう。

About this word

■法を学ぶ意味

公認心理師が，公認心理師法に定められた業務や義務に基づいて活動するように，医療・福祉・教育・司法・産業の各領域で勤務する専門職もまた，各領域の法律に基づいて活動している。**法律を知ることは，各領域で活動する上での基本ルールを知ることと同義であり，効果的な連携のために必要とされる**。また，要心理支援者の立場を知る上でも法律的な知識は重要となる。法を犯した少年はどのような処分を下される可能性があるのか（115 参照），入院の意思を把握することが難しい精神疾患の患者に対して入院治療を進めるためにはどうすればよいのか，など，**要心理支援者の立場や状況を理解する上でも，法律的な知識は重要となる**。

しかし，現実問題として 5 領域のすべての法律について把握することは極めて困難である。そこで本項では，大学院入試や資格試験における出題頻度の高い法律をピックアップして紹介することにする。

■医療分野…精神保健福祉法

意識や判断力の喪失，自傷他害の疑いなど，精神科病棟に入院しなければ心身の安全を守ることが難しい状況がある。その場合，精神保健福祉法に基づき，本人の意思にかかわらず入院治療を開始したり，生命を守るためにやむを得ず本人の行動を制限したりすることがある。

精神保健福祉法に基づく精神科病棟の入院形態は，大きく以下の 5 つに大別できる。

自傷他害のおそれ	入院形態	条件①	条件②
なし	任意入院	本人の同意	ー（※1）
	医療保護入院	家族等の同意	精神保健指定医の判断
	応急入院	精神保健指定医の判断	72時間
あり	措置入院	精神保健指定医の判断	精神保健指定医の判断（※2）
	緊急措置入院	精神保健指定医の判断	72時間

※1　任意入院者から退院の申し出があった際，72時間に限りその退院を制限できる。

※2　措置入院においては，2名の精神保健指定医の判断が必要。その2名の精神保健指定医は，可能な限り入院する病棟の医師ではないこと，2名の医師が同一の病棟の医師でないことが望ましい。

■福祉分野…児童福祉法

児童福祉法とは，児童の福祉を担当する各種施設に関する基本原則を定めた法律である。なおこの法律における「児童」は，満18歳未満の者を指す。児童福祉法に基づく児童福祉施設は，以下の12種類がある。

（参考）児童福祉法に基づく児童福祉施設

施設	内容
1. 助産施設	経済的事情等により入院助産ができない妊産婦の出産援助
2. 乳児院	1歳未満の乳児から未就学児の養育，相談援助
3. 母子生活支援施設	配偶者のない女性とその子どもの保護・生活支援
4. 保育所	保護者の委託のもと，乳児から未就学児の保育を行う
5. 幼保連携型認定こども園	就学前の子どもに幼児教育・保育を一体的に提供する機能と，地域における子育て支援を行う機能の2つをもつ施設
6. 児童厚生施設	児童館や児童遊園等，児童に健全な遊び場を提供する
7. 児童養護施設	保護者のない児童や被虐待児などを養護する
8. 障害児入所施設	障害のある児童に対し，入所による支援を行う施設。福祉サービスを行う「福祉型」と併せて治療を行う「医療型」がある（以前は障害種別で施設が分かれていたが，複数の障害に対応できるよう平成24年度より一元化が行われた）
9. 児童発達支援センター	障害のある児童に対し，身近な地域で支援を継続するため，通所による支援を行う施設。障害児入所施設と同様に「福祉型」と「医療型」がある
10. 児童心理治療施設	心理治療を必要とする児童の短期入所，通所による治療
11. 児童自立支援施設	犯罪・不良行為を行った児童の指導，自立支援（行うおそれのある児童を含む）
12. 児童家庭支援センター	児童や母子の福祉問題に関する相談援助，児童相談所や児童福祉施設との連絡調整

※福祉分野に関しては，障害者差別解消法に基づく合理的配慮（p.268参照）や，障害者虐待防止法・児童虐待防止法などに基づく「虐待に関する法律と通報」（p.261参照）も併せておさえておきたい。

■**教育分野①…いじめ防止対策推進法**

いじめ防止対策推進法第2条において，いじめは以下のように定義づけられている。「児童等に対して，当該児童等が在籍する学校に在籍している等当該児童等と一定の人的関係にある他の児童等が行う心理的又は物理的な影響を与える行為（インターネットを通じて行われるものを含む）であって，**当該行為の対象となった児童等が心身の苦痛を感じているもの**」。また，同法第4条にて「児童はいじめを行ってはならない」と明確に定められている。

さらに，同法第28条では，以下の場合を「いじめの重大事態」としている。

①いじめにより被害者の生命や心身，財産に重大な被害が生じた疑いがある場合
②いじめにより被害者が相当の期間学校を欠席することを余儀なくされている疑いがある場合

重大事態の場合は，すみやかに事実関係を調査することが学校設置者に対して義務づけられている。

■**教育分野②…教育機会確保法**

2017年より施行された法律。法律名は教育機会確保法とされているが，条文の中には不登校児童生徒の定義や，その不登校児童生徒に関する教育機会の確保が明記されていることから，教育機会確保法は「不登校対策」としての意味合いが強い。従来の不登校支援は復学支援が主であったが，教育機会確保法では復学支援に限らず，**休養の必要性や，フリースクールや教育支援センター（適応指導教室），不登校特例校など，学校以外の多様な学習活動を認める方向に転換**している。

（参考）教育機会確保法　第十三条　国及び地方公共団体は，不登校児童生徒が学校以外の場において行う多様で適切な学習活動の重要性に鑑み，個々の不登校児童生徒の**休養の必要性**を踏まえ，**当該不登校児童生徒の状況に応じた学習活動**が行われることとなるよう，当該不登校児童生徒及びその保護者（学校教育法第十六条に規定する保護者をいう。）に対する必要な情報の提供，助言その他の支援を行うために必要な措置を講ずるものとする。

次の文のうち，最も適切な文はどれか。

A 教育機会確保法は，社会人の学びなおしを推進するための法律である。

B 児童自立支援施設は，児童養護施設を退所する児童の自立を支援する施設である。

C 産業医や衛生管理者等によるメンタルヘルスケアは，ラインによるケアとよばれている。

D 本人の同意を得られずとも，家族の同意があり精神保健指定医が入院が必要と判断した場合，医療保護入院となる。

■司法分野…医療観察法

善悪を判断して行動することが**まったくできない状態**を心神喪失という。刑法第39条によれば，心神喪失者の行為を**罰することができない**。**善悪の判断が著しく低下している状態**を心神耗弱（しんしんこうじゃく）という。刑法第39条によれば，心神耗弱者の行為は**刑が減軽される**。

しかし，単に刑が軽くなるだけでは，再犯の恐れがある。そこでセットで必要とされる制度が，医療観察法に基づく医療観察制度である。医療観察制度とは，心神喪失・心神耗弱等の状態で重大な他害行為を行った者に対し，適切な医療を提供し，社会復帰を促進するために生活環境を調整することを目的とする制度のことである。指定医療機関における入院治療と，地域社会での支援である精神保健観察や通院治療からなる。

※司法分野においては，少年法（詳細115）に基づく非行少年の処遇もおさえておきたい。

■産業分野…労働安全衛生法

労働安全衛生管理に関する法律で，健康診断やストレスチェック制度などについて定められている。ストレスチェック制度の詳細はp.288を参照。

また産業分野においては，厚生労働省より2006年に示された「労働者の心の健康の保持増進のための指針」を理解しておきたい。指針においては，以下の4つのケアが継続的かつ計画的に実行することが求められている。

セルフケア	労働者自身による
ラインによるケア	管理監督者による
事業場内産業保健スタッフ等によるケア	産業医，衛生管理者等による
事業場外資源によるケア	事業場外の機関，専門家による

関係行政論について200字前後で述べなさい。

関係行政論とは，医療・福祉・教育・司法・産業それぞれの領域に関係する法律に関する論のことである。公認心理師が，公認心理師法に定められた業務や義務に基づいて活動するように，各領域で勤務する専門職もまた，それぞれの法律に基づいて活動している。法律を知ることは，各領域で活動する上での基本ルールを知ることと同義であり，効果的な連携のために必要とされる。また，要心理支援者の立場や状況を理解する上でも，法律的な知識は重要となる。（210字）

答え

Aについて，教育機会確保法は不登校児童生徒を主な対象としているため，誤り。Bについて，児童自立支援施設は犯罪・不良行為を行った児童が対象であるため，誤り。Cはラインによるケアではなく，事業場内産業保健スタッフ等によるケアであるため誤り。

【正解：D】

おわりに

心理系大学院入試の仕事に関わってきて，もう20年近くになります。

その時々で思うことや感じることは変わっていくわけですが，最近特に思うことは「心理系大学院受験は，やはり**マイノリティ**なのだ」ということです。公認心理師制度ができたとはいえ，大半の大学生は卒業後に就職します。そして，大半の社会人は大学院受験を考えたりはしません。つまり，心理系大学院受験を目指すということは，**自らマイノリティになる道を選ぶ**ということなのです。

マイノリティは大変です。基本的に世の中は多数派にとって生きやすいようにできています。就職組へのサポートの手厚さに対して，進学組は十分なサポートを得られていない気がする…。社会人も「自分が大学院受験を目指してよかったのだろうか」「本当は，無謀な選択をしているのではないだろうか」と自問自答する…。これまでにそんな気持ちになった方は，多いのではないでしょうか。

また，試験対策を進めようとしても，高校受験や大学受験との違いに困惑している人も多いことでしょう。書籍ごとに用語名が異なる，論述式の試験なので何が正解なのかがはっきりしない，試験勉強だけでなく志望校の選択，志望理由書や研究計画書の作成，面接対策の進め方…迷う所はたくさんあります。マイノリティの世界は，基本的に整備されていない道なき道で，手探りで，曖昧さに振り回されながら，不安とともに進んでいくことになるのです。

そんなマイノリティの世界を生き抜くために必要なものは，**2つ**あると考えています。

1つは**ガイドブック**です。曖昧な世界を進むための，ガイドブック。本書はその役割を果たしていると考えています。今回の第2版に伴い「新たな世界」である公認心理師の世界をガイドすることにしました。また，受験スケジュールや大学院生活に関する記事などを追加し，少しでも先の見通しがもてるようになることを目指しました。

もう1つは，**仲間**です。マイノリティの世界は孤独で，曖昧です。だからこそ，ともに歩む仲間の存在が必要ではないでしょうか。私たちの予備校・河合塾KALSは，孤独な受験に寄り添うパートナーとして，選択肢の1つになることでしょう。また，種々の学生コミュニティに参加してみるのも手だと思います。ともに大学院受験の困難さを分かち合い，ともに歩む仲間の存在は，間違いなく力になってくれることでしょう。

最後に。

大学院受験はマイノリティという話をしました。しかしそれは，裏を返せば**「自分だけの道」を歩んでいる**ともいえます。

誰かの人生ではなく，自分の人生を歩む。多くの人は就職するかもしれない。多くの人は仕事を続けるかもしれない。**でもあなたは，そうではない道を選んだ。**それは，先が見えなくて，曖昧さに振り回されて，苦しくて辛いかもしれません。それでも，その先には自分だけの道を進んだ者にしか見えない景色が広がっていることでしょう。その景色はあなただけの景色です。その景色を，見に行きませんか。

道なき道を敢えて選ぶ。そんな勇気ある者たちの旅を，心より応援しております。

2023年11月

河合塾KALS　宮川　純

索引

欧文索引

和文索引

あ行

か行

さ行

た行

な行

は行

ま行

や行

ら・わ行

監修者

河合塾（かわいじゅく）KALS（カルス）

河合塾グループの㈱KEIアドバンスが主宰する，大学生・社会人を主対象としたキャリア予備校。公認心理師・臨床心理士をはじめとする大学院入試対策，大学編入・医学部学士編入試験対策などの進学系講座を中心に，キャリア実現に向けた幅広いサポート・サービス提供を行っている。

著者

宮川（みやがわ） 純（じゅん）

2005年　名古屋大学大学院教育発達科学研究科心理発達科学専攻博士課程前期修了

現　在　河合塾KALS講師（担当：心理学概論，心理学，心理統計学，研究計画書，資格試験対策，通信講座）

NDC140　319p　21cm

公認心理師（こうにんしんりし）・臨床心理士大学院対策（りんしょうしんりしだいがくいんたいさく）
鉄則（てっそく）10 & キーワード120　心理学編（しんりがくへん）　第2版（だいはん）

2023年12月11日　第1刷発行
2024年11月6日　第3刷発行

監修者　河合塾（かわいじゅく） KALS（カルス）
著　者　宮川（みやがわ）　純（じゅん）
発行者　篠木和久
発行所　株式会社　講談社
〒112-8001　東京都文京区音羽2-12-21
販　売　(03) 5395-5817
業　務　(03) 5395-3615

KODANSHA

編　集　株式会社　講談社サイエンティフィク
代表　堀越俊一
〒162-0825　東京都新宿区神楽坂2-14　ノービィビル
編　集　(03) 3235-3701

本文データ制作　株式会社エヌ・オフィス
印刷所　株式会社双文社印刷
製本所　株式会社国宝社

Printed in Japan

ISBN 978-4-06-534191-9